名师名校名校长

凝聚名师共识
固定名师关怀
打造名师品牌
培育名师群体

　　　　　　顾明远题

启智与润心

白军志 / 主编

吉林文史出版社

图书在版编目（CIP）数据

启智与润心 / 白军志主编. — 长春：吉林文史出版社，2022.9
ISBN 978-7-5472-9029-3

Ⅰ.①启… Ⅱ.①白… Ⅲ.①小学—校长—学校管理—文集 Ⅳ.①G627.1-53

中国版本图书馆CIP数据核字（2022）第183607号

启智与润心
QIZHI YU RUNXIN

主　　编：白军志
责任编辑：程　明
封面设计：言之凿
出版发行：吉林文史出版社有限责任公司
电　　话：0431-81629369
地　　址：长春市福祉大路5788号
邮　　编：130117
网　　址：www.jlws.com.cn
印　　刷：北京政采印刷服务有限公司
开　　本：170mm×240mm　1/16
印　　张：16.25
字　　数：293千字
版 印 次：2022年9月第1版　2022年9月第1次印刷
书　　号：ISBN 978-7-5472-9029-3
定　　价：58.00元

编 委 会

对于孩子们来讲，所有的遇见汇集成他们的人生。我们之间智慧的相互启迪、心灵的相互润泽、责任的相互感召，都将与阳光、雨露、微风一起，成为他们最好的成长纪念，也成为我们一路同行的见证。

我们坚信，教育的本质是智慧引领和真诚陪伴。当我们回顾和孩子们一起走过的长路，不免心生感慨！这条路，记载着孩子们的成长经历。这是一条幸运之路，也是一条启智之路，更是一条润心之路。

我们常常把"启智"作为对教师职业的诠释之一。传统文化赋予教育的社会责任是"师者，所以传道受业解惑也"，这其中的"道"包括了道德准则、伦理秩序、世界观、责任感等许多方面的内容。在现代教育，特别是学校教育中，"传道"的"道"的内容被分解，有一部分转移到了"解惑"里面，而为人"解惑""启智"的重要性就凸显出来。

实际上，学生的成长就是一个有惑—解惑—有惑—再解惑循环往复的过程。启迪他们的智慧，在思维能力的培育、世界观的构建、意志品质的锻造、良好习惯的养成方面为他们"解惑"，提供最有益的帮助，也是我们作为教育工作者的价值所在。

和其他事业不同的是，教育必须与生命同行。这是一个以心灵涵养心灵、以真诚对待真诚、以爱唤醒爱的过程，是一个需要把孩子们当作自己的伙伴、朋友、亲人倾心相对的过程。"润心"的"润"字，本意是指雨水落下来，"随风潜入夜，润物细无声"的雨滴恰似教育过程中贯穿始终的情怀和热忱。后来"润"字里夹了"风"，无论是《系辞》里的润泽生命的"风雨"，还是《逍遥游》里托举大鹏的"长风"，"润"的内涵里寄寓的不正

是孩子在成长的过程中最最需要的培育、扶助、激励、涤荡吗?

我们常常把好的教育称为"春风化雨"或者"如坐春风"。"润泽"的过程应该像"风雨"一般无形无味又无声,但它却无所不在、无所不能。《礼记》有言"温润而泽",润心的教育才可以让孩子们的生命焕发出动人的熠熠光泽。

所以,教育的过程是一条启智之路,更是一条润心之路。

2021年3月全国两会期间,习近平总书记在看望教育界代表时强调,教育是国之大计、党之大计。要从党和国家事业发展全局的高度,坚守为党育人、为国育才,把立德树人融入思想道德教育、文化知识教育、社会实践教育各环节,培根铸魂、启智润心。这是时代交给我们教育工作者的重大责任,也是历史赋予我们教育工作者的神圣使命。

谨为序。

白军志名校长工作室
2022年3月26日

目 录
CONTENTS

溯本求源见真知
——课题研究篇

拈毫弄管撰事理
——论文篇

循循善诱润心田
——报告篇

慧心妙舌话情怀
——演讲篇

溯本求源见真知

——课题研究篇

"以学生为中心的寄宿制高中教育管理策略研究"课题研究总报告

课题负责人　白军志

一、本课题的提出

（一）课题研究的背景

榆中县恩玲中学全校学生约有3000人。其中，来自偏远乡村的住校学生约有2000人，他们长期脱离父母管护，在生活方面没有养成很好的习惯。这些学生的家长几乎文化程度普遍较低，所以少有家教意识和行为，将学生的教育、管理、学习等工作几乎全部推给学校。学校对学生的教育管理难度非常大。

学校坚持以学生成长发展为中心，赋予学生权利，使学生在学校期间能够自由发展，让其更充分地参与学习，能够最大限度地发挥自身的潜能，成为对社会有贡献的人。

（二）国内外研究现状

国外的寄宿制学校管理研究主要针对精英教育和贵族教育学校，侧重于研究寄宿制对学生的影响。除了从宏观的角度对寄宿制学校进行研究外，国外学者也强调从微观的角度给予寄宿制学校关注。

国内大部分此类研究在寄宿制学校管理方面做出了一些积极的探索，更多的研究是从学生心理健康、宿舍管理、学习和生活习惯养成等某一个方面入手，但从教师引导管理、学生自主管理、家校合作管理等方面开展的研究不多见。

高校教师及研究生的研究成果多数是宏观的思想和指导。一线教师以自己的学校为案例开展研究，他们的研究成果具有实践意义，可操作性强。

二、本课题核心概念界定

以学生为中心：在教育教学过程中，学生处于中心地位，发挥主动性，最大限度地参与学习；教师给学生提供独立学习和相互学习的机会，并且为学生提供学习指导。

高中寄宿制学校：是指高中学生离开家庭监护人，在学校独立学习和生活，由学校承担对学生在校期间的保育、教学、教育和发展责任的办学模式。

管理策略：是指针对学生在学校寄宿期间出现的生活、学习方面的问题，采取的相关教育管理方法和措施。

三、本课题研究的意义和价值

（一）课题研究的意义

本课题以榆中县恩玲中学为研究对象。恩玲中学位于县城，但是近2/3的学生住在远离县城的农村，寄宿生人数多，难管理，教师责任重，管理压力大。我们通过研究，探索出以学生为中心的寄宿制学校管理的有效策略，既可以提升学校的管理水平，又可以培养学生的责任意识，对提高学生的自主能力，提升学生的综合素养具备良好的实践意义。

（二）课题研究的价值

本课题具有较高的研究价值：

1. 完善寄宿制学校相关管理制度的建设。

2. 挖掘家校合作的潜力，实现家校共育。

3. 针对学校有大量寄宿生（榆中县恩玲中学有60%的学生是寄宿生，也有通校生）的实际情况，研究制定针对学生安全、心理、生活、学习方面的管理策略。

四、本课题的研究目标、研究内容

（一）研究目标

1. 构建以学生为中心的寄宿制学校管理制度，完善寄宿制学校的管理体系。

2. 通过研究，进一步提升寄宿制学校的管理水平，形成一套发挥学生自主性的寄宿制学校管理方法策略。

3. 将形成以学生为中心的寄宿制学校管理制度和具体策略，用于实践管理中。

（二）研究内容

1. 教师引导管理策略研究。

2. 学生自主管理策略研究。

3. 家校沟通管理策略研究。

4. 宿舍管理策略研究。

5. 住宿生心理健康教育策略研究。

6. 住宿生生活学习管理策略研究。

五、本课题的研究假设、拟创新点

（一）课题研究的假设

1. 充分调动、发挥学生的自主性、积极性，可以全面参与寄宿制学校教育管理。

2. 切实解决高中寄宿制学校管理中突出的问题，帮助寄宿学生养成良好的生活、学习习惯，健康成长。

3. 将研究形成的制度、管理策略在寄宿制学校中推广应用。

4. 对于调查问卷，学生可能会有所顾忌不愿意如实作答，或者有一部分学生存在敷衍的行为，对问卷不认真作答。

（二）课题研究的创新点

1. 研究对象：寄宿制高中的教师、家长、学生。

2. 研究内容：力图通过研究、实践，探索出一套以学生为中心的，发挥学生主动性的，调动学生自主管理的策略方法；注重挖掘家校合作的作用，注重学生心理干预，形成学校教育管理特色并能够推广。

3. 研究过程：结合具体活动的开展，如心理健康教育讲座、文明宿舍评选等，让本研究及时地发挥服务教育的价值；结合榆中县恩玲中学的住宿生管理，制定和完善相关制度，并及时应用到学校管理中。注重家校合作，探索家校沟通途径，充分发挥家校共育的作用。注重住宿学生心理健康，通过发放调查问卷、召开住宿生座谈会掌握住宿学生存在的心理问题，召开心理健康教育讲座，利用学校心理健康课对住宿学生进行心理干预，让本研究及时地发挥服务学生的作用。

六、本课题的研究思路、研究方法

（一）研究思路

本课题按检索—调研—分析现象—制定策略—实践探索—完善策略—完成课题研究的思路开展。

在以学生为中心的寄宿制高中学校教育管理策略研究的总课题下，从管理主体和管理内容两个角度出发，设置教师引导管理策略研究、学生自主管理策略研究、家校沟通管理策略研究、宿舍管理策略研究、心理健康教育策略研究、生活学习管理策略研究六个子课题。

（二）研究方法

1. 调查研究法：通过访谈、调查问卷等方式收集整理寄宿制高中学校在管理方面突出的问题，以及住宿学生的诉求、建议等。

2. 文献资料法：通过查阅相关文献，吸取有关寄宿制学校教育管理经验。

3. 教育观察法：观察寄宿学生的生活、学习状况，注意学生出现的个别化和趋向化问题，以便采取相应的管理策略方法，解决问题。

4. 行动研究法：通过分析研究，开展实践研究，探索以学生为中心的寄宿制高中学校教育管理的有效方法。

5. 经验总结法：积累前人关于此类研究的经验成果，总结自己在研究中的经验，从而提高研究的效率。

七、本课题的路线与实施阶段

（一）研究路线

首先根据相关文献和材料确定研究的内容并制订研究计划；接着根据课题组成员的研究专长进行研究分工；然后对研究的结果材料进行整理，形成初步成果；最后结合榆中县恩玲中学的实践情况，撰写论文并发表，完成最终研究报告。

（二）实施阶段

本课题自2019年3月开始启动，到2020年11月完成，具体分为四个实施阶段：

第一阶段：规划设计阶段（2019年3月—4月）。此阶段主要工作是，检索相关资料，确定研究课题；组建课题组，设计课题研究计划、方案，确定研究目标、内容、措施、方法等，落实人员分工；报送审批、立项。

第二阶段：课题研究阶段（2019年5月—12月）。此阶段主要工作是，针对教师引导管理、学生自主管理、家校沟通管理、宿舍管理、心理健康教育、生活学习管理等方面，通过文献查阅、发放调查问卷、经验总结等方法进行相关策略研究。

第三阶段：研究深化阶段（2020年1月—11月）。这一阶段的主要任务是，整理、归纳、思考，针对第二阶段研究反映出来的问题提出解决方案；形成初步研究结论、成果，及时在试点学校试行、检验。

第四阶段：课题总结阶段（2020年12月—2021年2月）。此阶段主要工作是，撰写研究报告，汇编相关材料。

八、课题研究的成果及发表的论文

（一）七个阶段性研究成果

成果一：通过发放《榆中县恩玲中学住宿学生心理问题调查问卷》，利用SPSS（Statistical Product Service Solutions，统计产品与服务解决方案）软件，经过分析形成了《榆中县恩玲中学住宿学生心理问题调查问卷调查报告》。

榆中县恩玲中学住宿学生心理问题调查问卷调查报告

本研究主要通过调查榆中县恩玲中学住校学生现状，了解目前住校学生主要存在的心理问题及其他相关问题。本次问卷调查共发放问卷300份，回收298份，有效问卷295份，回收率为99.3%，有效率为98.3%，符合研究的科学性。

一、问卷的信度检验

信度检验是指问卷在发放过程中所具有的可靠性。问卷所显示的误差越小，问卷的可靠性就越强，误差越大，说明问卷的可靠性就比较低。因为我们在做数据调查时，要保证调查结果的科学、准确，所以在设计教学问卷时，问卷内部的一致性具有重要的作用。对问卷的信度进行分析，系数的高低是决定问卷信度高低的重要指标。信度系数越大，表明测量的可信程度越大。一般认为：信度系数在0.80以上表示非常好，在0.60～0.80表示较好，低于0.6表示不可信。信度的系数与测量样本的数量有关，测量的样本越多，可靠性越好。信度系数还与量表题目数量的多少有关。

榆中县恩玲中学住宿学生心理问题问卷信度检验结果见表1：

表1　榆中县恩玲中学住宿学生心理问题问卷信度检验

Cronbach's Alpha	基于标准化项的Cronbach's Alpha	项数
0.815	0.821	13

通过对学生问卷进行信度检验发现，学生问卷的信度系数都在0.80以上，Cronbach's Alpha系数为0.815，基于标准化项的Cronbach's Alpha系数为0.821，从总体上看该学生问卷的内在信度是比较理想的，可以展开后续的调查以及对问卷的研究分析。

二、问卷的效度检验

对问卷进行效度检验，就是为了保证这份问卷是可行的，是有效度的，保证科学研究的准确性；主要是为了衡量测验目的与测验是否具有一致性。问卷主要用KMO（Kaiser-Meyer-Olkin）与Bartlett's球状检验进行检验，求出检验值。KMO的取值范围是0~1，其标准主要为：当KMO的值大于0.9时，认为此问卷的效度非常好；当KMO的值大于0.8小于0.9时，认为此问卷的效度合适；当KMO的值大于0.7小于0.8时，认为此问卷效度为一般；当KMO的值大于0.6小于0.7时，认为此问卷不太适合；当KMO的值小于0.5时，认为此问卷不具有有效性。

榆中县恩玲中学住宿学生心理问题问卷效度检验结果见表2：

表2　榆中县恩玲中学住宿学生心理问题问卷效度检验

KMO		0.798
Bartlett's球状检验	近似卡方	1724.264
	Df（自由度）	300
	Sig.（显著性概率）	0

本次KMO的检验值为0.798，大于0.5，并且Bartlett's球状检验的结果中，近似卡方值为1724.264，自由度为300，检验的显著性概率为0，说明本次问卷的设计是具有有效性的。

三、问卷调查结果分析

本问卷主要是从住宿学生的角度，对住宿生在校期间的心理问题及其他相关问题进行调查研究，从而掌握住宿生在校期间的心理问题及其他相关问题并提出相应的对策，最终提高住宿学生的管理水平，具有非常强的应用实践性。

1. 调查的学生既有理科班，也有文科班，但是女生占较大比例，说明在上学路途较远的情况下，男生会走读，女生更倾向于住宿，见图1。

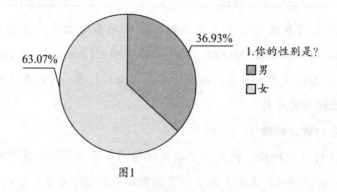

图1

2. 调查的住宿学生有14.2%是独生子女，所占比重较大。独生子女与同龄孩子相处的经验相对不足，人际关系一般，较难适应住宿生活，也更易与他人产生冲突矛盾而形成心理问题，影响学习，见图2。

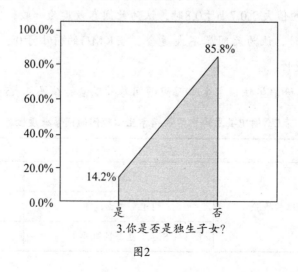

图2

3. 因本校绝大部分学生来自农村，调查的住宿学生家庭经济水平有近90%为一般，有9.09%的住宿生学费、生活费有时要靠借，见图3。

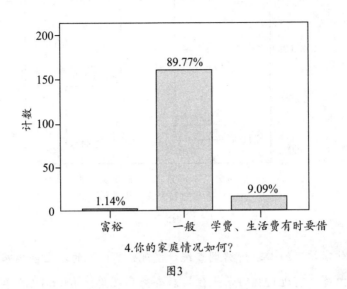

图3

4. 调查的住宿学生住宿原因，有86.36%是因为家远，有10.23%是为了节省上下学往返家校的时间用来学习，见图4。

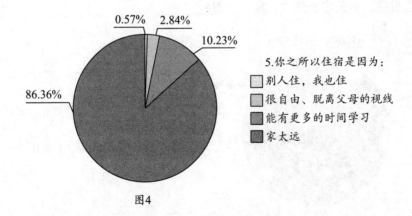

图4

5. 调查的住宿学生中有66.48%对宿舍生活满意，有超过28%对宿舍生活不满意，这个比例是比较高的。对宿舍生活不满意的学生以高一年级为主，宿舍生活的条件自然比不过家庭生活；高三年级的学生已经适应了，不满意的较少，见图5。

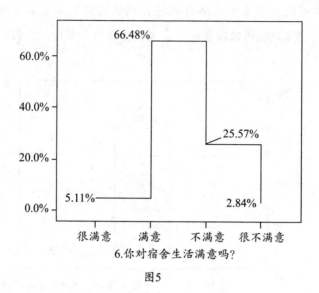

6.你对宿舍生活满意吗?

图5

6. 对住宿学生的心理情绪调查统计发现，有67%的学生会想家，这是正常现象。但是，有近12%的学生住校后会感到孤单；有9.66%的学生在宿舍会情绪低落，有压抑感；有近11%的学生会因舍友的不良作息状态而出现焦虑、失眠现象。以上问题必须引起学校管理者的高度重视，对学生要进行心理健康引导，加强宿舍纪律管理，见图6。

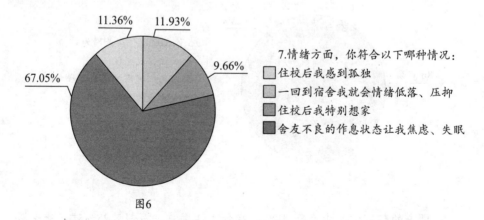

图6

7. 住宿学生的人际关系调查统计结果是，有26%以上的学生觉得和舍友的关系一般，甚至有0.56%的学生表示和舍友关系对立，有矛盾，不想回宿舍，见图7。

8.人际交往方面，你符合以下哪种情况：

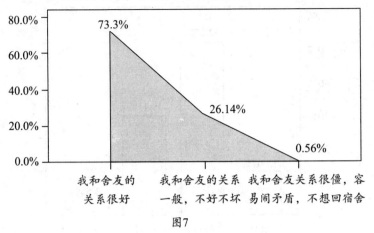

图7

8. 调查的住宿学生中有84.66%认为住校有利于学习成绩的提高，但有15.34%的学生认为不利于学习成绩的提高，原因是受到个别作息习惯不良的学生的影响，见图8。

9.住校对我的学习影响：

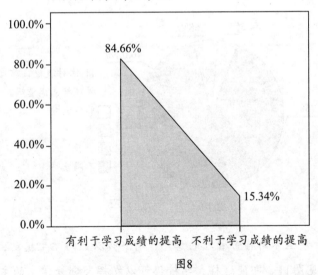

图8

9. 调查的住宿学生中有65%以上认为学校安排的夜自习学习有效，但有34%以上的学生认为夜自习学习效果一般或不好，原因是有1/3的学生自身学习动力不足，自控能力较差，不能珍惜夜自习学习时间，见图9。

10.你觉得夜自习的效果：

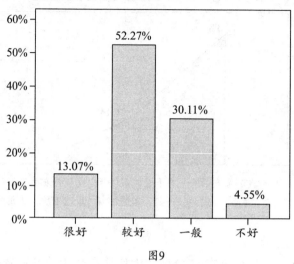

图9

10. 就学生对学校宿舍管理的满意度调查结果来看，只有10%左右的学生满意，90%左右的学生认为一般或不满意，说明学校的宿舍管理水平还有很大的提升空间，见图10。

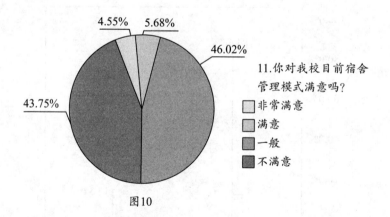

图10

11. 统计学生参与宿舍管理的意愿，有59%以上的学生愿意，约40%的学生不愿意，见图11。即使这样，学校仍可以发挥大部分学生的主动性，组织学生参与宿舍管理。

12.如果现在参与宿舍楼的管理，你愿意吗？

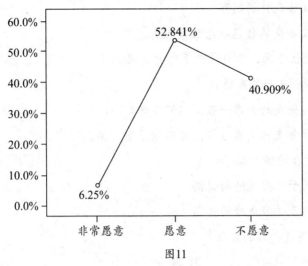

图11

附：

榆中县恩玲中学住宿学生心理问题调查问卷

1. 你的性别是？（　　）

　　A. 男　　　　　　B. 女

2. 你的年级是？（　　）

　　A. 高一　　　　　B. 高二　　　　　C. 高三

3. 你是否是独生子女？（　　）

　　A. 是　　　　　　B. 否

4. 你的家庭情况如何？（　　）

　　A. 富裕　　　　　B. 一般　　　　　C. 学费、生活费有时要借

5. 你之所以住宿是因为：（　　）

　　A. 别人住，我也住　　　　　B. 很自由、脱离父母的视线

　　C. 能有更多的时间学习　　　　　D. 家太远

6. 你对宿舍生活满意吗？（　　）

　　A. 很满意　　　　　B. 满意　　　　　C. 不满意　　　　　D. 很不满意

7. 情绪方面，你符合以下哪种情况：（　　）

　　A. 住校后我感到孤独

　　B. 一回到宿舍我就会情绪低落、压抑

　　C. 住校后我特别想家

　　D. 舍友不良的作息状态让我焦虑、失眠

8. 人际交往方面，你符合以下哪种情况：（　　　）

　　A. 我和舍友的关系很好

　　B. 我和舍友的关系一般，不好不坏

　　C. 我和舍友的关系很僵，容易闹矛盾，不想回宿舍

9. 住校对我的学习影响：（　　　）

　　A. 有利于学习成绩的提高

　　B. 不利于学习成绩的提高

10. 你觉得夜自习的效果：（　　　）

　　A. 很好　　　　　　　　　B. 较好

　　C. 一般　　　　　　　　　D. 不好

11. 你对我校目前宿舍管理模式满意吗？（　　　）

　　A. 非常满意　　　　　　　B. 满意

　　C. 一般　　　　　　　　　D. 不满意

12. 如果现在参与宿舍楼的管理，你愿意吗？（　　　）

　　A. 非常愿意　　　　　　B. 愿意　　　　　C. 不愿意

13. 你认为我校在宿舍楼管理中存在的最大问题是：（　　　）

　　A. 管理者没有责任心　　B. 对学生不够了解

　　C. 学生逆反心理强　　　D. 其他

14. 你对我校住宿生的管理有什么意见或建议？

　　成果二：榆中县恩玲中学于2019年9月20日召开了"宿舍长大会"，见图12。本课题组成员豆强老师对全体宿舍长做了培训讲话。他表示，宿舍长是同学们实现自主管理的重要组成部分，所有宿舍长要明确自己的职责，做好宿舍的管理工作，建设特色寝室，创建"免检宿舍""文明宿舍"。他希望宿舍长们能够担起责任，充分发挥带头作用，不仅要让宿舍成为同学们安心休息的港湾，还要让宿舍成为恩玲学子拼搏、奋斗的充电站，助力同学们成长、成才。

图12　宿舍长会议现场照片

成果三： 为深入、全面掌握住宿学生的状态、面临的问题，本课题成员李兴明于2020年5月10日组织部分住校学生，召开了"榆中县恩玲中学住宿学生座谈会"，见图13。

图13　住宿学生座谈会现场照片

通过和学生座谈交流，李兴明收集到如下有效信息，并且学校给出了解决办法。

1.学生普遍反映学校宿舍破旧，墙面不干净，设施老化，住宿条件不理想。

解决办法：学校计划利用假期，对宿舍进行粉刷，对老旧设施予以更换。目前，学校新的宿舍楼已经完工，预计于2021年6月学生可以入住。随后，使用历史最长的宿舍楼会做拆除处理。

2.学生反映午休时，受到操场运动的学生的影响。

解决办法：学校将实施严格的午休制度，每天中午12：50开始，会有校园广播播放"同学们，现在是午休时间，请大家保持安静！"的语音提示，提醒所有学生离开操场，要么进入教室学习，要么进入宿舍休息。13：50语音提示"午休结束，请同学们前往教室上课！"另外，学校会安排值班老师和学生会成员检查各班教室、宿舍的休息纪律，以维护校园午休期间的安静有序。

3.学生反映个别学生在宿舍不按时休息，影响他人休息，希望老师能予以管理。

解决办法：学校要求值班老师每天在午休和晚休时检查宿舍纪律，督促学生按时睡觉；要求班主任每天在午休时管理本班宿舍；对不服从管教、严重影响他人休息的学生，取消住宿资格，由家长在校外自行解决住宿问题。

4.学生反映宿管员在制止违纪行为时对待违纪的学生过于粗暴，还有个别宿管员私自对违纪的学生进行不定额的罚款。

解决办法：对学生私自罚款的宿管员，在座谈会后，学校对其予以解聘。学校主管后勤的金文君副校长就宿管员管理学生的水平、服务学生的态度、面对紧急事件的处理办法等方面，对宿管员进行了全面的培训。

成果四：2020年6月10日，为了更好地加强住宿学生的心理健康教育，帮助学生健康成长，缓解学习造成的心理压力，我校邀请甘肃省心理健康指导中心专家、兰州五十一中张翔老师，为我校住宿学生做了一次心理健康知识培训讲座，见图14、图15。

图14　张翔老师为我校住宿学生做心理辅导讲座

图15　学生认真聆听心理讲座，积极参与互动活动

　　张翔老师以《绽放时间的光芒，体会行动的力量》为题，紧紧围绕住宿学生心理健康问题产生的原因、现象以及解决的措施等方面对住校学生进行了正确引导，并希望住宿生正确处理宿舍集体与个人的关系，切实协调好人际关系，提高生活自理能力，注意排解负面情绪，阳光、自信、快乐地成长。他还通过《秀才赶考》的故事、《一朵花》的故事以及钟南山院士的人生轨迹，让学生们懂得了在压力面前，如何用切实有效的行动去完成这一件未完成的事项——高考，引起了学生的共鸣，起到了减压的效果，并用惟妙惟肖的动画让学生明白了奋斗的意义。

　　此次心理讲座，缓解了学生因住宿、学习而产生的紧张、焦虑等不良心

理问题，促进学生健康、全面发展。

成果五：我校通过发放《农村寄宿制高中家校沟通的策略研究教师问卷》《农村寄宿制高中家校沟通的策略研究学生家长问卷》，形成了《农村寄宿制高中家校沟通的策略研究调查报告》。

农村寄宿制高中家校沟通的策略研究调查报告

一、调查目的

通过对我校目前家校沟通的现状调查，进一步分析农村寄宿制高中家校沟通过程中的问题及阻碍沟通的各种因素，为促进教师、班主任与学生家长之间，以及学校和家长之间顺利沟通提供有效的策略和方法，让许多新观点在沟通中达成一致，进一步提高家校双方相互理解与支持，让家庭教育得到科学的理论指导，让家长充分了解学生在校期间的学习生活及思想状况，形成及时有效的监控，让家长期待结果的同时，多关注过程，从而促进我校家校共建的工作进程。

二、调查对象

为了深入了解学校教育与家庭教育的现实状态，发现学校教育与家庭教育合作中存在的问题，寻找建立有效家校合作的机制，课题组在进行实验的过程中，制定了针对我校教师（班主任和非班主任）和部分家长的调查问卷。

三、调查过程

课题研究小组成员按照课题研究方案中的具体要求，分别设计《农村寄宿制高中家校沟通的策略研究教师问卷》和《农村寄宿制高中家校沟通的策略研究学生家长问卷》，教师的调查问卷在我校范围内发放，家长的调查问卷利用家长座谈会的机会发放。具体情况如下：家长问卷发出150份，回收149份，有效问卷149份；教师问卷发出50份，回收50份，有效问卷50份。以上调查问卷的回收，达到有效样本基数。

四、调查问卷及数据统计

（一）家长调查问卷

1. 对孩子的了解状况

（1）您了解自己的孩子吗？

A. 很惭愧，完全不了解（0.7%）

B. 不太了解，心里没底（14.7%）

C. 比较了解，心中有数（66.0%）

D. 很了解，经常交流（18.0%）

（2）您觉得您的先生/太太了解自己的孩子吗?

A. 完全不了解，放手不管（2.7%）

B. 完全不了解，经常瞎指挥，制造矛盾（5.3%）

C. 不太了解，缺乏管理孩子的自信心，管不了孩子（21.3%）

D. 比较了解，能做出正确的教育行为，孩子服气（70.0%）

（3）您对子女参加学校组织的各项活动是否了解：

A. 很了解（15.3%）

B. 大致了解（59.3%）

C.不太了解（22.0%）

D. 不了解（3.3%）

2. 对家校联系的认识

（4）您最关注孩子哪个方面的教育：

A. 学习成绩（10.0%）

B. 行为习惯（10.0%）

C.心理品质（13.3%）

D. 全面发展（66.0%）

（5）您对教育孩子总的看法是：

A. 教育很重要，我们和老师一起配合，才能把孩子教好（97.3%）

B. 教育很重要，我有自己的一套办法，老师的话不重要（0.0%）

C. 教育很重要，但我没时间管孩子，交给老师就行了（1.3%）

D. 教育不是很重要吧，孩子长大了，自然就懂事了（0.7%）

（6）您认为影响孩子学业的最大环境是：

A.家庭环境（10.0%）

B. 学校环境（12.0%）

C.社会环境（7.3%）

D. 三者共同影响（70.0%）

（7）孩子的教育问题应该是：

A.家庭一方的事情（2.7%）

B.学校一方的事情（3.3%）

C.家管生活，校管学习（10.7%）

D.家校合作（82.7%）

（8）您认为加强家校联系，把学校教育与家庭教育结合起来对学生进行教育：

A.很有作用（76.0%）

B.一般（19.3%）

C.作用不大（3.3%）

D.没有作用（0.7%）

（9）您觉得加强家校联系，以下哪种方式最好：

A.电话访问（30.0%）

B.其他（6.7%）

C.家长会（24.7%）

D.到学校面对面交流（38.0%）

（10）您与教师沟通的主要内容包括：

A.学习成绩（69.3%）

B.学生在校各种表现（15.3%）

C.学生的身心发展（12.7%）

D.学生的兴趣爱好（2.0%）

3.家校联系的现状

（11）您是否主动到校找班主任老师面谈，了解或反映子女的情况：

A.经常（1.3%）

B.定期（8.7%）

C.较少（52.0%）

D.几乎没有（37.3%）

（12）您是否主动打电话（写信）给老师了解或反映子女的情况：

A.经常（4.0%）

B.定期（6.7%）

C. 较少（58.7%）

D. 几乎没有（30.0%）

（13）为了使家庭教育与学校教育保持一致性，您认为采用哪一种联系方式更为合适：

A. 全班性的家长会每学年安排1~2次（23.3%）

B. 进行电话联系（31.3%）

C. 分年级、分班级建立家长接待日或开放日，让家长走进课堂听课（38.0%）

D. 经常发放一些家长问卷（6.7%）

（14）您为什么没及时和老师沟通？

A. 自己没时间（38.0%）

B. 怕耽误老师的时间（46.7%）

C. 认为自己的孩子优秀，沟通不沟通无所谓（2.7%）

D. 自己的孩子是后进生，没勇气和老师沟通（12.0%）

（15）在对孩子的评价上，您和孩子的班主任及任课教师之间差异大吗？

A. 没有差异，评价一致（40.7%）

B. 有差异，我们认同班主任的评价，但没法沟通（8.0%）

C. 有差异，但能够沟通，我也能一定程度地接受（50.0%）

D. 差异很大，我不能够接受老师对孩子的看法，希望换班主任（0.7%）

（16）您想与班主任及任课老师沟通吗？

A. 很想（56.7%）

B. 无所谓（6.0%）

C. 不想（2.0%）

D. 孩子有问题时想（34.7%）

（二）教师调查问卷

1. 家校沟通的认识

（1）在教育学生的过程中，您认为教师和家长之间的沟通：

A. 很重要（72.0%）

B. 重要（28.0%）

C. 不需要沟通（0.0%）

D. 无所谓（0.0%）

（2）您认为教育孩子谁的责任较大：

A. 全部是学校的责任（6.0%）

B. 全部是家庭的责任（10.0%）

C. 家校双方都有责任（64.0%）

D. 家长承担主要责任（20.0%）

（3）您对家校沟通的认识程度：

A. 非常清楚（58.0%）

B. 比较清楚（12.0%）

C. 清楚（24.0%）

D. 不清楚（6.0%）

（4）您认为家长对教师的工作：

A. 非常理解并配合（10.0%）

B. 比较理解并配合（50.0%）

C. 不理解，不配合（38.0%）

D. 很不理解，不配合（2.0%）

（5）您认为家校合作对您的工作有帮助吗？

A. 很有帮助（34.0%）

B. 一般（58.0%）

C. 没有帮助（8.0%）

D. 有负面作用（0.0%）

（6）您认为家校合作中教师在与家长沟通时最应注意：

A. 倾听家长意见（42.0%）

B. 鼓励家长参与学校各项活动（22.0%）

C. 营造好的合作环境（28.0%）

D. 了解家长对学生的要求（8.0%）

（7）您认为家长哪一方面的表现最影响家校合作的效果：

A.家长的态度（40.0%）

B. 语言表达是否合理（20.0%）

C. 对教师是否理解（28.0%）

D. 家长的积极配合（12.0%）

2. 家校沟通的现状

（8）您和家长沟通常用的方式是：

A. 家访（4.0%）

B. 电话（84.0%）

C. 家校联系本（6.0%）

D. 家长会（6.0%）

（9）您和家长沟通的内容是：

A. 学习成绩（78.0%）

B. 学生在校期间表现（16.0%）

C. 学生心理发展（6.0%）

D. 学生兴趣爱好（0.0%）

（10）您认为家校合作的效果如何？

A. 很满意（12.0%）

B. 一般（74.0%）

C. 不满意（10.0%）

D. 非常不满意（4.0%）

（11）影响您和家长沟通的因素有：

A. 工作任务多（36.0%）

B. 家长时间忙（38.0%）

C. 自己不愿意（18.0%）

D. 家长不愿意（8.0%）

（12）您每学期和家长沟通的次数：

A. 1次（32.0%）

B. 2次（34.0%）

C. 3次及以上（24.0%）

D. 经常（10.0%）

（13）您通常在什么情况下主动与家长联系：

A. 定期联系（20.0%）

B. 不定期联系（44.0%）

C. 当学生在学习或思想上出现问题时（34.0%）

D. 当工作时间充裕时（2.0%）

（14）您与家长沟通时，多数家长的态度是：

A. 热情谦虚（72.0%）

B. 烦躁不安（10.0%）

C. 逃避、抗拒（14.0%）

D. 无所谓（4.0%）

（15）您更注重与哪一类学生家长的交流合作：

A. 学习成绩好的（22.0%）

B. 学习成绩一般，但有潜力的（50.0%）

C. 学习成绩差的（2.0%）

D. 纪律性差，问题比较多的（26.0%）

（16）您与家长交流、沟通主要涉及学生的：

A. 学习方面（56.0%）

B. 品德方面（34.0%）

C. 生活方面（6.0%）

D. 情感方面（4.0%）

五、数据分析

通过对上述调查问卷进行全面分析，我们总结出利于家校沟通的有四个方面，不利于家校沟通的有五个方面，分述如下：

（一）利于家校沟通的四个方面

1. 家长、老师对家校沟通的认识比较一致

家长方面：97.3%的家长认为"和老师一起配合，才能把孩子教好"；70.0%的家长认为学校、家庭、社会三者共同影响孩子的成长，其中有10.0%的家长觉得"家庭环境"也很重要；82.7%的家长觉得孩子的教育应该是"家校合作"；76.0%的家长认为把学校教育与家庭教育结合起来对学生进行教育有很大作用。

教师方面：72.0%的教师认为在教育学生的过程中与家长的沟通很重要；64.0%的教师认为教育孩子家校双方都有责任；58.0%的教师认为自己对家校沟通的认识非常清楚；34.0%的教师认为家校合作对自己的工作很有

帮助。

2. 较多的家长觉得应该关注孩子的全面发展

66.0%的家长觉得最应该关注孩子"全面发展"，其中13.3%的家长认为应该关注学生的"心理品质"。

3. 家长对孩子的情况基本了解

66.0%的家长对孩子"比较了解，心中有数"；70.0%的家长对孩子"能做出正确的教育行为，并能让孩子服气"；59.3%的家长大致了解孩子在学校的各项活动。

（二）不利于家校沟通的五个方面

1. 家校沟通的频率不高，周期太长

（1）家长方面：经常主动到学校联系老师的仅占1.3%，定期联系的占8.7%，联系较少的占52.0%，几乎没有联系的多达37.3%；经常主动打电话（写信）向老师了解或反映子女的情况的占4.0%，定期了解的占6.7%，几乎没有联系的占30.0%。

至于没有及时联系的原因，38.0%的家长认为自己没时间，46.7%的家长怕耽误老师的时间，还有12.0%的家长自卑心理重，觉得自己的孩子是后进生，没勇气和老师沟通。

在是否愿意与班主任及任课老师沟通的问题上，很想沟通的家长仅仅一半多一点，占56.7%，只是在孩子有问题时想与老师沟通的占到34.7%。

（2）教师方面：每学期和家长沟通的次数只有1次的教师占32.0%，2次的占34.0%，经常联系的仅占10.0%；对家校合作的情况感觉很满意的占12.0%，感觉一般的占74.0%；影响教师和家长沟通的因素主要是教学任务多，占到36.0%，家长时间忙占38.0%，还有8.0%的家长不愿意沟通。

2. 家校沟通的方式单一

（1）家长希望进行电话联系的占31.3%；希望分年级、分班级建立家长接待日或开放日的占38.0%。

（2）教师方面一般通过电话与家长联系，所占比例达84.0%。

3. 家校沟通的内容过于注重学习成绩，对孩子的身心健康关注不高

家长认为学习成绩最主要，占69.3%，其他依次是学生在校各种表现占15.3%、学生的身心发展占12.7%。教师也把学习成绩放在首位，占78.0%，学

生表现占16.0%；对于学习、品德、生活、情感方面的沟通，所占比例分别是56.0%、34.0%、6.0%、4.0%。

4.教师沟通的时机比较集中

有34.0%的教师只在学生学习或思想出现问题的时候才进行沟通。

5.教师在沟通对象的选择上达不到全体性

教师最先关注的是学习成绩一般但有潜力的学生，其次是纪律性差、问题比较多的学生，最后是学习成绩好的学生，以及学习成绩排在最后的学生，比例分别是50.0%、26.0%、22.0%、2.0%。

六、总结

通过这次调查研究，我们总体感觉有喜有忧，其中有些现象有利于家校沟通，有些方面则需要进一步强化与完善。综述起来，有以下几点认识：

（1）不管是家长还是教师，对家校沟通的必要性和作用的认识都比较到位。孩子的成长已经不单单是学校一方的事情，更是家庭、社会、学校三位一体共同努力的工程。

（2）家长和教师对家校沟通都持积极的态度，他们都认为学生、家长和教师三方面能够积极地沟通才是解决问题的关键。

（3）尽管家长、教师目前都非常重视学生的学习成绩（这与农村经济条件有关系），但家长和教师也关注到了孩子们的身心健康和德育教育，以及他们的全面发展。

（4）虽然家长和学校双方都比较重视沟通与联系，但是沟通方式比较单一，日常联系方式主要是电话联系，其次是家长座谈会。另外，双方沟通的次数比较少，在学生发生问题的时候才联系，究其原因，一方面是由于家长工作忙，另一方面是家长认为学生学习成绩比较差，对孩子考大学不抱什么奢望，只是希望孩子安全毕业。

成果六：学校于2020年11月开展了"免检寝室""文明宿舍"评选活动，见图16、图17。

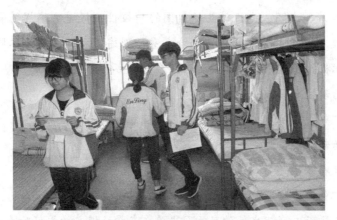

图16　学生检查宿舍并进行打分

图17　学生对"免检寝室"复查

　　附：《榆中县恩玲中学2020—2021学年度学生公寓楼创建"免检寝室""文明宿舍"活动方案》和《榆中县恩玲中学2020—2021学年度学生公寓楼创建"免检寝室""文明宿舍"评选结果》

榆中县恩玲中学2020—2021学年度学生公寓楼

创建"免检寝室""文明宿舍"活动方案

一、活动目的

　　落实"学生公寓是不可缺失的德育阵地"总要求，着眼加强为学生提供最优质的生活服务，优化学生的生活居住环境，进一步培养学生"自我服务、自我教育、自我管理、自我提高"的能力，充分调动学生为自己营造一

个整洁、和谐、文明、向上的生活氛围的积极性，促进公寓规范管理水平的提高。我校决定在本学期开展"免检寝室"创建活动，希望全体同学按照活动方案，积极行动起来，争取使自己所在宿舍成为"免检寝室"。

二、活动主题

争当"免检寝室"，营造良好学习氛围。

三、活动对象

全体住宿学生。

四、"免检寝室"基本要求

1. 学风方面：寝室成员学习氛围浓厚，在学校规定的学习时间内，无睡懒觉、玩手机、打牌等与学习无关的行为。寝室成员无迟到早退、考试违纪现象；

2. 精神风貌方面：寝室成员团结互助，关系融洽，尊敬老师，关爱同学，积极开展寝室文化活动；

3. 纪律方面：寝室成员自觉遵守校纪校规和有关公寓管理规定，无夜不归宿、打架、酗酒、喧哗、破坏公共财物等违纪行为；

4. 安全方面：寝室成员安全意识强，注意防火防盗，无留宿外来人员等影响安全的行为；

5. 内务卫生方面：寝室成员卫生意识强，环境整洁卫生，物品摆放整齐。

五、活动时间

1. 第十一周：发布活动方案、组织动员；

2. 第十二周：班级寝室申报、资格审查，预检核查、确定申报寝室；

3. 第十三周—第十六周：全面活动；

4. 第十七周：活动总结、表彰。

六、申请"免检寝室"的程序

1. 提交申请书。填写正式的申请书，申请书上写明申请理由，寝室全体成员签名，班主任、生活指导老师签署推荐意见。（想申请的学生寝室在宿舍楼值班室领取申请表）

2. 资格审查。由政教处对申请寝室的申请资格进行审查。

3. 预检。由政教处对提出申请免检的寝室进行预检，有卫生和纪律不合格现象的取消该寝室的申请免检资格。

4. 资格确认。由政教处对通过资格审查和预检的学生寝室进行最后的资格确认，公布取得"免检寝室"的寝室号和班级并接受同学们的监督。

七、奖惩分配

1. "免检寝室"按学年度评选。

2. "免检寝室"列为班级考核、班主任评优等的重要指标。

3. 在所评"免检寝室"的基础上，再按照80%的比例评出"文明宿舍"，对"文明宿舍"的所有成员给予物质奖励。

4. 凡申请免检的寝室，寝室长和寝室成员要共同自觉遵守有关规章制度，生活指导老师有权随时打开寝室让后进寝室成员对"免检寝室"进行参观学习，三次参观学习中有不达标内容的寝室将被取消免检资格。

榆中县恩玲中学政教处
2020年11月5日

榆中县恩玲中学2020—2021学年度学生公寓楼创建"免检寝室""文明宿舍"评选结果

为了落实"学生公寓是不可缺失的德育阵地"总要求，进一步培养学生"自我服务、自我教育、自我管理、自我提高"的能力，充分调动学生为自己营造一个整洁、和谐、文明、向上的生活氛围的积极性，促进公寓规范管理水平的提高，为学校管理工作增添宣传亮点，我校经过五周的检查评选，评出了90个"免检寝室"，在已评"免检寝室"的基础上，按45%的比例评出40个"文明宿舍"，并给了他们一定的物质奖励，名单如下：

桂茗楼（共13个）：

130（三16）　201（三3）　318（三12）　408（二10）
415（二12）　422（二14）　528（二7）　517（二3）
511（二1）　505（三19）　525（二5）　623（三22）
516（二2）

萃英楼（共14个）：

212（一6）　203（一3）　302（一9）　306（一10）
312（一12）　315（一13）　320（一14）　517（一6）
509（一5）　524（一8）　526（一9）　620（一13）

625（一14）   610（一12）

博雅楼（共13个）：

114（三4）   214（二13）   209（二11）   203（二8）

207（二10）   305（二2）   320（二6）   217（三5）

309（二3）   312（二4）   407（三19）   602（三1）

610（三3）

榆中县恩玲中学政教处

2020年12月26日

成果七：本课题组制定了《榆中县恩玲中学值周制度》《榆中县恩玲中学宿舍管理员工作职责及管理办法》《榆中县恩玲中学宿舍长职责》。

学校抽调负责任的老师成立了4个值周组，每组一周，24小时管理在校学生，晚上住在学生宿舍楼，方便管理住宿学生。本课题组制定了《榆中县恩玲中学值周制度》。

附：《榆中县恩玲中学值周制度》、值周微信群案例

榆中县恩玲中学值周制度

一、指导思想

为加强学校常规管理，培养学生良好的行为习惯和自我管理能力，实行班级目标管理，强化班级育人功能，营造健康向上的氛围，促进良好校风、学风的形成，实现教学质量、学生素质的全面提高，学校决定实行值周制度。

二、目标任务

全面检查、管理学生日常行为，监督各班认真执行行为规范。

三、时间安排

每个值周组轮流值日一周，依次循环，从星期日晚上18：30开始到下周星期日晚上18：30结束。

四、职责、要求

1. 以学校领导为核心，带领值周教师、学生（值周人数10~12人，也可根据需要增加人数），参与一周全校学生的行为规范教育与管理。

2. 值周学生由各班挑选工作认真负责的同学担任。班主任提前组织值周

学生学习有关检查内容与要求，对各值周岗位合理安排，明确分工职责，要求学生按时到岗，认真检查。

3. 值周人员上岗必须佩戴标志，服从值周组领导的安排，严格遵守值周规则，注重自己的仪表、言行，做好学生的表率。

4. 值周人员在值勤过程中，要注意工作的方式方法，如遇特殊情况，要妥善处理，不得采用粗暴的、过激的行为。

5. 值周班级要以高度负责的态度进行量化评比和值周检查工作，详细记录各项数据和扣分原因，严格掌握评分标准，每天及时进行小结，发现问题及时纠正。

6. 值周人员负责一周分数汇总，及时填写值周的相关表格，要求核算准确，不能感情用事，不随心所欲，做到公平、公正，责任到人，谁出差错谁负责。

7. 值周人员在值周过程中发现重大问题要及时报告政教处或学校值班领导。

8. 值周人员不能给自己打分。

9. 由值周班班主任、班长安排一名同学做周一晨会讲话，写好"国旗下讲话"稿件及值周情况小结，于星期天晚上第一节自习课交给政教主任或团委书记审阅，并将值周工作各种材料一并送交。值周组组长将值勤袖标交给下一周值周组组长。

10. 一周结束，值周人员统计各班总分，按年级排名，并在周一晨会上总结上周值周工作，公布考评结果。

11. 值周班级负责本周内学校大型活动的服务工作。

12. 值周标志必须认真保管，损坏或丢失照价赔偿，非值周同学不得佩戴类似标志，违反者以违纪论处。

13. 全体同学有义务配合值周班做好班级值周工作，阻拦、故意习难者，以严重违纪论处。

14. 值周组负责对校园内的一切违纪行为（如玩手机、抽烟、打架、随口吐痰、乱扔杂物、追逐打闹、高声喧哗，在非体育活动区打球、踢球等）进行制止并对相应班级通报批评。

本制度最终解释权归学校校委会所有。

值周微信群案例

值周微信群案例见图18。

图18　值周微信群案例

宿管员是学生宿舍最直接的管理人员，也是学生宿舍管理最重要的人员。学校在招聘宿舍专职管理人员时，并没有注重作为学校宿舍管理员应具备的相关素质。这些人员在职业道德和勤奋度上是没有问题的，但是在面对学生时，问题就产生了，他们会碰到各种各样的问题需要及时解决，而他们的"业务素质"却不够，无法达到"人人育人，事事育人"的境界。在此基础上，本课题组制定了《榆中县恩玲中学宿舍管理员工作职责及管理办法》。

附：

榆中县恩玲中学宿舍管理员工作职责及管理办法

1. 管理员要按时开、关灯，督促学生按时起居。每天早晨起床铃响后，管理员要催促学生尽快起床；每天晚上就寝前10分钟，男、女管理员要到各寝室检查并督促学生按时就寝。

2. 每学期开学，管理员应安排好各班的宿舍，并统计好各宿舍人数。

3. 管理员要督促学生搞好寝室卫生及内务整理，每天定时检查并将寝室卫生及财产损坏、内务整理欠佳的情况及时通知班主任安排整改，每天将情况如实汇报给学校团支部。学校定时抽查寝室卫生及内务整理。

4. 管理员要严格执行学校作息时间的规定，定时开关宿舍大门。学生未到开门时间需要进入宿舍的必须持班主任或科任教师证明。

5. 管理员要认真登记学生家长来校探访记录，热情接待家长，防止不法分子冒充家长到宿舍滋事。

6. 管理员要认真执行查房制度，每天登记因病逗留宿舍的学生、无事不到班上上课的学生、不按时起居的学生、在宿舍内违纪的学生等，并将情况及时告知班主任，每周汇总上报给学校团支部。

7. 管理员要遵守值班纪律，不准无故离开岗位，如因特殊情况需暂时离开宿舍，应找人代理事务，并向校长请假，告知离开宿舍时间。

8. 管理员要严格遵守工作纪律，不准与学生称兄道弟，不准拉帮结伙，不准讲有辱学校的话，不准做有害学校的事。

9. 管理员要关心爱护学生，多做学生思想工作，遇事沉着、冷静，不能简单粗暴处理。

10. 学生就寝后，管理员应巡视寝室，维护就寝纪律，检查学生就寝人数，对没有回宿舍的学生要及时通知班主任并做记录。

11. 管理员应搞好自己宿舍内卫生及内务整理，坚持每天打扫。

12. 管理员要及时了解每层楼的供水、供电情况，对学生浪费水的行为应制止，并做记录登记。

13. 管理员对在宿舍内有困难和有病的学生要及时提供帮助，并及时通知班主任。

14. 管理员每天要检查各宿舍的财产情况，如有损坏要及时登记，并通知班主任。

15. 管理员对宿舍内学生吵闹、大声喊叫、跳动、打球等过激行为应给予制止。

16. 严防宿舍内打架、敲诈事件的发生，如有学生打架、敲诈，管理员立即制止。

17. 管理员要了解本栋宿舍学生的基本情况，特别是经常违纪的宿舍和学生，重点做他们的思想工作。

18. 严禁学生在宿舍内点蜡、乱接电线等危险行为，管理员必须督促到位或者及时制止。

19. 管理员在全校不放假时正常上班，有年级放假时宿舍要留管理员正常值班，双休日正常值班。

本管理办法最终解释权归学校校委会所有。

管理和培养优秀宿舍长的工作也非常重要。为让宿舍长在学生管理中发挥作用，本课题组制定了《榆中县恩玲中学宿舍长职责》。

附：

榆中县恩玲中学宿舍长职责

1. 时刻牢记自己是一舍之长，率先垂范，带头遵守学校的各项纪律制度，工作积极主动，有奉献精神。

2. 加强自身修养，严于律己；刻苦学习文化课，努力提高成绩，增强个人管理能力。

3. 心系宿舍全体成员，注意与同学之间的沟通与交流，采纳同学们的合理建议。

4. 强化自身民主意识，组织宿舍成员讨论制定《宿舍公约》。

5. 开学初，按学校规范组织布置好宿舍，所有物品放置力求整齐划一。

6. 遵循"公平、公正"的原则，合理分配值日任务，制定明确的值日分工表。

7. 提醒或督促同学认真做好值日工作，并做好记录。

8. 提醒同学按时收取室外晾晒衣物。

9. 督促同学保持地面全天候无杂物。

10. 督促同学按时起床，按时休息，按时关灯。

11. 发现宿舍公物损坏，及时告知班主任，以便总务处及时做好维修工作。

12. 制止同学在宿舍里看不健康读物、进行体育运动。

13. 发现同学进网吧或夜不归宿等现象，要及时向班主任报告。

14. 每周周末或学校放假时，要组织同学对宿舍进行一次彻底打扫，并负责检查，做好记录。

15. 有同学生病时应主动帮助送往医院，并及时向校值班室老师报告。

16. 平时注意观察同学的思想动态，发现不良倾向，应主动向班主任反映。

本职责最终解释权归学校校委会所有。

（二）发表课题论文

论文1：课题组负责人白军志的《寄宿制高中学生管理策略探究》（发表在《文理导航》总第368期，2020.03）。

论文2：课题组成员李兴明的《浅析寄宿制高中学生自主管理》（发表在《高考》总第368期，2020.06）。

九、课题结论

（一）全面实施学生自主管理，充分发挥学生会、学生社团、学生志愿者、宿舍长参与住宿管理的作用

1. 团学组织管理。团学组织是根据学校安排，完全由学生组成的，接受学校领导、政教处或者团委指导的，服务学校的日常教育教学管理的组织。在各个学校，学生会组织应该是机构、制度等方面最成熟、最完善的学生管理组织。当然，学生会组织也是各个学校在日常教育教学管理中最为倚重和依赖的组织。在宿舍管理中，学生会组织可以安排学生会成员早上清查记录不按时起床、不出早操以及早自习迟到的学生，中午清查记录不按时午休的学生和下午上课迟到的学生，晚上清查记录缺宿的学生及维持晚休秩序；另外，学生会成员还要检查记录各个宿舍的卫生、舍容以及学生违规使用手机及其他电子产品的情况。最终，各项记录材料都将上交学校，作为学校管理学生的准确的依据。

2. 学生社团管理。寄宿制学校，特别是现在很多高中，为了安全考虑，实行的是全封闭制度，在学校寄宿的学生完全是以校为家的。为了使同学们的校园生活丰富多彩，学校充分发挥社团的作用。丰富有意义的社团活动，

不仅能缓解学生学习的压力，还能缓解学生想家的苦闷。同时，学校要引导各个社团对住宿的学生做好关心帮助工作，特别是"志愿者协会"，在晚休时进行宿舍秩序维护。

3. 发挥宿舍长作用。宿舍长是联系住宿学生与老师的纽带，是宿舍管理办法的具体执行者。一个好的宿舍必然有一个好的宿舍长。学校、班主任一定要对宿舍长进行全面的培训，有力支持宿舍长的工作，通过一个个宿舍长，管理好全校住宿的学生。

4. 安排"眼线"管理。根据笔者多年管理宿舍的经验，有时候对学生干部、宿舍长是不能100%信任的，我们要在每个宿舍安排一个"眼线"甚至多个"眼线"，用来及时掌握学生宿舍的动态。

（二）重视住宿学生面临的主要心理问题及其他问题并提出解决策略

策略一：关注贫困住宿学生的心理问题

我校有10%左右的学生生活费、学费有时要靠借。这些学生因为家境贫困而导致了一些心理问题，如自卑、说话谈吐不够自信、性格内向、比较孤僻、不合群、人际交往不顺利，有时甚至影响了学习成绩和人格的健康发展。

对此，要发挥学校心理服务中心的作用，对学生进行心理问题摸排，建立台账，对问题严重的学生进行心理干预。邀请心理咨询讲师，对学生开展心理知识讲座。

策略二：正确引导，养成良好品质

引导学生处理好宿舍人际关系，克服住宿产生的孤独、焦虑感。教育住校同学应加强自身修养，养成健康的个性、心理。

1. 克服心理障碍，塑造良好个性。引导学生塑造良好的个性品质，如诚实、热情、聪明、自信、能干等。

2. 坦诚互助，取长补短。以诚待人是人际交往得以延续和深入的保证，互相帮助对于宿舍成员之间建立良好的人际关系具有重要的促进作用，帮助别人的同时完善自己。

3. 互相尊重，宽以待人。尊重他人是人际交往中最基本的原则。宽容是指在承认人与人之间差异的基础上，尊重他人的行为方式。互相尊重、求同存异、宽容相待是增进同学友谊的重要途径。

4. 换位思考，学会宽容。设身处地为别人着想，站在别人的角度考虑问题，这样可以化解许多矛盾和冲突。

5. 培养良好的行为习惯。尊重别人的生活习惯，不要力图改变别人，与其改变别人，不如尝试改变自己的行为，形成良好的行为习惯。

6. 注重学习，掌握人际交往的艺术和技巧。

策略三：完善宿舍休息期间的管理措施

恩玲中学要求所有住宿同学在中午12：50至13：50，必须在宿舍休息或在教室学习，不得在校园喧哗或进行各类活动。

策略四：丰富宿舍文化活动

举办丰富、特色的宿舍文化活动能提升学生的文化修养，提高宿舍文化的品位，陶冶学生情操，丰富学生宿舍文化生活，营造健康、和谐的生活氛围。培养学生互助互爱、团结协作精神，丰富住宿生的校园文化生活，亦可激发同学们的创新意识。

策略五：合理安排住宿学生的学习时间

问卷调查显示10.23%的学生的住校原因是能节省上下学往返家校的时间用来学习。恩玲中学规定住宿同学早上6：30起床，出早操，然后吃早餐，自行进入学习状态，开始一天的学习。为保证住宿学生有更充足的学习时间，恩玲中学安排每天三节夜自习，从17：10开始，每节50分钟，每两节中间休息10分钟。问卷调查显示，34%以上的学生认为夜自习学习效果一般。为提高夜自习学习效果，保证自习期间的纪律，学校每班每晚都安排了教师轮流跟班，这样既能维持夜自习期间的纪律，也能辅导学生，方便学生请教学习问题。

（三）强化家校沟通的五个策略

策略一：建立与健全家校沟通平台

1. 相关机构的建立与健全。

相关机构主要指"家校沟通点""家长学校""家校委员会""班级家校委员会"等机构。学校在校门卫处设立家校沟通点，学校明德楼二楼设立家校沟通办公室，三楼、四楼分别设立家校沟通处（一）、（二）；家长学校由学校四位校长、政教处成员、全体班主任、学生家长代表组成；家校委员会在班级家校委员会的基础上组建，隶属于家长学校。

2. 家校手册的设计与运用。

学校将《家校联系手册》细化为《班主任联系家长手册》和《家长联系

学校手册》。前者为班主任使用，后者为家长联系学校使用。

3.建立与完善家校沟通的相关制度。

家校沟通的相关制度主要有《榆中县恩玲中学家访制度》《榆中县恩玲中学家长委员会章程》《榆中县恩玲中学家长学校章程》《榆中县恩玲中学开放日制度》《榆中县恩玲中学"主题家访进万家"活动实施方案》等。

4.尝试网络平台的建立与联系。

其一：学校倡导班主任建立家长QQ群或微信群，充分利用现代技术，取得简便快捷的联系效果。其二：学校专门在网页中设置了"家校一体"栏目，在这个栏目之下，又设置了"家校互动"板块。这个网页是对外开放的，家长可以随心所欲地浏览其中的内容，充分了解学校各方面的情况。

策略二：注重人文细节，科任教师全员参与，强化家访的针对性

教师分区域进行家访。在寄宿制学校，大部分学生家庭距离学校比较远，班主任家访比较困难。针对这一情况，本课题组建议寄宿制学校采取全体教师参与的分区域进行家访的策略，即把学校的学生按地域进行分类，然后由全体教师组成家访小组，到各个地区对各个学生家庭进行访问。这样缓解了班主任的家访工作压力。

通过分区域进行家访，老师们真正走进了学生的心里，走进了家长的心里，使家庭与学校之间的关系更为密切了。

策略三：专题式家长会对家长的指导更有效

对于寄宿制学校而言，面向全体家长的家长会一方面家长很难保证完全出席，另一方面难免缺乏针对性，所以收效不大。面向全体家长的家长会，教师是主角，各科教师的讲解几乎占了家长会的全部时间，会后的单独沟通时间则很短，很多外地家长由于匆忙赶路，根本没有机会与老师单独沟通。

由班主任、任课教师或请来的专家组织的专题式家长会对寄宿制学校家长的指导更为直接有效。

策略四：成立各级家委会

寄宿制学校的家长委员会一般由各个区域的家长代表或者关注教育的家长组成，每个班级推选一名。家长委员要参与学校决策，协助学校运作，参与各种教育培训，逐步成为家庭教育方面不可或缺的教育力量。各班还可以组建由家长委员领导的家长工作小组，在家长委员的带领下配合教师完成本班级的教育工作。

策略五：家校互动，促进交流，提高家校沟通实效

定期举办学校开放日的活动、"主题家访进万家"活动，让家长走进学校，让教师走进学生家庭，这样更能深化家校合作，实现家校共育。

十、课题研究对学校教育管理的作用与贡献

1. 促使学校重视并着手解决寄宿学生的心理问题及其他寄宿问题。心理讲座一定程度上解决了寄宿学生的心理问题，提高了学生们的心理素质，提升了学习成绩。

2. 完善了宿舍管理的相关制度和职责，强化了学校宿舍的管理能力，保障了寄宿学生在校生活和学习的质量，健全了家校沟通的机制，完善了家校共育的策略，提升了学校的管理水平。学校2019年、2020年连续两年获得"兰州市高中教育质量优秀奖"，见图19。

3. 为学校提供了推进"学生自主管理"、提升"寄宿制学校"管理水平的经验。

图19　榆中县恩玲中学获"兰州市高中教育质量优秀奖"奖牌

十一、研究中存在的问题及今后努力的方向

通过本课题的研究，我们收获了许多。但反思课题研究的全过程，我们发现仍有一些遗憾，今后仍有努力的空间。

（一）研究中存在的问题

1. 本课题研究的前提是"以学生为中心"，但是课题组成员对"以学生为中心"的理解不是足够深刻，所以在研究中有些方面对"以学生为中心"体现和切入得不是很到位。

2. 由于课题组成员水平有限，对课题的认识和研究大部分停留在传统的对于学生管理的层面上，研究讨论也缺少足够的理论支撑，研究不够深入，得出的结论也不够深刻全面。

3.《榆中县恩玲中学住宿学生心理问题调查问卷》和《寄宿制高中学校家校沟通的策略研究调查问卷》没有涉及全体学生，即使做问卷的学生和家长也有不认真作答的情况。课题组在分析结果时对有些问题之间的变量、关联性没有做到全面分析。

4. 参与研究的老师们大多习惯于教学而疏于研究，加之日常教学任务比较繁重，不能保证课题研究有充分足够的时间。研究者研究方向侧重于实际操作，对研究形成的理论不能及时总结反思，理论的深度和广度不够。

（二）今后努力的方向

1. 继续深入开展课题研究实验，注意及时收集课题研究资料，进一步增加研究成果。

2. 围绕《以学生为中心的寄宿制高中教育管理策略研究》课题，继续探究住宿学生的管理模式，丰富教育管理手段，开发宿舍文化活动。

3. 根据课题成果的运用情况，不断完善寄宿制学校管理制度。

4. 及时总结"寄宿制学校管理"的成功经验，进行交流、推广，发挥课题研究的示范辐射作用，以促进临近学校教育管理水平的整体提高。

（该课题2019年立项为甘肃省教育科学规划课题，2021年9月结题）

核心素养下农村高中生英语书面表达能力培养的策略研究

课题负责人　白军志

一、课题研究的背景和意义

（一）课题研究的背景

写作技能是英语教学和语言训练的重要内容，也是语言学习评价的重要项目。《普通高中英语课程标准（实验稿）》要求学生能运用英语准确地表述事实、观点、情感，形成规范的写作习惯。

然而，目前我校在英语教学中存在以下问题：学生对英语写作的兴趣不浓，对提高写作能力的信心不足；"以教师为中心"的写作教学模式比较陈旧，不利于学生写作思维的发展和写作能力的提高；而且，教师在写作教学中对学生写作方法的指导不够全面和有效，对于学生习作的评价比较片面。因此，我们提出了基于兴趣转化的英语写作能力提升的研究主题，对英语写作教学进行积极的探索和实践，以改变英语教学现状，提高高中英语写作课堂教学的有效性。学好英语，离不开听、说、读、写能力的培养，这四项能力相辅相成，缺一不可。语言学家的研究证明：写作教学有助于词汇、语法、句型、课文等语言知识的学习，并能够促进听、说、读和思维能力的潜在性发展，同时，听、说、读和思维能力的发展又反作用于写的能力的培养。写作教学对于帮助学生了解英语思维的方式，形成用英语进行思维的习惯，提高学生综合运用语言知识的能力大有益处。同时，我们通过对英语写作教学的研究与实践，能更好地推进校本研训，促使教师进行更多教学理论

的学习，用更新的理念指导教学实践，从而不断提高教师自身的素养和教学能力。

（二）课题研究的意义

英语作为高中重要的学科之一，对于学生语言能力的培养有着重要意义，而写作作为英语教学中重要的一环，能够锻炼学生的交流能力和表达能力，有效提高学生的个人素养，这就要求教师能够合理制订英语写作教学计划，从而有效提高英语写作教学水平。农村中学生受经济、教育资源、学习氛围及学习方法等因素的影响，而导致他们的英语书面表达能力相对薄弱，英语写作能力的薄弱又导致了他们的英语成绩相对较低，渐渐地使他们丧失了学英语的兴趣。因此，分析农村中学生在英语书面表达中存在的问题及原因，并总结出相应的对策和方法，对提高农村英语教学质量及学生学英语的兴趣有着重要意义。

我校是一所普通高中，生源质量处于全县三类水平。学生学科知识储备较少，应试能力较差。同时，很多学生不善于与人交流，对生活中出现的一些常见的问题感到无能为力。在这种情形下，学校对学生的培养一定要因材施教，符合学生实际，将教育与实际生活紧密结合。

因此，本课题的提出也是我校进一步发展的需要。

二、课题研究的目的

写作能力是英语听、说、读、写四种基本能力之一，能有效促进语言知识的内化。读是信息的输入，而写则是书面表达的交际能力，是信息的反馈与提取，旨在训练学生对所学知识的实践运用，特别是测试学生的书面交际能力。只有具备扎实的语言基础知识，灵活运用语言的交际性、逻辑性，才能写出优秀的作文。培养一定的写作能力，是英语教学的目的之一。写作能力是衡量学生英语水平的重要标志，也是学生日后顺利完成专业深造和创造性开展工作必须具备的基本素质。

1. 英语写作能帮助我们提高使用英语的准确性。写一个句子、一篇短文，要力求句法、用词、拼写、标点等完全正确，而且与前后句紧密连贯。写和说不同，写好后可以检查修改，一次修改就是一次提高。写得越多，语言就越准确。

2. 练习英语写作能扩大词汇量。口语所使用的语言一般是比较简单的和常用的。而在英语写作时，所使用的语言则是多种多样的，从极简单到较复杂的语言都要使用，所使用的词汇和句型也比口语中使用的多，这对英语词汇量的扩大有很大帮助。

3. 写作训练能帮助我们提高逻辑思维及分析问题的能力。写一篇作文，不论长短，都需要完善地组织材料，得出结论，做到重点突出，条理清楚。这样，在锻炼写作能力的同时，也提高了分析与处理问题的能力。

4. 英语写作对阅读、听力、口语、翻译等各方面都有促进作用。自己知道写作的甘苦，对别人的写作技巧就会乐于学习。自己分析问题的能力提高了，听别人说话就会善于抓住要点及关键词。语言质量提高了，口语也会更准确。

5. 多写英语摘要能逐步提高英语写作能力。英语摘要是把一篇文章的要点摘录出来，用自己的语言组织起来，使之独立成一篇短文，这不是简单的抄录，而是忠于原文意思的再创作。写英语摘要有利于学生了解原文的文化背景，理解原文的中心意思，弄清原文的篇章结构，从而提高学生的逻辑思维能力和谋篇布局能力。

三、课题研究的理论依据

半个世纪以来，国外写作理论研究日趋成熟。Bereiter & Scardamlia（1983）通过对写作专家和新手的对比研究，发现两者在写作能力上的差异主要表现在他们所掌握和运用的写作策略的不同。Raimes（1985）和 Pianko（1979）认为，从写作策略上可以区分出成功与不成功的学习者，Jobns（1986）发现，经过作文修改策略训练的学生比没有经过训练的学生在写作能力方面有显著提高，策略训练有助于产出性能力的提高。

然而，不管英语写作理论的著作与论文有多少，我国英语写作研究仍存在问题。在英语写作研究方面，对学习主体的研究，对学生在写作过程中的认知机制和心理过程的描述，及影响学生写作能力提高的主要因素，等等，需要更深入的研究。

1. 体裁教学法（Process Genre Approach）。

英语教育专家Badger和White等提出了英语写作体裁教学法。该方法认

为，写作应包括语言知识、语境知识、写作目的和写作技巧等要素。这些知识既可以为写作者提供足够多的输入，又训练了写作技巧。

2. 过程教学法（The Process Approach）。

提出过程教学法的代表性学者是弗劳尔和黑斯（Flower& Hayes）。他们认为写作过程是一种复杂的、有目标的、循环往复的活动，包括计划、述写和复查三个过程。写作者在写作前必须对材料进行剪裁、安排、重新组织并确立目标，然后把思维转换成文字，最后对写出的东西加以重审。该理论指出，在写作过程中，教师的职责就是给学生营造一个轻松、自由的写作氛围，并通过多样化的写作活动，让他们在反复的写作与修改中拓展思路、完善文章内容。过程教学法得到专家、学者和广大写作教师的赞同和重视，并被推广，取得了良好的效果。

3. 交际法（Communicative Approach）。

交际法也叫功能法（Functional Approach）或意念法（Notional Approach）。交际法是20世纪70年代根据Hymes和Halliday的语言学理论形成的，是全世界影响较大的外语教学法流派。交际学派认为：语言教学的目的是培养学生使用目的语进行交际的能力，语言教学的内容不仅要包括语言结构，还要包括表达各种意念和功能的常用语句。交际法重视培养学生的语言能力，采用真实、地道的语言材料，主张通过句型加情境来学习语言，提倡教师的教学过程的组织应以学生为主，给学生创造交际情境，帮助学生创造性地、自由地表达、交流自己的意念、思想。

4. 头脑风暴法（Brain storming）。

头脑风暴法又称智力激励法，是由美国创造学家A.F.奥斯本于1953年正式发表的一种激发学生创造性思维的方法，现已成为国外新近流行的一种新颖的课堂活动形式。使用头脑风暴法时，要集中给学生一个想象和思考的时间和空间，集思广益，激活其头脑中各种相关的图式，如想法、概念、形象和印象等。它通常围绕一个特定的话题进行，教师作为指导者，鼓励学生积极思考，创造性地思维，并以谈论与讨论的形式挖掘各种有用的信息和形成思路；学生在激活的想法中选择有意义的内容。实践证明，头脑风暴法对发展学生的自主学习和英语的听、说、读、写能力，尤其是写的能力起着积极的促进作用。

教师在教育教学中有意识地培养、提高学生处理现实生活问题的能力，使学生不仅得到科学文化知识的滋养，更重要的是获得生活、工作、人生的幸福。因为一个人在人生的道路上，会遇到各种各样的问题，这些问题如果能用自己的智慧加以解决，就会使人生路走得越来越顺利，如果我们的能力不足，有可能一个小小的问题会让整个人生的航船倾覆。因此，教师对学生能力的培养是现实的需要，是学生人生发展的重要保证。

四、课题研究的目标和主要内容

（一）研究目标

1. 通过课题的研究，探索提高高中生英语写作能力的有效策略，切实提高学生的英语写作能力。

2. 通过课题研究的不断深入，提高英语教师的教学能力和科研能力。

（二）主要研究内容

1. 英语写作课堂教学的有效设计的探究。

2. 学生英语写作方法的有效指导策略的探究。

3. 学生习作科学的评价方法的探究。

五、课题研究方法

1. 调查法：是指课题组根据研究目的和研究内容，就调查项目设置相应的问卷题目，按一定的原则排列，请调查对象书面作答，然后对问卷回收整理并进行统计分析，从而得出结果的研究方法。

2. 行动法：是指教师在教学实践中基于解决实际问题的需要，进行系统的研究，以解决实际问题为目的的一种研究方法。

3. 案例分析法：收集典型的案例实录，进行研究分析、反思，形成共识。

4. 个人谈话法：通过此方法深入了解学生对高中英语写作方法的了解情况，使学生逐步获得写作的基本步骤和要点，培养良好的写作习惯，在英语综合运用能力的提升方面得到很好的发展。

5. 实践法：针对课题研究不断提出改革意见或方案，并付之于行动，在英语写作教学实践基础上验证、修正教学行为，充实或修正方案，提出新的具体目标，以提高研究的价值。

6. 经验总结法：坚持理论与实践相结合，不断地总结研究成果，进行阶段性小结，调整研究内容、目标等。对在实践中搜集的材料全面完整地进行归纳、提炼，进行定量和定性分析，得出能揭示教育现象的本质和规律，确定具有普遍意义和推广价值的方法。

六、课题研究步骤

第一阶段：申报阶段（2019年4月—5月）

申报阶段主要制订课题研究方案，申报课题。

通过多年的教育教学工作，我们深深感觉到，当前中小学生的英语书面、口语表达能力较低，尤其是新课程标准及学科核心素养下农村高中生英语综合运用能力及书面表达能力的提高迫在眉睫。我们组织学校英语教师成立课题组，参考省教科所"课题指南"，结合学校实际情况，确定研究内容，拟定总体方案，申报了题为"核心素养下农村高中生英语书面表达能力培养的策略研究"的课题。一经审核通过，我们随即制订了比较翔实的课题研究方案。

课题组成员进行全面的理论系统学习，积极在网上搜集整理相关资料，夯实课题研究的理论基础。

该阶段的工作由白军志负责，张建惠协助。

成果体现：课题评审书、课题研究方案。

第二阶段：准备阶段（2019年6月—12月）

课题申报成功之后，课题组即着手制订研究计划，课题组成员不断学习相关的理论知识，提高自己的理论水平，对学科核心素养下英语书面表达教育有明晰的认识，在自己所带的班级进行问卷调查、个别访谈，了解当前我校高中生英语书面表达能力的具体现状，掌握当前教育中书面表达能力教育的落实情况。在此过程中，课题组成员也进行了文献研究，收集有关材料，为课题的进一步研究奠定坚实的基础，完成"关于榆中县恩玲中学核心素养下农村高中生英语书面表达能力培养的策略研究的调查"。

在对学生英语书面表达能力的培养过程中，首先，课题组要统一思想，提高认识，只有思想成熟了，认识到位了，才能提出具有前瞻性的意见；思想认识落后，不思考、不学习、不反思，就不会进步，就没有想法。尤其是当前学生的书面表达能力问题，没有引起各位教师的思考，就无法在课堂教学过程中落实。

其次，课题组撰写调查报告，归纳分析，寻求原因，对比研究，探究契合点，商讨对策，分阶段深入研究。课题组初步了解到榆中县恩玲中学高一年级学生对英语写作的兴趣及写作能力状况。课题组通过分析高中学生英语书面表达能力欠缺的成因，根据新课标核心素养下对学生英语书面表达的要求，对高中英语写作的教学方法和教学模式做了积极的构想和探索。

成果体现：课题调查报告。

负责人：卢彩云。协助：范多春。

第三阶段：实施阶段（2020年8月—2021年5月）

课题组成员立足于教学实践，从英语写作课堂教学的设计、学生写作方法的指导、教师对学生习作的评价等方面展开研究，探索高中最有效的写作教学策略。课题组成员积极听课，定期研讨，对已有的研究成果不断地进行反思、修改与完善，为总结和结题验收阶段形成研究成果奠定坚实的基础。

在具体的实施过程中，课题组成员对学生书面表达能力培养的策略研究进行个案研究，总结经验。要提高学生英语写作能力，就应该注重学生写作习惯的培养。课题组在课题研究的过程中，非常重视学生写作习惯的培养。针对学生在英语写作方面存在的不良学习习惯，我们进行了认真的研究，并给学生进行了精细化的指导。研究阶段，我们本着立足课堂教学实践的研究态度，认真地实施了研究工作。在写作教学中，我们构建了适合我校学生的独特的课堂写作教学模式，形成了有效的写作指导策略和科学的习作评价体系。同时，我们在课堂实践中不断运用研究成果，并进行了不断的修正与完善。

第四阶段：实施阶段（2021年8月—2021年9月）

此阶段为全面总结、实践完善阶段。我们收集整理课题研究的过程性资料，进行分析、归纳、提炼、总结，形成"核心素养下农村高中生英语书面表达能力培养的策略研究"结题报告，申请成果鉴定。

1. 课题组成员仔细整理研究资料，撰写研究论文或个案分析，完成由感性到理性的总结，形成个人或小组的研究成果。

成果体现：白军志论文《核心素养下农村高中生英语写作能力培养策略》；

卢彩云教学设计《核心素养下高中英语书面表达教学设计》；

范多春教学设计《核心素养下高中英语书面表达教学设计》。

负责人：白军志。协助：张建惠、范多春。

2. 课题组成员进行全方位的总结，完成研究报告，编辑课题研究专集，完善所有课题结题资料。

成果体现：结题报告、佐证材料等。

负责人：卢彩云、范多春。协助：其余研究人员。

3. 课题组成员积极申报结题，课题组按照市教科所课题结题的具体要求，整理所有课题结题资料，完善课题研究结题报告，准备结题。

成果体现：《核心素养下农村高中生英语写作能力培养策略》课题研究报告。

负责人：张建惠。协助：其余研究人员。

七、课题研究的成果

在学校领导以及学校教研室的大力支持和具体指导下，课题组成员经过艰辛努力，通过两年的课题确立，研究计划的制订、申报，课题的反复实验，数据的分析，研究中的反思及总结，对高中英语写作课堂教学的有效设计、学生英语写作方法的有效指导策略及学生习作科学的评价方法进行了较为深入的研究，形成了一些自己的模式、策略和评价体系，找到了核心素养下农村高中生英语写作能力培养策略。该课题既有理论上的科学依据，又有实践上的可操作性，经过实验证明是成功的，是值得推广的。通过课题研究，我校高中英语写作教学质量得到了提高，同时在课题研究的过程中英语教师的专业素养和研究能力得到了提高。更重要的是，课题研究也促进了我校英语课堂教学改革的思考与更多的尝试。总之，我们认为，从研究价值来分析，本项微型课题的研究达到了预期的研究目标，主要体现在以下几方面。

成果一：核心素养视角下农村高中生英语写作存在的问题

（一）不会审题，偏离主题

部分考生在审题时对题目理解不够透彻或者粗心大意，导致从一开始就犯了立意错误或者偏离主题的错误，使得所写内容偏离了写作主旨和题目要求。这样写出来的文章，无论语句多么优美，都不会得高分。

（二）体裁格式把握不准

纵观近几年的高考作文，体裁大多数是记叙文、说明文和应用文。不同的体裁有不同的特点和写作格式，如记叙文就应当注意写作主题、时态、人称和写作顺序等；应用文中的书信格式很特别，与汉语不同，开头、结尾的格式都应注意。而许多学生在写作时忽略了这些，造成了作文失分严重。

（三）英语知识运用能力不过关

这一点可分为两方面：一是由最基本的语法失误导致的。

常见的语法失误有：

1. 时态不一致。

例如：I didn't notice him and pass by.（应将pass改为passed）

If there is no time tomorrow I would not visit him.（应将would改为will）

2. 缺少或多谓语动词。

例如：It will more and more beautiful.（应在will后加be）

I am think I will work hard in the future.（应去掉am）

3. 使用冠词错误。

例如：He is good at many subjects especially the English.（应去掉the）

We'll have holiday the day after tomorrow（应在have后加a）

4. 缺少连词或关系代词。

例如：There are many students can use the computers.（在can前加who）

He came to my home asked me to go shopping with him.（在home后加and）

二是学生使用句子过于单调。整篇文章十几句话基本都是简单句，而英语书面表达的一个要求就是会使用较高级的句型，并达到语言通畅。实际上除了基本的五种句型外，我们还学过多种状语从句、主语从句、宾语从句以及强调句和倒装句等。此外，我们还懂得分词做状语或某些过渡性的词语。例如：and，so，then，but，otherwise，however，at the same time，one the other hand等。有些句型、短语如果是在单项选择题中考查，大家基本都过关，但就是不会用在写作中。这样导致句式单调，文章结构显得松散或出现了汉语式英语。这一点也是书面表达失分的一个重要原因。

（四）书写不够认真，布局不够合理

1. 字母书写不够规范。英语单词中字母书写要注意各字母间的距离以及

各个字母的高低对比关系，而且英语书写时要求每个字母要向右倾斜，约为5度，斜度要一致。

2. 不能正确使用标点符号。许多学生忽略了英语中标点符号的正确使用，有些学生全篇文章都是"."或都是"，"，还有的把英语的句号写成了汉语的句号。这些都影响考生的书面表达得分。

3. 卷面不整洁，布局结构不合理。有些考生常常在写完的作文上进行大量的改动，勾画了许多单词；还有的是段落层次不明确，要么100多个单词写成一段，要么分成了五六段，这都使文章失去了层次感。这些往往造成英语书面表达卷面的不美观，给评卷老师的第一印象就比较差，无形中降低了书面表达的得分档次。

4. 词数把握不准。高考英语书面表达一般都有词数要求，一般是100个单词左右。词数过多或过少都会被扣掉分数。而不少学生认为词数是多多益善，这样既浪费了时间，又丢掉了分数，出力而不讨好。

从上述原因分析中我们可知，要想在英语书面表达上得高分，首先需要加强基本功练习，包括基本词汇用法、基本句型结构和基本语法知识的练习，同时要多看、多读、多背一些好的句子、短文；其次要进行有目的的翻译训练，可以就一句话用不同的词语或不同的句式来翻译；最后要定期进行写作专项训练，要练习各种体裁的书面表达，从而熟悉各种格式特点。只有通过大量的训练，学生的书面表达能力才能得到提高，从而在高考中得到高分。

成果二：核心素养视角下农村高中英语写作教学的优化对策

（一）构建了新型英语写作课堂教学模式，实现"以生为本"的生命课堂

传统英语写作教学多采用以行为主义理论为基础的结果教学法。这种写作教学方法主要表现为"学生单独写作，教师单独评阅"的单项交流的模式。与传统的写作教学方法相比，过程写作法以写作过程为出发点，将写作过程视为教学的中心，使学生充分投入写作的各个过程中，最终获得较好的成效。过程写作法的教学过程可以通过创设写作情境、激活写作灵感、独立完成写作初稿、修订写作初稿、完成写作评价五个阶段展开，构建高效的写作课堂教学模式，让学生真正参与到写作的每个环节。过程写作法旨在提高学生写作的主观能动性，实现高效写作课堂教学。

为了让学生能主动积极地投入英语写作活动中，教师在这个教学环节创设"生活化、趣味化、真实化"情境，为学生提供用英语进行交际的需要，使学生拥有创造性地、自由地表达、交流自己思想的机会，实现"为了交流而写作"的目标，以激发学生的写作兴趣，提高写作动机。学生应以教师提供的英语写作话题为切入口进行小组合作，以讨论的形式挖掘各种有用的信息形成思路，从而拓宽想象和思考空间，集思广益，诱发集体智慧，激活写作灵感。在这个阶段，学生应该在小组探究的基础上，将构思的结果独立进行写作，完成初稿。初稿本身也是一个构思过程，因此教师应鼓励学生在写初稿时尽量放开去写，不必过于顾及表达的外在形式；同时，教师要细心观察学生的写作活动，随时发现问题，并进行指导。在学生完成初稿后，教师组织学生独立修改或同学互改，对照范文，对于文章的结构及语言表达等方面做一定的修正。在评价环节，教师要建立科学、有效的习作评价体系，让学生在自评与他评的过程中不断获得个性化的、有价值的、真实的评价，从而提高他们的反思能力与写作能力。

（二）形成精细化、科学化、针对化的写作策略指导

1.指导精细化，注重培养学生良好的写作习惯。

要提高学生英语写作能力，就应该注重学生写作习惯的培养。因此，课题组在课题研究的过程中，非常重视学生写作习惯的培养。针对学生在英语写作方面存在的各种不良学习习惯，教师进行了认真的研究，并给学生进行了精细化的指导。

课题组教师组织学生进行书面表达训练活动。教师规范了书面表达的内容，让学生在有序的活动中注重典型、常用句型的积累，提供英文美文让学生阅读。学生的语感逐渐得到加强。教师鼓励学生建立写作积累本，鼓励学生摘抄课外阅读碰到的美文或者精彩句子，并且对学生的摘抄本进行认真的检查与评比，加强学生积累意识，促进他们摘抄习惯的养成。教师高度重视写作教学中英语范文的赏析运用，鼓励学生认真赏析范文，并且模仿范文中句子的写作、文章的布局、衔接手段的利用等，以提高他们的写作能力。同时教师规范了课堂写作的流程，重视课堂写作任务的过程性监督与评价，利用教材中阅读的延伸话题，鼓励学生在课后主动写作，并进行有效的评价。此外，教师还鼓励学生记英文日记。针对学生缺乏比较改进的意识，我们巧妙地利用了写作教学中的范文，让学生以一篇佳作的

标准来衡量、比较自己的习作。教师在课堂内外关注学生学习的细节，做到指导精细化，对提高学生英语写作能力起到了重要的作用。

2. 指导科学化，注重学生综合能力的提升。

英语写作能力，是学生综合运用语言的能力。在教学过程中，教师应该注重以读促写，读写结合，以提高学生的写作水平；鼓励学生在阅读中关注语篇的构建方法，鉴赏语言的运用特点，并摘抄笔记。

3. 指导针对化，注重学生写作准确性的提高。

在教学过程中，教师应该有针对性地对学生的写作方法进行指导，以提高指导的实效性。在课题研究的过程中，课题组成员就学生在习作中易错的语法点整理与归纳为10个方面：

（1）主谓不一致。

（2）句子成分残缺。

（3）一个简单句中出现两个谓语动词。

（4）从句独立成句。

（5）两个简单句之间缺乏连词。

（6）情态动词后未接动词原形。

（7）词性误用。

（8）介词后接动词原形。

（9）代词错误。

（10）动词原形作主语。

教师在写作教学中针对这些错误对学生进行了专题辅导。通过这样针对性特别强的指导，学生在写作中犯的语法错误明显减少，效果特别明显。

（三）建立了真实性、有效性的习作评价体系，增强学生学习信心

同伴评价能给学生提供全面交流的机会，可以提高学生的思维能力以及自我检查能力，从而全面提高写作水平。在写作教学实践中，教师运用写作档案袋能更好地实现过程性评价，可以提高学生写作兴趣和写作的主动性，促进学生在英文写作方面的反思能力，从而有效地提高学生的写作能力。

（四）英语写作教学采取的主要措施

1. 词汇是写作的基础。正如语言学家威尔金斯在《语言学在语言教学中的作用》中所说的：我们不能接受语法比词汇更重要的说法。事实是，没有语法几乎什么都不能传达。然而如果没有词汇，则什么也传达不了。学生掌握的词汇越多，他们运用语言的能力就越强。因此在教学中，教师应注重词汇教学，要求学生记单词时以朗读带书写的方法来进行，运用听觉、视觉、动觉等多种感觉来提高记忆效果；同时利用单词的构词特点、课文内容和句子等进行联想教学，来提高记忆效果。例如，教授构词法（转化、合成和派生）。学生掌握基本构词法之后，就能分析符合一定规律而构成的单词，进而有助于记忆这些单词。单词学得越多，遇到的符合各种构词规律的例子就越多，运用构词法也就越熟练，这样可以不断减轻记单词的负担，如学生通过学习构词法中的派生法（由一个词根加上前缀或后缀构成另一个词，这些前缀和后缀具有一定的意义）之后，掌握常见的前缀和后缀的意义，就可进行生词联想记忆法。如形容词后缀less加在名词后，赋予该词"无"之意，即careless，homeless...又如动词后加er，or，表示人，即teacher，inventor...学生掌握以上这些规律后，再碰上以less，er，or等结尾的词，自然就了解其构成由来和具体词意。这种联想方法在词组中也可运用。例如，by置于某些词组中，含有"逐一"之意，如one by one/ little by little /day by day等。通过联想方法找出单词的记忆规律，对学习英语单词可以起到举一反三、事半功倍的效果。学生平时通过理解课文来记忆单词，做到"词不离句，句不离文"，这样有利于学生理解和掌握新词，同时坚持每天听写、默写单词，力求掌握所有所学词汇。

2. 句子是文章的基本单位，加强向型教学是造出完整句子的关键。教师要使学生掌握简单句的五个句型，了解句子的基本结构，能正确使用这五个句型，形成句子的概念。学生可以利用教材中的常用句型对某些句子进行转换，这样不仅掌握了课文中的句子，也学会了一意多种表达的方式，同时培养了实际语言运用能力以及思想表达的灵活性、多样性和创造性。这种向型教学实际上已把语法规则、词汇搭配、课文的重点都融入其中，通过反复操练后，使原本各成系统的语法、词汇、课文真正达到相互结合使用，这样学生写起文章来就不会出现词汇搭配及语法方面的错误。

3. "应用了较多的语法结构和词汇""尽力使用较复杂结构或较高级词汇"已成为高考书面表达的定档、评分依据之一。因此，教师在教学中要求学生利用所学过的词汇、句型和语法知识，变化句子的结构形式，加强造句

基本功的训练是很有必要的。例如，学生在句中使用定语从句、状语从句、非谓语动词、强调句等，写出生动有趣的句子。另外，在平时的汉译英练习时，教师应培养学生写地道的英文句子，避免中国式的英语。

（五）加强阅读、朗读、背诵和默写

"读书百遍，其义自见""熟读唐诗三百首，不会作诗也会吟"。这些有力地说明了写作能力的提高不只是靠写的训练来达到的，只要多读多写，坚持训练，高中学生的英语书面表达能力一定会全面提高。笔者要求学生平时多多阅读与所教课文相关的课外读物，在阅读的同时，认真体会作者是如何遣词造句、布局谋篇的。对于所学课文则要求学生认真朗读、背诵且能默写每课的重要段落、句型及精彩片段，还要求学生背诵一些优秀的范文，以便拥有丰富的语感，这样写作起来，自然水到渠成。

（六）强化限时限量作文，及时讲评

除了要努力提高学生平时的写作水平外，也要让学生努力适应高考，加强学生的临场应变能力，平时的限时限量作文训练是尤为重要的。新教材每单元后都设有写作训练，有易有难。教师可根据其难易程度，规定时间完成作文（高考时学生用于书面表达的时间为20分钟左右）。在写作时，教师要求学生切中题意，灵活运用英语课前演讲所学的知识，使用有把握的词汇、句式，文理要通顺，语言要准确得当，同时要求学生书写认真，写后要认真检查、修改，小到标点符号，大到体裁、时态、语态、主谓一致、句子是否完整等。教师在提升学生英语写作过程中，应涉及四种常见的文体（说明文、记叙文、议论文和应用文），尤其是应用文体，如书信、便条、日记、请假条、通知、海报等，让学生每隔一段时间重复练一次，以温故知新，进而灵活运用所学的知识。只练不讲评，学生就难以改正语病，提高写作能力。而通过讲评学生能领悟到自己的语言错误，体会词、句的功能，还能开拓视野，发展思维。只有坚持每练必评，学生才会每练必有获，不断规范语言表达，写出好的文章来，在高考中方可夺魁。对于写得好的习作，教师在讲评时可以读给全班同学听，并张贴于作文墙报专栏上，以示鼓励，这样亦可提高学生的写作兴趣和热情。

（七）加强书面表达方面的技巧指导

在书面表达的训练过程中，教师应有意识地对学生进行一些书面表达方

面的写作技巧指导，以利于学生写作能力的提高。

1. 审题。在书面表达训练课开始时，教师简单地布置写作任务后，要求学生认真读图画、图表或提纲，分析提示部分的细节和信息，明确该写什么，不必写什么，哪些需要详写，哪些则可以省略；同时引导学生确立文章的要点，要特别提醒学生注意文章的体裁、人称及时态。

2. 注意中英文的差别。在平时的写作过程中，学生易受中文的影响，逐句翻译，这样会遇到很多陌生的词汇而不知如何表达。这时教师应指导学生将这些陌生的词汇用相同意思的熟悉的词汇和句式表达出来，同时注意句子的翻译要符合英语表达的习惯。

3. 巧用修辞。学生在写作时，常常只会用简单的"主谓宾"或"主系表"结构，结果整篇文章都是些简短句式。这样的文章过于简单、呆板，不会给阅卷老师留下深刻的印象。这时教师可指导学生学会用一些修辞手法，多运用高中所学的一些常用句式，如倒装句、强调句、非谓语动词、定语从句等，可使文章更形象、生动。

4. 恰当地使用过渡语。一篇好的书面表达不能是词汇、句子的简单堆砌。语句间的连接、过渡和照应很重要，适当地使用连接词和插入语，可增强文章的连贯性、可读性。例如，文章及段落起始的过渡词语：to begin with（首先），generally speaking（总体上讲），first of all（第一、首先），in the first place（首先）。文章及段落结尾常用的过渡词语：therefore，thus（因此），in conclusion（最后），in brief，in a nutshell（简言之），to sum up（总而言之），in a word（总之），等等。

5. 创新评价和批改方式。教师在批阅学生的英文写作时，可将学生的典型错误集中起来，然后通过多媒体在课堂上呈现出来，由学生自己发现错误并加以修改，同时在每个学生的作业中画出学生的错误，再运用短文改错的方式让学生自己去改正；对英文写作的评价应多运用激励机制，多表扬、少批评，让学生尝到成功的乐趣，这样会使学生乐于写并善于写，从而提高书面表达的能力。

（八）建立学生的写作档案袋

档案袋评价作为一种新型的形成性评价，着力收集学生的信息资料，探究学生在各个时期的学习过程。教师在平时引导学生建立写作档案袋，把平

时的书面表达文章、积累的写作材料、优秀的书面表达范文、教师的评价收在档案袋中，并引导学生加以回顾和反思。通过建立写作档案袋，教师就可以有针对性地对学生书面表达加以指导；同时学生可以看到自己在书面表达训练中取得的进步和存在的不足，从而有助于书面表达能力的提高。

经过课题组精细的、有序的研究，我们发现通过建立"写作档案袋"，写作课堂教学的有效性得到了提高。其表现主要有以下几点：

（1）学生写作积极性提高了。通过我们的研究与实践，在"以生为本"的课堂教学环境下，学生的学习状态和学习体验有了转变。学生从"被动"的写作状态中解脱出来了，他们变得热爱写作了，以一种快乐的姿态主动参与到写作活动中。

（2）教师教学理念及教学方式更新了。教师不再延续传统的写作教学模式，而是逐渐运用新的写作教学模式，注重学生写作过程的指导，并对学生写作方法进行了"精细化、渐进化、科学化、针对化"的指导，优化学生学习方式。同时，教师改变了以往单一的习作评价方法，运用"生命性、真实性、有效性"的习作评价体系来增强学生写作的信心和学习的成就感。

（3）写作课堂活起来了。英语写作教学从零关注或者是低效的英语写作走出来了，如今的写作教学关注学生写作过程和写作情感体验，让学生在生活化、情境化、趣味化的写作话题的引领下，主动参与多元化的写作环节中。学生在一种愉悦的写作环境下，获得了积极的写作情感体验。课堂教学活了起来。课堂呈现出富有活力的精神状态。

（九）促进了教师的专业成长，提升了教学理论水平和教学科研能力

通过课题研究阶段的学习交流、听课研讨、承担研讨会课题等方式，课题组的教师对高中英语写作教学有了全面的认识，在宏观上能够用辩证的目光看到传统与现代、封闭与开放、学科与课程、教与学的关系，从微观上能够正确地理解与把握高中英语写作教学目标、教学结构、教学方法、教学策略与教学评价的要求。课题组的教师综合我校课改实践，不断学习、不断反思，形成了独特的课堂教学模式、指导策略与评价体系，同时撰写了相关的课题研究论文和教学设计及写作指导材料，课堂实践能力也得到了进一步的提高。随着课题研究的深入实施，课题组的教师不仅心中有了高效写作课堂教学观，也明确了自己努力的方向。

成果三：英语作文取得高分应注意的事项

（一）避免口语化、简单化的词汇

我们在写作过程中，一定要避免过度使用口语化、简单化的词汇。比如："购买"可以说成"purchase"而不用"buy"。因为写作是书面体的文章，过多地使用口语化的词汇不仅与文体不符，还显得考生的词汇量狭窄。

（二）切忌重复使用单一词汇

优秀的英语文章会用不同的词汇表达相近的语义，以此反映语义间微妙的差异，如英语中仅仅表达"好"的意思就有许多种说法，pretty /marvelous/ wonderful/ superior/ great等，所以在写作中要注意前文出现的词汇，后面尽量避免重复使用。

（三）切忌句式重复且简单套用

虽然高三年级学生已经掌握了丰富的英语句式，如简单句、并列句、省略句、强调句、复合句等，但是在有限的时间内，许多学生仍无法对这些句式运用自如。从历年的高考来看，部分考生的作文中反复出现的就是简单句，但如果通篇都是这种句式，文章势必会缺乏文采，读起来也会显得有些乏味。

（四）一定要注意写作文体和语气的合理运用

文体不同，写作用语和语气也会有所不同，如论述类的文体需要更加严谨和规范的用语，书信类文体需要真诚和自然的用语，广告类文体则需要激情和有号召力的用语，只有把握不同文体的用语风格，才能选用合适的词汇与句法。同时，不同的文体对于写作的格式有不同的要求，如信件与广告的格式就不同。另外，学生在英文写作时常常会将汉语表达的习惯带入英语文章中，出现许多如"should""must""need"这样的情态动词，而这种语气并不符合欧美人的表达习惯。

（五）注意不要将汉语提示直接翻译成英语

写作和翻译不是一回事，写作既是对内容的阐释，也是对表达方式的崭新运用，所以从内容到形式都应该符合地道英文的用语习惯，做到内容和形式完美统一，其中汉语化的痕迹越淡越好，这就需要考生通过阅读和仿写大量优秀英语作文来逐渐提高写作水平。

八、存在的问题与今后的努力方向

课题研究持续时间不到一年，虽然取得了一些可喜的成果，但是本课题的研究却远远没有结束。我们在研究和实践的过程中，也发现了一些存在的问题。

（一）教师观念的转变还要进一步强化

每一种教学模式都不是简单的教学程序，而是一种教学理念。如果教学观念不转变，即使按照某种模式进行程序式的教学，仍然很难达到预期的目标。因此，教师首先必须不断提高自身素质，尤其是英语教师，应有终身学习的决心；其次要不断地加强先进的和科学的教育理念学习；最后，必须具备锐意进取的创新和开拓精神。

（二）学生学习方式的转变还需要不断强化

受考试等因素的影响，教师自觉或不自觉地以成绩来评价学生的英语水平，导致学生的学习取向也着眼于成绩。因此，教师应着眼于学生学习的情感、态度的评价，转变学生学习方式。

（三）英语写作教学的有效方式还需要进一步拓展

本课题的研究主要着眼于高中英语写作课堂教学有效性的探究，但事实上学生写作能力的提高，并不是局限于这一层面的问题。写作技能的提高应该更多地与阅读能力及听说能力的培养结合起来。因此，将写作能力的培养与其他语言技能的培养相结合，是我们课题组应该继续探索的方向。

本课题通过近一年的实践研究，基本达到了预期性的研究目标，取得了一定的成果。通过课题研究，我校高中英语写作课堂教学质量得到了提高，英语教师的专业素养和研究能力也得到了提高。更重要的是，课题研究也促进了我校英语课堂教学改革的思考与更多的尝试。总之，我们认为，从研究价值来分析，本项微型课题的研究达到了预期的研究目标。

（该课题2019年立项为兰州市"十三五"市级规划课题，2021年12月结题）

农村中小学"三位一体"育人格局的构建策略研究

课题负责人　白睦锦

一、课题提出的背景及意义

（一）本课题核心概念的界定

1. 农村中小学：指地处农村地区且招收对象主要是农村孩子的小学、独立初中和九年一贯制学校。

2. 育人格局：指学校、家庭和社会作为一个育人共同体在育人过程中各负其责、相互配合、互为补充的育人模式。

3. 策略：指为达到良好的育人目的而采用的途径和方法。

（二）国内外研究现状评述

1. 国内研究现状：在我国，家校合作始于20世纪五六十年代。迄今，家校合作在理论、实践方面都受到了社会各界尤其是教育界的重视，成为学校教育改革的重要内容之一。综合而言，其研究主要有家校合作理论研究、家校合作障碍及其对策、家校合作途径等方面的内容。

2. 国外研究现状：20世纪80年代科尔曼（Coleman，J.S）就提出了"社会资本论"，美国学者爱普斯坦（Epstein，J.L）提出了重叠影响阈理论，美国心理学家布朗芬布伦纳（Bronfenbrenner，U）提出了发展生态学理论；20世纪70年代美国权变管理理论，强调了学校、家庭和社会在对孩子教育中彼此无法代替的重要作用，三者之间应该互相影响、互相配合、资源共享、协调一致，共同促进孩子的全面发展。

（三）选题意义及研究价值

1. 选题意义：在学校教育框架下的德育、智育、体育和美育几个体系

里，德育居于首要位置，但重理论、轻实践，重形式、轻实效，重说教、轻生活，重活动、轻系统的现象仍然突出。为了探寻学校、家庭和社会"三位一体"协同育人格局有效实施的途径、办法和措施，本课题进行了实践研究。

2. 研究价值：德育是"五育"之首，唯有切实抓好学校德育教育，才能保证学校培养出合格人才；德育是一项系统性很强的教育工程，唯有探寻出具有系统性和操作性的德育教育策略，才能为德育教育找准抓手；德育是一项繁杂的教育工程，唯有学校、家庭和社会形成合力，多管齐下，才能达到德育教育的实效。

二、课题研究的理论和实践意义

（一）理论意义

只有形成家校共育的合力，才能真正提升教育的效果。纵观家庭教育和学校教育，家庭教育的作用要大于学校教育，应该说，家庭教育是教育的主阵地。只有家庭教育在理念认识上得到极大提升，在方法策略上有效实施，对孩子的德育教育才能行之有效。

（二）实践意义

1. 选题意义："教育的效果取决于学校和家庭教育影响的一致性。如果没有这种一致性，那么，学校教学和教育过程就会像纸做的房子一样倒塌下来。"苏霍姆林斯基的表述强调了家校共育的重要性。除了学校教育和家庭教育外，社会教育也是达成有效教育的重要条件。学校、家庭和社会是实施教育不可或缺的有生力量，只有做到"三位一体"协同育人的格局，才能达到最佳育人实效。

2. 研究价值：学校、家庭和社会作为三股育人力量，只有达成最佳合力，才能有效提升育人效果的最大化。本课题以此为目的，进一步探寻学校、家庭和社会各自的育人职责、育人重点，并形成互为补充、相互促进的育人局面。

三、课题研究思路

本课题的研究以实地调研摸底为基础，以理论依据为指导，以实践探索为重点，分析梳理出农村中小学"三位一体"协同育人中存在的问题，以问题为导向，在学习借鉴国内外育人理论研究成果的基础上，结合学校实际，实践研究"三位一体"协同育人的途径、方法，形成较为完整的方法体系来指导农村中小学的育人工作。简言之，就是本课题采用"实地调研摸底—现状分析—实践研究—阶段性工作总结—实践完善—推广应用"的思路进行研究。

四、课题研究的理论依据和基本原则

（一）理论依据

2015年2月17日，习近平总书记在春节团拜会上指出，"家庭是社会的基本细胞，是人生的第一所学校。不论时代发生多大变化，不论生活格局发生多大变化，我们都要重视家庭建设，注重家庭、注重家教、注重家风"。苏联教育家苏霍姆林斯基曾说过："社会教育是从家庭开展的，家庭教育好比植物的根苗，根苗茁壮才能枝繁叶茂，开花结果。良好的学校教育是建立在良好的家庭教育基础上的。"个别教育、因材施教是家庭教育的优势，这是其他教育都难以具备的。因此说，家庭是实施个性教育的主战场，这也是家庭教育的最大优势。

2017年教育部颁发的《中小学德育工作指南》中指出，教育应坚持协调配合，发挥学校主导作用，引导家庭、社会增强育人责任意识，提高对学生的发展、成长、成人的重视程度和参与度，形成学校、家庭、社会协调一致的育人合力。2018年9月，习近平总书记在全国教育大会上指出，办好教育事业，家庭、学校、政府、社会都有责任，在教育中，学校是专业机构，家庭和社区则是非专业单位。但是，学校、家庭和社区不是相互孤立的教育"孤岛"，而是彼此联系、互相补充的"环岛"。

（二）基本原则

1. 客观性原则。课题的研究，一定要坚持实事求是的态度，紧紧围绕农村学校的客观实际这片土壤来寻找学校发展规划的制定与实施的有效做法。

2. 实践性原则。课题组成员要在各自的学校管理中认真开展调查研究，以真实、可靠的第一手调查资料为依据开展研究，以学校管理的实践为素材来分析问题、解决问题。

3. 实用性原则。我们的研究目的是为农村学校找到提升管理水平、提高办学效益的途径和方法，使研究成果能够在农村学校推广，助推农村学校的发展。

五、课题研究的基本内容、重点和难点

（一）基本内容

1. 前提内容：一是目前中小学"三位一体"协同育人的现状，二是"三位一体"育人的理论研究。

2. 重点内容：一是以目前成功的"三位一体"协同育人理论为引领，结合中小学"三位一体"协同育人工作中的共性问题，对农村中小学、家庭和社会"三位一体"协同育人的现状进行调查研究，找出该项工作的误区和弊端，以问题为导向，以破解问题为切入点，思辨性地总结出"三位一体"协同育人的途径和方法。二是把实践总结出的"三位一体"协同育人的途径和方法在实践中加以检验、完善和补充，最终形成一套针对农村中小学德育教育具有普遍意义的途径和方法，在一定范围内推广应用。

（二）重点

1. 对农村学校、家庭和社会"三位一体"协同育人的现状进行调查研究、分析和梳理。

2. 实践总结出"三位一体"协同育人的途径和方法。

（三）难点

1. 将农村学校、家庭和社会"三位一体"协同育人的途径和方法系统化、规范化。

2. 研究成果的实施和推广。

六、课题研究方法

本课题研究的主要方法有文献研究法、调查研究法、实践研究法、经验总结法等。

1. 调查研究法：就是通过有计划有目的的调查，归纳梳理出中小学"三位一体"协同育人的现状，为实践探寻"三位一体"协同育人策略提供现实依据的研究方法。

2. 理论研究法：就是通过学习国内外在"三位一体"协同育人领域的研究成果，为该课题的研究提供理论依据的研究方法。

3. 实践研究法：就是在对"三位一体"协同育人理论和现状的学习和调查梳理的基础上，拟定"三位一体"协同育人策略，在实践中总结和完善的行动研究方法。

4. 总结归纳法：就是通过调查、学习、实践、探索、反思等环节，归纳总结中小学"三位一体"协同育人途径和方法的研究方法。

七、课题实施步骤

（一）准备阶段（2019年4月—5月）

2019年4月课题组申报了《农村中小学"三位一体"育人格局的构建策略研究》这一课题，2019年6月被兰州市教育科学研究所批准为兰州市教育科学"十三五"规划2019年度中小学品质提升校长专项课题。

在本课题的准备阶段，课题组负责人就高度重视，制定了切实可行的工作措施，做了大量的准备工作。准备阶段的工作总结如下。

1. 确立课题组人员。

为了能在《农村中小学"三位一体"育人格局的构建策略研究》这一课题的研究中取得实效，我们高度重视课题组研究成员的组成，对积极参与课题研究的申报者进行了认真遴选，最终确定由有多年学区、学校管理经验的白军志名校长工作室成员白睦锦同志担任课题组负责人，由多年从事学校德育管理的政教主任张建强，年级组长冯乐萍、邸世凯，多年从事班主任工作的黄连花、高惠黎、颜仓鲁、李贵霞、王春凌、彭丽、施小娟老师为成员。课题组成员有着较为丰富的德育管理方面的实践经验，在德育的管理与教学方面也都进行过多项研究，有一定的研究能力。

2. 建立课题管理和研究制度，确保研究顺利进行。

为了保证该项课题研究的科学性和实效性，让课题研究有序、顺利进行，最终取得有实际应用价值、有理论突破的较高水平的研究成果，课题组在对课题的界定、意义、实施细则、步骤、具体措施、保障机制等进行深入研讨的基础上，制订了研究方案，明确了研究任务、研究方法和预期研究成果。

课题组制定了课题管理办法，建立课题研究的过程档案。档案内容包括：①工作记录；②研究过程记录，相关的原始资料存档；③会议活动记录（包含文字、图片）；④成绩与奖励记录；⑤教师研究材料（问卷调查，反馈意见，学校德育活动开展的评价、图片、报道等）。

3. 积极参加课题培训。

课题组成员积极参加县教研室、市教科所组织的课题专项培训。我们也诚邀榆中县教研室马主任对我们拟定的课题进行了把关指导。我们还邀请县教研室祁得忠老师给我们进行了本课题研究的方法指导。

4. 调查研究了解现状，研究制订实施方案。

做好本课题研究的重要前提是对《农村中小学"三位一体"育人格局的构建策略研究》有较充分正确的认识，对我校教育教学的现状，家庭、社会与学校的联系以及对学生正反两方面的影响有较全面、客观的了解。为此，我们进行了大量的文献资料学习和现状调查工作，广泛查阅了各种相关的理论，查阅了发展学生个性特长和未成年人思想道德建设的有关资料，发动全体教师从教育教学实践、学生思想实际状况出发提出问题，从中找出普遍性的问题，作为需要解决的重点问题来研究。我们认真地向有关专家请教，然后集体反复讨论，专人执笔，确定了课题研究方案，并对课题方案的科学性和可行性进行了开题论证。

5. 加强理论学习，提高思想认识。

（1）理论是行为的先导，目的是研究的方向。为使课题组成员加深对研究的认识，明确意义，更新教育观念，提升理论素养，我们广泛搜集有关资料，按照课题研究方案，采取集中学习与自主学习相结合的形式，认真学习了教育学、心理学、新课程标准、《义务教育法》《新教育》《爱的教育》《教育与人生》《情感德育论》等一系列理论知识，特别是在寻找学校、家庭、社会协同育人途径方面，把看似抽象的道德信条具体化，使道德教育真正贴近学生的心灵，采用不同形式，在学校、家庭、社会协调下，对学生进行德育教育，尽可能使学生在一种和谐德育的氛围中去接受这种无形的德育教育，为课题研究奠定了良好的基础。

（2）提高课题研究教师的思想认识，使他们能够从心里赞成课题研究，愿意从事课题研究工作，这是做好课题研究的基础和前提，也是做好这项工作的最为关键的一环。为此，课题组全体教师集中进行了座谈和理论学习，通过学习和座谈，全体教师更加深刻地认识了课题研究的深远意义以及课题研究的紧迫性，同时明确了自己肩上的重任，从内心接受了课题研究，认同了课题研究。这为顺利地实施课题研究打下了坚实的思想基础。

6. 设计调查问卷，了解教育现状。

现代社会是一个开放的社会，而现代教育也是一个开放的教育，对教育的理解也已经不单单是学校的专利，对人的教育也不仅仅是学校的任务。学校教育、家庭教育、社会教育的有机结合，形成协同互助的教育机制，这是现代教育发展的必然趋势。为了解目前学生的思想道德状况和自身素质情况，分析农村中小学"三位一体"育人过程的现状，为本课题的开展提供第一手翔实资料，课题组共同设计调查问卷，对我校学生、教师、家长进行了问卷调查。学生问卷发出200份，回收188份，有效问卷188份；教师问卷发出100份，回收85份，有效问卷85份；家长问卷发出100份，回收95份，有效问卷95份。

课题研究通过问卷调查，深入了解到了农村中小学学校、家庭、社会"三位一体"协同育人现状和当前遇到的一些困惑等基本信息，并分析出了产生这一现象的原因，为学校、家庭、社会"三位一体"协同育人策略提供了理论依据。

课题组依据本次调查的目标及要求，以及本校学生的实际情况，确定如下调查内容：

（1）《农村中小学学校、家庭、社会"三位一体"协同育人调查表》（学生），问卷从学生与父母、老师的关系，是否经常参加学校的德育活动，哪项教育对自己的影响大等方面设计了13个封闭型问题。

（2）《农村中小学学校、家庭、社会"三位一体"协同育人调查表》（家长），问卷从家长的基本情况，与学校联系次数，是否愿意与孩子一起参加社会实践活动，孩子道德品质养成的关键等方面设计了14个封闭型问题。

（3）《农村中小学学校、家庭、社会"三位一体"协同育人调查表》（教师），问卷从教师与家长的合作沟通，家长在孩子教育中担负的责任，学校开展的家校活动等方面设计了19个封闭型问题。

2019年5月，课题组对为期一个月的调查活动中所搜集的资料进行整理、统计与分析，统计受调查对象的基本情况，了解农村中小学、家庭、社会"三位一体"协同育人现状，并分析影响家庭教育、学校教育、社会教育等方面的因素。

对学校教育系统而言，注重学校、家庭、社会沟通配合，共同育人，早已不是什么新闻。然而，通过调查发现其远未达到理想的状态。家长、社会两大育人主体的角色意识模糊，三者各自为政，观念相互冲突的局面依然明显，而三者的合作，也缺乏系统性、互动性、深刻性、持续性，导致优质教育资源难以被充分整合利用，难以真正形成协同育人的合力。其原因如下：

一是认识不到位、观念比较陈旧。

从家庭方面看，家长缺乏参与学校教育意识的占53.8%。他们认为教育孩子主要是学校的事，孩子的读书学习和品德养成有老师管，自己只要管好孩子的吃、喝、拉、撒、睡就行了。大部分家长只是把主要精力放在关心孩子的学习成绩和分数上，在其他方面则抱着无所谓的态度，或对孩子百依百顺，放任自流。

从教师的角度看，有些教师认为家长不懂教育规律，不懂得如何教育孩子，对学校教育工作无所补益，持这些观点的教师的比例高达63.5%。当家长走进校园、课堂时，教师们又往往倾向于自我保护，甚至于产生不同程度的恐惧，仿佛他们的职业权威和高大形象受到了某种威胁和挑战。也有部分教师认为家长介入学校事务，是在监督、是挑毛病。这些都是对家校合作意义的狭隘认识。

二是活动没有秩序，合作缺少平台。

（1）形式单一，缺乏计划性。目前来看，家校合作在实际工作中往往仅限于家长会，形式还比较单一，同时，许多学校缺乏家校合作的整体计划，甚至没有将此项工作纳入学校常规工作日程，往往是有了事情、有了需要、有了问题才想起找家长，才召开家长会，而且由于缺乏计划性，学校、年级、班级各个层面的家校合作也难以相互配合形成体系。即使是已经开展的活动也往往由于目的性不强、准备不足、随意性较强等，收到的效果不尽如人意。

（2）交流单项，缺乏互动性。家校合作应该是家长与学校、家长与教师在共同活动中相互交流、相互了解、相互配合、相互支持的过程。但在实际活动中，老师对家长大都采取简单的灌输方法，老师讲家长听，单向交流过多，双向交流不够。比如说在家长会上，即便我们选择部分家长做了家庭教育经验交流，但多数家长还是在被动地听。这样一来，由于缺乏有效的互动，预期的效果恐怕也难以达到。

（3）过于随意，缺乏连贯性。在实际工作中，由于没有规范的依据、固定的场所和常态的机制，许多学校的家校合作活动并没有被正式纳入学校整体教学工作计划之中，而是想起来了或是有事了就去做一做，或者仅固定在一个学期的开头，或者是选择在毕业班复习考试的前夕等。这样一来，就使家校合作在时间上断断续续，在活动的内容上缺乏连贯性，家长无法找到活动规律，也就无法找时间与学校沟通，家长在活动中所获得的教育知识也是零零碎碎，不够系统，无法从根本上形成一套相对完整的家庭教育观念、知识、方法的体系。可以说，这种零碎活动的开展很难达到家校合作应有的目的。

三是学校教育的局限性。

学校难以单独承担教育的全部重任，这是学校教育本身的局限性。学校教育的制度化和正规化，一方面显示了教育的成熟，另一方面也暴露出了它的弊端，在现实的社会环境和教育实践中有着诸多的局限。

（1）学校是专门的教育机构，可以对影响学生的校内环境进行控制，但却难以对校外环境进行控制。当前的情况是学生早晨8：00到校，下午5：00放学，除去吃饭时间，小学生每天在校时间不超过7小时，中学生每天在校时间不超过8小时。也就是说，一天当中学生多半以上的时间是在学校以外的地方度过的，这段时间若没有良好的家庭教育的补充，学生在这段时间的教育将成为真空，单单依靠学校的教育，不可能达到我们预期的目的。

（2）在全面推进素质教育的今天，学校教育所能够给予学生的主要还是书本知识、间接经验的传承，而学生要成为一个全方面的人才，还需要大量的生活磨炼、社会锻炼，也就是说除了学校教育之外，还必须要在生活当中、在社会大课堂当中进行锤炼。只有这样，一个人的情感、意志、品格、能力等多方面非智力因素才有可能得到很好的发展。

（3）在学校里，一个老师往往需要面对数十名学生，在对学生的关注程度上不可能面面俱到，因此，要全面落实因材施教有一定的困难。

以上情况是根据调查统计得出的。在调查、分析的同时，我们也有如下认识：

一是家庭是实施个性教育的主战场，应发挥家庭教育的最大优势。

全国政协委员朱永新在"明确家庭教育工作领导体制"的提案中指出，应由教育部门指导家庭教育，把家庭教育纳入国民教育体系，加快家庭教育立法速度。

家庭教育具有早期性、奠基性、血缘性、灵活性和长期性的特点和功能，这是学校教育和社会教育都无法比拟和替代的。在孩子成长过程中，家庭教育将给孩子打上深深的烙印。小学生正处在大脑迅速生长发育时期，也是潜意识学习的最佳时期和人格陶冶的重要时期。心理学告诉我们：人与人之间的感情越亲密，相互之间情感的感染力就越强，感化作用就越大。反之，感情越弱，感化作用越小。因此，父母和子女由于特殊的血缘关系，他们之间容易产生感情上的共鸣，这些都直接影响子女的情绪、态度、思维，甚至决定子女的行为，这种情感的共鸣，其本身就是一种强大的教育力量。另外，父母不仅和孩子接触最早，而且和孩子接触时间最长，长期的共同生活和特殊的亲子关系，使父母能够深刻而系统地了解子女的全面情况，从而做到从孩子的实际出发，有针对性地进行教育。因此，个别教育、因材施教是家庭教育的优势，这是其他教育都难以具备的。所以说，家庭是实施个性教育的主战场，这也是家庭教育的最大优势。

二是国家和社会对家校合作越来越重视。

早在20世纪80年代末，家校合作的问题就得到了国家的重视。1988年12月25日颁布的《中共中央关于改革和加强中小学德育工作的通知》指出，"要把社会和家庭教育同学校教育密切地结合起来，形成全社会关心中小学生健康成才的舆论和风气"。1989年国家教委《关于进一步加强中小学德育工作的几点意见》强调："教育行政部门和学校，要主动争取家庭、社会各方面的支持和配合，在实践中探索三方结合的形式和方法。"90年代，我国政府颁布的《九十年代中国儿童发展规划纲要》规定，要"使90%儿童的家长不同程度地掌握保育、教育儿童的知识"，要"发展社会教育，建立起学校教育、社会教育、家庭教育相结合的育人机制，创造有利于儿童身心健康、和谐发展的社会和家庭环境"。所有这些，都说明了家校合作已经得到了党和政府的高度重视。2002年2月，江泽民发表的《关于教育问题的谈话》指出："教育是一个系统工程"，"家庭、社会各个方面都要一起来关心支持教育。"2009年2月27日，温家宝与网友在线交流时深情地说："母亲对我的教育我是永远忘记不了的……从而懂得一个人要如何献身国家。"这也充分说明了家庭教育的重要性。同时，教育部发出了通知，要求全社会高度重视家庭教育，争取学生家长对教育工作的支持和配合。这些都说明家校合作越来越受到全社会的关注和重视。

总之，随着知识经济时代的到来，现代信息技术的日新月异，学校、家庭、社会教育要和谐发展。人类社会正在进入大教育时代，人人都是教育者，人人也都是学习者。学校教育要发挥统筹引导作用，寻找到自己的"教育同盟军"和"教育合伙人"，构建"三位一体"协同育人格局，这样才能实现合作共赢。

7. 收集整理资料。

实践伊始，课题小组搜集了大量有关实验课题的先进的、优秀的经验，组织老师们学习《叶圣陶教育》《学校里没有讲的教育》《生活德育论》《中小学德育主任工作指导手册》等资料，寻求有关和谐德育教育的一些成功的做法和经验。教师对这些好的经验做法反复研究讨论，并结合自己的实际，力争能为己所用。这将使我们的研究工作少走很多弯路，同时会提高研究教师的理论水平。我们将综合利用这些丰富而宝贵的资料，做好开题研究的一切准备。

8. 存在的问题。

（1）课题组教师整体认识有差异，部分教师还没有明显的行动，还停留在初期的探索阶段。

（2）虽然对农村中小学"三位一体"育人情况做了调查分析，但课题研究思路还不够清晰。

9. 努力方向。

一是了解研究载体，明确目的。

我们继续加大培训、指导力度，不断优化课题组教师队伍；寻找学校、家庭、社会和谐育人途径方法；深入进行课题研究，鼓励课题组教师大胆实验，努力探究；要反复实践、反复研究、对比分析，总结课题研究的经验教

训，在实践中勇于探索。

我们要明确学校教育、社会教育、家庭教育三者之间的联系，发挥学校教育主渠道作用，注重家庭、社会的教育和影响。

二是注重活动开展，促进课题研究。

课题研究的准备工作已基本就绪，我们将全力以赴地投入课题的实施阶段，加倍努力，圆满地完成课题实验任务！

（二）研究实施阶段（2019年6月—2021年10月）

1. 召开课题研究的开题会，研讨研究方案，进一步明确研究主题、研究思路和研究方法，细化研究流程。

2019年6月下旬，课题研究组召开了课题研究开题会。课题负责人白睦锦组织课题组成员对之前制订的研究方案进行了研讨，进一步细化和完善了研究方案，并确定以下研究思路：

一是要从准备阶段的问卷调查报告中梳理出的问题入手，在教育实践中努力探寻解决和克服那些问题的方法策略。

二是以预期研究成果为目标，大胆开展教育实践活动，注重教育实践的实效性、立体性和持续性。

三是寻找家校共育效益的最大化途径。

2. 确定研究对象，就学校、家庭、社会"三位一体"协同育人格局有效实施进行实践研究。

我们把研究对象确定为课题研究组成员所在的班级，分别开展相关研究。

针对在问卷调查时梳理出的认识不到位、观念比较陈旧、活动没有秩序、合作缺少平台等问题，课题组成员在各自的班级积极承担起教育的策划者、组织者和实施者的角色，深入开展教育实践。

我们把家委会、家长会、家校联系日、家庭教育培训会、家庭教育大讲堂的召开时间做了一个大致的安排：一月召开一次家委会；半学期召开一次家长会；双周确立为家长联系周，由各班自行确立一天为联系日；每学期组织一次家庭教育培训会；单周星期五为家庭教育大讲堂，由家长轮流主讲，当然老师要提前和主讲的家长进行多次的沟通交流，帮助家长确立主讲的主题和形式。我们也以班主任书信这样一种方式和家长进行沟通，对家长进行引领。

我们在学校全力推行以"晨诵、午读、暮省"为主要抓手的读书活动中，开展了亲子阅读、读书漂流记和书香家庭评选活动。通过亲子阅读，达到共育的目的；通过读书漂流记，达到交流的目的；通过书香家庭评选，达到引领提高的目的。读书活动的大力推行，对提高家长对教育的认识和重视程度，起到了积极的作用。

老师们坚持每周推送一些教育方法方面的内容，定期把家长中的一些教育故事、图片发到班级QQ群和微信群里，让家长们阅读和借鉴。

我们也积极利用学校教育资源开展主题教育活动；利用学校每周的励志、爱国影片播放，对学生进行"做对社会有用的人"的教育；利用学校的每月一事，持续培养学生的习惯、能力和责任感。我们也利用校外资源，组织学生参观兴隆山烈士陵园、张一悟纪念馆等，开展"珍惜今天的幸福生活"的主题教育活动；组织学生们到敬老院开展慰问活动，进行关爱、责任教育。

3. 收集研究信息，及时分析总结。我们对每学期的教育过程和效果进行一次分析、总结。根据对教育实践的总结，我们得到如下启示：

一是教育者就是一个放风筝的人，胸中有天空、眼中有目标、手中有分寸、脑中有方法、脚下有土地。

二是学校育人在空间上有局限性，这个局限性一定要通过带动家长，让家长积极参与进来这一途径来破解。家庭教育始终是教育的主阵地，家庭教育是真正的终身教育。没有觉醒的家长，就没有良好的教育。

三是只有走"道理引导、活动体悟、平台驱动、资源助力"的深度教育道路，教育的实效性才会慢慢浮出水面。

四是教育者必须得有"付出多、见效慢"的清醒认识，不要在教育过程中急功近利，或因"见效慢"而丧失信心。

五是教师的专业化水平决定着教育的质量。作为教育者一定要不断地加强学习。

4. 举办阶段成果汇报交流，写好阶段性研究总结。2020年9月下旬，课题组成员在学校组织的班主任工作交流会上进行了交流发言，也听取了其他班主任的教育经验。结合一年多的教育实践，我们认真撰写了阶段性研究总结。

（三）总结阶段（2021年11月—12月）

1. 认真总结阶段性的研究成果和存在的问题，对研究成果在一定范围内推广，针对存在的问题继续进行实践研究。

经过一年半的实践和探索，面对学校发生的明显变化，我们深信不疑：学生的德育教育，只要坚持学校主阵地，全校教师全员参与、社会力量有效参与、板块内容全面到位，就能把学生德育工作抓实、抓细，就能使学校管理从经验管理走向规范管理，从规范管理走向精细管理，从精细管理走向个性管理，或者说，使学校发展步入从人治到法治，从法治到文治的道路，抓出成效。

（1）教育活动课程化实施。

学校充分利用政教处、团总支、少先队等部门，把思政教育和活动充分结合起来，为学生搭建亲身经历、现场体验和情感体悟的活动平台，通过活动对学生渗透我们既定的思政教育内容，从而达到思政大课堂的教育目的。教育活动课程化的实施，极大地拓展了教育的途径，各种教育活动紧扣活动主题，把握思政教育意义，挖掘历史教育素材，搭建划时空的教育平台，最大限度地发挥了教育实效。

（2）传统节日课程化庆祝。

学校利用中国传统节日，如中秋节、重阳节、清明节、端午节等，按照主题教育课程的要求精心设计活动。每一个主题教育都要细化教育环节。因为活动中有讲、演要求，所以大家在活动前通过搜集资料学习传统节日的相关知识。学校在活动后还要安排一定的实践作业。整个活动按照主题教育的思路逐项实施。

一次活动一个主题，一个主题一项系列教育。学生在这些系列教育中，受到了潜移默化的影响。

（3）教育形式生活化组织。

学校为了推进教育的时效性，每月会确定一个教育主题。比如：学校把每年的三月份定为学雷锋月，这已成为雷打不动的安排。为了集中教育的焦点，学校团总支和少先大队也在当月安排紧扣学雷锋这一主题的活动。政教处负责各班级，团总支负责团员学生，少先大队负责少先队员，分别组织实施如"敬老小先锋""爸妈好助手""社区小卫士""校园文明行"等系列实践活动，用历时四周左右的时间让孩子们在系列活动的参与实践中，经历

"学习、实践、体验、感悟和升华"的螺旋式教育阶段，达到在实践活动中成长的教育目的。

（4）红色教育持续化推进。

红色教育是学校思政大课堂教育的主要内容。红色资源的参观学习和红色书籍的阅读学习是学校进行红色教育的主要形式。

学校距离张一悟纪念馆、兴隆山烈士陵园不足10公里，利用便利的资源条件，每年在清明节、少先队建队日、国庆节等节日前夕，组织五至九年级的学生开展参观张一悟纪念馆、为革命烈士敬献鲜花、聆听纪念馆的讲解员讲述张一悟等革命烈士的革命事迹和生活故事的活动，在孩子们的心里播种红色的种子。活动结束后，学校还要让孩子们认真写一篇观后感。孩子们通过"看、听、悟、思"等教育环节来铭记历史、追忆先烈，懂得我们今天的幸福生活来之不易，要倍加珍惜的道理。

学校坚持以"把每一个孩子都领进书籍的世界"为读书目标，全力打造书香校园，推进师生的阅读工作。学校在阅读书籍的选择上也是舍得花功夫，每年竭力选购一批适合不同年段孩子们的阅读书籍。其中革命故事类书籍是重要的一块。阅读工作以"晨诵、午读、暮省"为抓手认真实施，以读书分享会、读书手抄报、读写画等形式为补充，让孩子们在对革命故事类书籍的阅读和思考中，慢慢感悟"没有共产党就没有新中国"的真谛，从小培养孩子们热爱祖国、拥护中国共产党的思想情怀。

2.没有共同的参与就没有真正的家校共育。

家校共育是教育界一个永久的话题。没有家校共育的教育一定是有缺失的教育，也是有漏洞的教育。一学期开一次家长会，是家校共育的一小部分，但不是全部。通常意义的家长会，往往是校方讲得多，家长听得多，家长的整体参与程度很低。只有让家长全程参与学校的管理，学校双方随时进行教育理念的交流和碰撞，才能使彼此的认同感得到不断的提升。

3.收集整理研究资料和总结资料，撰写研究论文和结题报告，做好课题结题准备，准备结题鉴定申报。

八、完成研究的条件分析

1.课题研究组负责人和成员近三年累计撰写并在市级及以上刊物发表论

文16篇，参与市级个人课题研究6项，有2项通过结题鉴定并获得成果奖；主持、参与市级规划课题研究4项，有1项通过结题鉴定；主持、参与省级规划课题研究8项，有3项通过结题鉴定。论文及课题的研究成果在榆中县教育局主办的《榆中教育》刊出，在全县范围内得到推广应用，起到了良好的指导作用。

2. 课题研究负责人二十多年从事学校管理和德育教育工作，有着较为丰富的德育教育经历和实践。同时，课题研究负责人是"白军志名校长工作室"的成员。白军志校长多年致力于学校管理工作，热衷于潜心研究学校管理工作和德育教育工作，对工作室的科研工作高度重视，在工作室经费中列出专项科研经费支持科研工作。

3. 课题组成员所在学校高度重视科研工作，学校专门列出专项科研经费，为课题的研究提供经费保障。

九、成果形式

（一）最终完成时间

2020年12月。

（二）研究成果形式

1. 开题报告。

2. 调查问卷。

3. 问卷调查报告。

4. 阶段性总结。

5. 案例、反思、论文。

6. 结题报告。

十、课题组成员

1. 课题研究负责人和成员均是学校德育管理和教育的具体负责人，多年从事德育的管理和教育工作，有着课题研究的工作条件和环境。

2. 课题研究组由多年从事学校管理的校长，学校德育、教学管理人员和班主任老师组成，有着丰富的育人实践经历，也有实践研究的基地，是研究得以顺利进行的主观人力基础和客观条件基础。

3. 课题研究组成员的年龄在30～50岁。课题研究组是一支热爱教育、年富力强、精力充沛、经验丰富的研究团队。

［该课题2019年立项为兰州市教育科学"十三五"2019年度中小学品质提升校长专项市级规划课题（课题立项号：LZ【2019】GHXZ097），2021年11月结题］

"在'活动单导学'模式下对小学生语文
学习习惯的研究"结题报告

课题负责人 刘 慷

本课题从2017年4月份开始申报，经过审查鉴定，于2018年12月被确定为微型课题之一，按照既定计划，已顺利完成课题研究实验，取得了一定的效果。现将课题研究的相关工作总结如下。

一、课题研究的背景意义及价值

（一）课题提出的背景

新课标教学建议中提到，学生是语文学习的主人，语文教学应激发学生的学习兴趣，注重培养学生自主学习的意识和习惯。当前语文教学中的问题依然突出，尤其是一些偏远的山村小学，仍然没有摆脱传统教学中"教师教、学生学"这样一种学生被动学习的局面。其教学模式基本上是灌输—接受。学生学习方式基本上是"灌输—背诵—练习—再现教师传授的知识"。

本校实际：我校地处山区农村，大多数学生由爷爷奶奶照顾，家庭条件较差，孩子没有安静的学习空间，家长为了生计忽视孩子的学习。我们发现，这些学生的学习活动以被动接受居多，主动参与不够，没有养成好的学习习惯。

叶圣陶在《论中学国文课程的改订》一文中说："指导预习的办法实施了，上课的情形就将和现在完全两样。上课做什么呢？在学生是报告和讨论，不再是一味听讲，在教师是指导和订正，不再是一味讲解。"看来，培养学生的习惯，是提高课堂教学效率的有效途径。

因此，本课题组提出"在'活动单导学'模式下对小学生语文学习习惯的研究"课题研究。

（二）课题研究的实践意义

活动单导学，这种教学模式有利于发挥学生学习的主动性，使学生真正成为学习的主人，也适合我校实际。在父母没有帮助的前提下，学生根据活动单自学，慢慢地形成一种语文学习习惯，这样长此以往，有利于掌握科学的基本知识和技能，也有利于培养创新意识和创新能力。

（三）课题研究的理论价值

叶圣陶先生曾深刻指出：什么是教育？简单一句话，就是要养成良好的习惯。尤其是小学生，更应该重视学习习惯的培养，为后续学习打好基础。孩子们的学习基础、学习能力参差不齐，必然会有一些学习"暂时落后"的孩子，而帮助这些孩子迅速赶上去的最佳途径就是让他们主动学习。我们利用活动单慢慢引导学生，让他们掌握语文学习的方法，提高兴趣，使他们在课堂上显得更自信，更有勇气。活动单让他们有话说，敢于发言，慢慢掌握了语文学习的路径，养成自我学习的好习惯。

二、课题界定

（一）关键词：活动单导学 、学习习惯

活动单导学：是指以"活动单"为媒介引导学生在"活动"中自主、合作学习，实现教学目标的过程。

学习习惯：是在学习过程中经过反复练习形成一种个体需要的自动化学习行为方式。

（二）课题名称的解读

我们利用活动单把学习和质疑的主动权交给学生，引导学生去主动地学，在学中发现疑难时能够积极思考，逐渐养成自学语文的良好习惯，成为学习的主体。

三、课题研究过程

（一）加强理论学习，筹备立项内容

教育科研必须以教学实践为基础。在研究本课题以来，我围绕本课题的研究，认真学习教育教学理论和科研方法，阅读了《为学而教：活动单导学的行与思》《"五个好习惯"丛书：培养学习好习惯》《案例教学指南》《小学语文教师》《小学语文教学》《陶行知文集》《走进新课程》等著作。除了阅读学习外，在平时的工作中我还以学生为实例，及时发现教育教学中存在的问题，利用"活动单"进行对学生学习习惯的培养研究。另外，我还通过网络收集有关理论文章，为课题研究的实验工作做好准备。

（二）围绕课题内容，展开策略研究

我自编《在"活动单导学"模式下小学生语文学习习惯》调查问卷，对学生进行问卷调查，然后进行归类统计和细致分析，撰写了调查报告。通过调查可以看出试验班级在经过一段时间的习惯培养后，参与预习的学生明显增多，但还是有一部分学生在没有家长的陪护下，预习缺乏独立性、主动性，探究意识不强；在填写活动单时，大多数学生只关注基础知识预习，对一些需思考的问题明显缺乏主动性，且对活动单要求以及活动单要达到的目标不够明确，活动单做得不够扎实，质量不高。所以我们高年级语文教师提出如下建议：

1. 教师要牢固树立学生是学习的主体的意识，对于学生自己有能力完成的活动单任务，绝不包办代替，同时要引导学生养成良好的习惯，要有自己的独立思考、个性解读。

2. 教师要通过活动单引导学生，唤醒学生，让他们认识到自己是学习的主人，在自觉完成活动单的过程中感受到学习的快乐，从而积极主动参与其中。例如，课堂上教师通过展示活动单，对一些发散性问题解答得较好的学生进行表扬，每天都利用好导学案，让活动单发挥它真正的意义，慢慢地引导学生，培养学生学习的习惯。

3. 教师在对学生的活动单进行指导时要让学生明确学习的要求和目标。语文教学以读为基础，所以活动单任务应在读中完成。读很重要，所以教师对读的遍数要有要求，每一遍读也要有任务，如读通读准、读好读流利、读出自己的理解和感受、读出问题等。

4. 教师要关注学生的差异，在抓紧活动单底线不放松的情况下，可以分层要求，层层递进，不断鼓励优秀学生和学困生战胜自我。

5. 教师要注意与家长、班干部的联系，发挥群体教育功能。活动单上的很多内容是在课外或家里完成的，因此会有一些学习习惯差的学生不能很好地完成活动单，这时就需要家长和学生干部配合监督教育。

另外，我还通过实验法、行动法，摸清班级学生目前的预习状况，根据情况，对班级学生进行分组，并对课题提出的背景、课题研究的必要性进行全面的论证。我还在班级开展培养学生有效地利用活动单进行自我学习的习惯的活动，和其他老师探讨如何利用活动单对学生进行引导，具体内容如下：

（1）教师如何有效地指导五年级学生完成语文课前活动单，如何培养学生学习习惯。

（2）在不加重学生课业负担的情况下，教师如何合理控制学生课前活动单完成的时间。

（3）教师如何通过活动单的导学让学生养成自我学习习惯。

我在初步调查和对学生预习情况研究的基础上制订课题实验方案，确定最终研究方案，对课题进行进一步研究，厘清相关研究问题的概念，做好课题的申报工作，撰写《"活动单导学"模式对小学生语文学习习惯的研究》结题报告。

（三）完善实施方案，研讨预习有效度

从第一阶段的调查报告可以看出，学生几乎没有课前学习的习惯，只是盲目地学习，第二天来学校后又急急忙忙地应付检查。在上课时，学生预习不到位，导致课堂效果不好。所以我从以下几点来阐述如何提高学生语文学习的有效性：

1. 认真制作活动单。

学生在活动单上设计学习步骤，一步一步地对课文进行预习，这样既完成了活动单，也完成了对课文的预习。教师每天认真检查活动单，联合家长每天对学生进行监督，加强对学生习惯的培养。

2. 从思想入手，树立学习意识，培养学生的学习兴趣。

在班级内，我积极引导学生，对每个学生进行跟踪检查，帮助其正确使用活动单，对完成任务的学生进行表扬，每天还评选出班级之星，将做得好的学生的活动单进行展示，让他们分享制作活动单心得，等等。总之，我通过各种方法让学生将活动单利用起来，慢慢养成用活动单指导自己学习的习惯，让学生在自学的过程中体验到学习的快乐和成功的喜悦，产生学习的兴趣。为了培养学生的学习兴趣，我还在活动单上设计了形式丰富多样的诵读型、讨论型、表演型、练习型、收集资料型、观察实验型的题，以发挥学生的主体作用，充分调动学生学习的主动性。另外，我还对一些学习有困难的学生进行帮助、指导、督促，使他们也能充分利用活动单，对问题进行大胆思考，感受学习的成功与喜悦。

3. 学生能够有效地学习，掌握学习的方法。

叶圣陶先生指出："一篇精读教材放在面前，只要想到这是一个凭借，要用来养成学生阅读书籍的好习惯，就自然非教他们预习不可。"要让学生的预习落到实处，行之有效，最重要的是要教给学生学习的方法，培养学生学习的习惯。在这一点上我主要从两个方面入手：一是在课堂上紧靠导学案进行教学，导学案和活动单是配套的，这样可以有效地引导学生利用活动单；二是在平时的课堂上渗透学法指导，以"读（读课文、读书）、查（查字典知字音）、义（查资料，厘清课文大意和写作背景）、思（思考课后问题）、圈（圈画重点句，识记经典词段）、问（提出不懂的问题）、找（查找与课文有关的资料）、解（解决课文中涉及的问题）"作为活动单的基本要求。在具体操作中，我循序渐进地教给学生利用活动单学习的方法，如朗读法、小组讨论法、查找资料法、批注法、质疑法……

学生养成了利用活动单进行课前预习的习惯，在课堂上就能真正成为学习的主人。学生有了一定知识的积淀就有了自我的见解，有了主动的表达，有了思想的碰撞，有了创新的火花，使得课堂就如同一条潺潺流动的小溪水，有浪花轻舞，有音乐轻扬，令师生陶醉。

四、课题研究的成果

本课题组经过对《在"活动单导学"模式下对小学生语文学习习惯的研究》课题的相关理论进行系列学习、初步的研究，已有了一定的收获，主要表现在以下几个方面：

1. 提高了学生的素质。

在老师的精心指导和家长的配合下，学生原有的一些不良的学习习惯得到了改正，逐步养成了良好的学习习惯。例如，学生对活动单的运用越来越成熟，对活动单上的问题也分析得越来越透彻，在没有老师、家长、小组长的监督下也能按时完成活动单，慢慢地养成了自己动手、自己思考的好习惯。通过活动单的展示，学生们也渐渐地放开了自我，敢于在课堂上展示自己的思想了。学生在学习过程中已能够熟练使用工具书，自行扫除学习遇到的障碍，成为一种习惯；学生们上课也能记好听课笔记，写好读书笔记，提高了学习的效率和质量，养成了自我学习的好习惯；在阅读课外书籍时也能得心应手地去阅读，去思考，既拓展了视野，吸收了大量的信息、知识，又丰富了自己的课余生活，激发了学习的热情；养成了科学思维的习惯，掌握了创新思维的方法，并能运用到自己的学习中，思维活跃，不人云亦云，不偏激武断，实事求是，辩证全面地看待问题、解决问题，敢于提问，敢于发表个人看法……

2. 本班学生在语文检测时成绩较以前有显著提高，学生的综合能力也有了明显进步，得到了同行的肯定和校领导的表扬。

3. 学生养成了良好的学习习惯，掌握了语文学习的方法，不仅会学，而且爱学、善学、善思。学生素质全方面提高，综合素质得到充分发展。

4. 学生的学习由一开始的被迫学转变为自主学。

在常规教学中，学生按照教师的要求被动甚至机械地学习，一旦离开教师和家长的指导，往往会束手无策。因此，在行动研究开展的初期，教师借助家校平台，花大量的时间与精力以评价的形式去鼓励、引导、督促学生，促使学生慢慢形成自主学习的习惯。

5. 教师在教学实践中对现代教学设计理论和学生学习习惯培养的理论加以运用和提升，初步形成了具有指导意义和可操作性的一些典型案例，为推进小学语文导学案引导学生学习，培养学生学习习惯提供了可借鉴的经验。

6. 教师撰写了在"活动单导学"模式下小学生语文学习自主合作习惯的培养的相关论文。

五、课题反思

盘点课题实施以来的研究轨迹，我发现在取得一些成果的同时，有一些问题需要改进，具体如下：

1. 如何通过活动单最大化地发挥学生的主动性？

2. 活动单的完成，需要一个良好的家庭环境，我校学生的情况特殊，大

部分学生家长无暇顾及学生的学习，这一困难该如何解决？

3. 活动单的模式有助于培养学生学习习惯，但如何确保所有教师都能充分地运用活动单？

4. 学习习惯的培养是一个长期的过程，它的效果是隐性的，需要两年或三年，甚至更长时间的培养，而每一年教师都会有变动，在这种情况下，如何对学生进行跟踪调查和培养？

利用活动单导学培养学生语文学习的习惯是一项长期而艰巨的工程，需要在总结成功经验的基础上进一步强化要求和训练，让学生逐步掌握学习的主动权，增强自学能力，提高学习效率和质量。因此，我们还要在大量的具体实验的基础上，结合现代教育理论、观念，把研究成果推广出去。同时，我们希冀得到专家、领导的不吝赐教，使本课题研究得到提升，臻于完美，从而更好地为学校整体教育教学工作服务。

（该课题2017年立项为兰州市教育科学规划课题，2018年12月结题）

拈毫弄管撰事理
——论文篇

核心素养下农村高中生英语写作能力培养策略

榆中县恩玲中学　白军志

　　写作，是语言类学科的一项重要能力。英语课程四项核心素养——听、说、读、写，写作就是其中之一。近些年，随着课程改革的深入推行，培养学生核心素养已经成为一个明确的目标。所以，对于农村高中英语教学而言，教师在课堂上要关注学生写作能力的培养，从目前学生存在的问题出发，反思教学活动的不足，针对性地优化改进，确保英语写作教学能切实提升学生的写作能力。

一、核心素养视角下农村高中生英语写作存在的问题

　　在核心素养视角下，英语写作需要体现出目的性、语法性、充实性等特点，也就是写作要有明确的主题思想，要对相关的英语语法灵活运用，写作内容要充实。不过，从目前实际情况来讲，学生在这些方面都还或多或少存在问题。首先，写作未能体现明确的主旨。部分高中生在英语写作中，对于自身观点的阐述不明确，并未在写作中将自身的思想体现出来，这就降低了写作的可读性，尤其是在考试中，难以获得较高的分数。其次，存在常识性错误。常识性错误，这是农村高中生英语写作的一个常见问题。根据教学经验来看，部分学生在英语写作中会出现单词拼写错误、短语运用错误、语法错误等。这些错误的出现，会直接降低作文质量，也反映出学生的写作水平不高。最后，内容干瘪不充实。英语写作一般要求100～120个单词。由于篇幅不长，学生在写作中就更应该抓住关键，突出重点，让作文显得充实饱满。不过，目前不少农村中学生在作文中写了不少无关紧要的内容，导致作

文内容不充实，缺乏可读性。

二、核心素养视角下农村高中英语写作教学的优化对策

（一）对英语写作技巧加强教学

不论是英语还是语文，写作都是有技巧可循的。教师在英语写作教学中，要将这些写作技巧传授给学生，让学生能够掌握英语写作的关键之处。首先，教师要加强写作结构布局技巧的讲解。在英语写作中，结构是非常重要的。一般来说，英语作文可以分为三个部分：一是开始部分，二是正文部分，三是结尾部分。开始部分应该简明扼要地写出作文的主题思想，或者是核心观点。正文部分需要充分论述观点。结尾部分需要对全文进行归纳总结，再次点明自己的观点。其次，教师要对写作层次进行讲解。正文部分是英语作文的主体，也是论述观点的核心。对于这个部分，教师要指导学生强化写作层次，利用first，second等词语来表达层次，这样使作文一目了然。最后，教师要注重对逻辑连接的教学指导。英语写作会涉及很多连接、转折和过渡，如果逻辑不当，就会让人产生理解上的误区。所以，在写作教学中，教师要结合实际案例，对相关的连接词加强讲解，确保学生掌握。

（二）设计实践活动，帮助学生掌握语法知识

学生存在常识性错误的主要原因是实践偏少。学生往往能够理解理论知识，但是由于缺乏实践，一段时间后会遗忘，在应用时就可能出现错误。比如虚拟语气、定语从句等语法知识，不少学生在写作中就出现了错误。所以，在英语课堂教学中，教师要多多设置实践活动，强化学生对语法知识的掌握。首先，教师可以设计造句、汉译英等写作小练习，以单个句子为对象，引导学生在课堂上利用相关语法知识进行练习。其次，教师可以设计趣味主题写作。教师可以立足农村实际，设计一些和农村有紧密联系的主题写作活动，让学生在写作中对相关的语法知识进行运用，通过不断练习强化掌握语法知识。

（三）融入阅读，增加学生素材积累

学生写作内容干瘪的主要原因是素材积累不足。因此，在英语写作教学中，教师不能局限于写作，还需要融入阅读，增加学生的英语素材积累，让学生在写作时有更多可用的素材资源。首先，教师可以开设课前导入阅读环

节，提前准备和教学相关的素材，在教学开始时引入课堂，组织学生进行阅读。其次，教师在讲解写作技巧的过程中，也可以将一些课外的阅读素材作为案例，分析其写作技巧。最后，教师还可以组织学生交换作文进行阅读，并且相互之间进行检查纠错。在写作教学中多方面融入阅读，能够让学生的素材积累更加丰富，使英语写作能力得到有效提升。

针对目前农村高中生英语写作存在的问题，教师需要形成清楚的认识，然后采用合理的策略，对教学活动进行改进优化。具体而言，教师要做好写作技巧讲解，要增加教学实践，还需要通过阅读增加学生素材积累，多管齐下，促进农村高中生英语写作能力不断增强。

参考文献：

[1] 兰芬.核心素养理念下高中生英语学习能力的培养策略探究 [J].开封教育学院学报，2018，38（7）：238-239.

[2] 孙守侠.核心素养指引下的高中英语写作教学研究 [J].中学生英语，2018（30）：43.

[3] 罗来玉.英语核心素养下学生写作能力的培养 [J].中学生英语（初中版），2018（20）：66-67.

寄宿制高中学生管理策略探究

榆中县恩玲中学　白军志

高中学生正处于青春期，如果管理不恰当，易引发学生叛逆，从而难以提升管理效果。因此，对于寄宿制学校的学生，教师在管理时，应注重运用恰当的管理方式，并且多关心学生，多鼓励学生，多关注学生的行为举止、状态，能够及时发现学生心理问题，进而帮助学生解决问题。同时，教师应引导学生自我管理、遵守管理规定。

一、落实自主管理模式

教师在管理学生时，要积极运用自主管理模式，且在运用过程中引导学生自我管理，并要求学生自己洗衣服、整理物品，从而促使学生逐渐增强自理能力和自我约束力。同时，在教师耐心的引导下，学生能够提高自律性、独立性，在学校寄宿生活中不依赖教师，独立自主完成作业以及生活自理。教师在管理学生的过程中对于能够自我管理的学生应给予奖励，并发放一些小奖品，以此激励学生自我管理。同时，学生相互管理、互相提醒对方，有利于促使全体学生的管理能力得以提高。所以说，教师应将管理权交给学生，由学生自己管理自己，严格要求、约束自己的行为举止，不仅规范学生的言行举止，也提高了学生自我管理能力，有利于推动学生更好地发展和成长。

二、多关心、鼓励学生

高中寄宿制学校的学生从升入高中后进入学校学习和生活，长期与父母分

离，导致缺少关爱和安全感。因此，教师在管理学生时，应注重多关心学生，如提醒学生增添衣物、按时吃饭，并多与学生交流，在交流中了解学生的性格，根据学生的不同性格实行不同的管理方法，做到有针对性地管理学生，从而促使学生接受管理和教导，有利于提升管理效果。除此之外，对于表现出色和成绩优异的学生，教师还应多予以鼓励和表扬，有效提高学生学习动力，并促进学生能够以乐观向上的态度面对生活和学习，防止学生产生负面情绪，以便于教师更好地管理全体学生。

三、重视学生心理健康

寄宿制学校的学生来自不同的地方，学生之间难免有摩擦，如果学生之间因摩擦而打架，容易给学生留下心理阴影，还会导致学生出现心理问题。因此，教师在管理学生时，应关注学生的行为举止、情绪和状态，当发现学生出现紧张和焦虑不安的状态时，应积极与学生沟通，告诉学生遇到困难应勇于克服。同时，教师引导学生相处过程中团结友爱、互帮互助、相互尊重、互相合作等。在教师耐心的引导下，学生能够消除负面情绪，并解决自身心理问题。学生心理问题得以解决，会更加服从管理和教育。遵守寄宿制学校的规章制度，有效增强自我约束力。

四、严格落实规章制度

为了取得较好的管理效果，教师在进行管理工作时，要严格落实规章制度，使学生意识到违反管理规定需接受处罚，从而使学生依照日常行为规范准则规范自身的行为举止，并做到自己整理衣服、洗衣服、叠被子以及按时上课，做到不迟到不早退。除此之外，教师应告诉学生不允许随意进出学校，进出校门需要登记以及出示学生证，如果未按时回到学校，或者私自出校门，应按照管理规定接受处罚。学生了解规章制度后，能够严格要求自己，有利于提高自我约束力和管理能力，并养成良好的行为习惯和学习习惯。

五、结语

教师应落实自主管理模式，在管理过程中多关心、鼓励学生，以及严格落实规章制度，运用恰当的管理方法管理学生，并在管理中关注学生的心理状态，尽早发现学生心理问题，及时疏导学生的心理，消除学生的负面情绪，使学生接受管理，促进学生心理更加健康，这对促进学生成长和发展起着重要作用，有利于实现学生长远发展。

参考文献：

［1］谢华巧.谈寄宿制高中学生的管理策略［J］.甘肃教育，2018（24）：44.

［2］何悦晖.广州市某寄宿制高中学生因病缺课情况分析［J］.中国校医，2018，32（3）：164-165.

［3］高蓉，林琳，舒翔.上海市寄宿制高中体育教学俱乐部模式的研究［J］.运动，2015（2）：67-69.

［4］翁胜华.寄宿制高中学生公寓管理的三项举措［J］.教书育人（高教论坛），2011（2）：20-21.

（此文发表在《文理导航》2020年第3期）

培感恩之心　育心灵之美　启生命之慧

——榆中县恩玲中学"123468金字塔目标式"德育教育模式解读及实施策略

榆中县恩玲中学　白军志　蔡裕畅

为了适应新时代普通高中教育改革发展的形势，推进新时代普通高中育人方式改革，更好地实施新课程标准，中小学校开发德育校本课程，创新德育模式，强化学生思想品德教育的针对性，提高德育的实效性，应成为学校德育工作的当务之急。

榆中县恩玲中学是由香港善源基金会朱恩馀、谢玲玲夫妇捐资500万元人民币于1996年6月动工建设，1997年8月建成开始招生的一所县属独立高中。为了感谢朱恩馀、谢玲玲夫妇的善举，学校命名为"恩玲中学"，同时成为全县感恩教育的基地学校。学校现为兰州市示范高中、兰州市校园文化示范校、兰州市"依法治校"示范校、甘肃省德育示范校、甘肃省文明校园、甘肃省卫生先进单位、甘肃省绿色学校。

为了充分发挥感恩教育基地的教育功能，促使学校更快更好地发展，学校以"德恩"为核心理念，确立"善以养德、学以立身、知恩感恩、成就自我"的办学理念，形成"厚德积学、励志敦行"的校训、"明德知恩、求真至善"的校风、"恩泽培德、玲珑启智"的教风和"弘德感恩、乐学善思"的学风。学校始终把德育工作放在首位，树立"教书育人、管理育人、服务育人、环境育人、活动育人"的指导思想，形成"以养成教育为抓手，以社会主义核心价值观教育为核心，以感恩教育为重点，以活动教育为特色，促进学生全面健康发展"的工作理念，确保学校德育工作顺利实施。学校推行"全员育人、全程育人、全面育人"的工作机制，逐步形成了"123468金字塔式目标"德育教育模式。

一、"123468金字塔式目标"德育教育模式

"1"是指以社会主义核心价值观教育为核心；"2"是从做人、做事两个维度对学生进行引导和教育，使学生理解、把握生命内涵和为人处世的准则；"3"是指通过教育培养学生形成正确的"三观"——生命观、世界观、价值观；"4"是指在具体的教育实践中培养学生四种良好道德品质——弘德、感恩、乐学、善思；"6"是指通过"六育"即"课程、心理、劳动、家校、活动、文化"实现育人功能；"8"是指开展"八大日常活动"（不良行为矫正、"自我教育、自我管理"的社团活动、劳动实践、文明志愿服务队活动、经典诵读活动、"两操"活动、升旗仪式、主题教育班会），提升学生的德行修养。

我校将此德育模式总结为"1核心2维度、3观4品质、6育人8活动"，以"金字塔目标式"呈现。该模式凭借具体可操作的外化"468"行为目标，可以内化为"123"修养目标，最后实现"社会主义核心价值观"这一终极育人目标。这个模式的特点就是内外结合、知行合一，有目标、有内涵、有方向、有措施。

"金字塔"第一级是"活动目标"，八个活动夯实了德育教育的基础。孔子说"君子之行也，度于礼"，这个"礼"就是日常行为规范准则，而规范行为准则都是来自生活。这八个活动就是学生日常生活行为离不开的载体。

"金字塔"第二级是"育人目标"，即最大限度地从学生有效学习、活动参与、社会实践的六大途径出发，坚持贴近实际、贴近生活、贴近学生的原则，有目的、有计划地对学生进行思想、政治、道德、心理等方面的教育和影响，实现从知识到实践、从实践到修养提升，并将道德认识、道德情感、道德实践回归到学校、家庭、社会生活中，从而实现课程育人、心理育人、劳动育人、家校育人、活动育人、文化育人的功能。

"金字塔"第三级是"品质目标"。从德育教育的模式看，学生经

过了第一级的各种活动和第二级的道德认识与道德实践，到达第三级时，育人的内化目标"雏形"更加清晰，实现了这一目标，就达到了普通人所具有的优秀品质。但在新时代潮流中，德育教育需要不断地锤炼精品。

第四级是"三观目标"。我们常说的"三观"是生命观、世界观、价值观。当代中小学生需要树立正确的、科学的生命观，要珍惜和热爱生命，树立正确世界观，努力实现自己的人生价值。这一级又自然形成了"生命观—世界观—价值观"式的"小金字塔"。只有树立正确的生命观、世界观、价值观，才能正确对待人生，学会担当，不断进取，这样国家、民族才有辉煌的未来，人的一生才会活出精彩。

第五级是"维度目标"。做人和做事这两个维度看似很简单，实际在经过前四级的培养、锤炼、提升后，不再是简简单单、糊里糊涂地做人做事，而是追求"清清白白做人、干干净净做事"。"诚信做人、用心做事"不仅是一种严谨的处事态度，更是一种良好的品德修养。

第六级是"核心目标"。社会主义核心价值观是社会主义核心价值体系的内核，体现社会主义核心价值体系的根本性和基本特征，反映社会主义核心价值体系的丰富内涵和实践要求，是社会主义核心价值体系的高度凝练和集中表达。对于中国公民而言，核心价值观是精神支柱，是行动向导，对丰富人们的精神世界、建设民族精神家园具有基础性、决定性作用。一个人、一个民族能不能把握好自己，很大程度上取决于核心价值观的引领。发展起来的当代中国，更加向往美好的精神生活，更加需要强大的价值支撑。要振奋起人们的精气神，增强全民族的精神纽带，必须积极培育和践行社会主义核心价值观，铸就自立于世界民族之林的中国精神。学校德育教育只有在此"核心"理念下培养社会主义接班人和建设者，才能更好地落实"立德树人"根本任务。

"123468金字塔目标式"德育教育模式见图1。

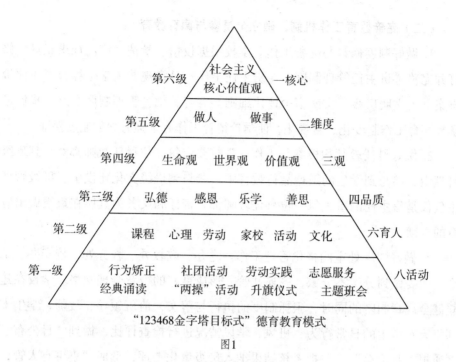

"123468金字塔目标式"德育教育模式

图1

二、学校实施德育工作的主要策略

依托"123468金字塔目标式"德育教育模式，学校主要通过以下十二项策略实施德育教育工作。

（一）聚焦立德树人，将德育作为学校首要工作

德育是学校教育的灵魂，是学生健康成长的保障。学校必须把德育工作摆在重要位置，牢固树立"教书育人、管理育人、服务育人"的思想，本着"以养成教育为抓手，以感恩教育为重点，以自主教育为中心，以体验教育为特色，促进学生全面健康地发展"的工作理念，坚持德育为先、立德树人，把社会主义核心价值体系融入德育教育全过程，以培养学生德育自我教育能力，构建学生思想道德和人文素养自我完善体系为主要目标，引导学生形成正确的生命观、世界观、价值观；加强理想信念教育和道德教育，培养学生团结互助、诚实守信、遵纪守法、乐于进取的良好品质；强化感恩教育，培养学生的感恩意识和感恩行为；创新德育形式，丰富德育内容，不断提高德育工作的吸引力和感染力，增强德育工作的针对性和实效性。

（二）完善德育工作机制，确立全员参与德育教育

1. 做好制度修订与完善工作。学校根据校情、学情，广泛征求意见，修订并完善《班主任管理制度》《班主任工作一日常规》《学生综合素质评价方案》《文明班级、文明宿舍评比细则》等有关德育管理制度，进一步促进学校德育工作制度化、常规化，使学校德育工作有了强有力的制度保证。

2. 做好科任教师积极参与工作。学校要求每一位科任教师都参与到班级管理中，参与到学生的道德品行教育中，参与到班级文化建设中。班级管理不仅仅是班主任的事，每一位科任教师都有责任和义务为其所在班级做出应有的贡献。

3. 做好中层处室网格化管理工作。党办、政教处、教务处、校安办、工会、团委做到分工不分家，齐抓共管，形成良好的德育管理网络。学校在建立健全规章制度的同时，狠抓制度的执行与落实，值班领导、教师、学生干部每天对学生的日常行为、班风、学风情况进行检查评比，做到"日公布、周通报、月汇总"，并把考核结果纳入班级量化考评，形成"事事有人管，人人有事管；人人有人管，人人能管人"的全员管理的育人氛围。

（三）推进班主任专业化发展，夯实德育工作队伍

1. 强化班主任培训工作。为了推动和促进班主任队伍建设和专业化发展，进一步提高班主任综合素质，培养一批德育骨干教师，学校采取"请进来、走出去"的培训形式，请专家到学校对班主任进行培训，同时选派优秀班主任外出学习，提升班主任工作水平。

2. 创新班主任研讨形式。学校在推动班主任专业化工作方面进行创新性的探索，如定期举行"班主任沙龙"活动，开展"专题讨论"，举行班主任班级管理工作经验交流会，让班主任在交流中学习经验、相互切磋、共同提升。

（四）德育教育渗透于课堂教学，增强教育实效性

1. 德育教育课程化。随着课程改革的不断深入，我校努力实践德育课程化，让学生从真实的生活情境中、从鲜活的校本课程中获得道德知识，从而提高自己的道德修养。学校开发的德育课程有《走进恩玲》《高中生职业生涯规划指南》《理性看社会》《留住光影之美》等。学校通过德育课程的开发和实施，加快学生从道德认知向道德实践的转变，逐步形成学校办学特色，从而全面推动学校的各项工作，使学校实现跨越式的发展。

2. 德育教育课堂化。学校把德育渗透于学科教育教学中，细化各学科教学对学生情感价值观的引导，真正做到将德育工作渗透到教育教学的方方面面。教师在教学过程中，可以采取灵活多样的教学方法让学生接受德育教育，如探究性学习、合作性学习等。在教学中，教师引导学生进行讨论，共同思考、总结，这样不但可以培养学生良好的学习习惯，还可以培养他们团结合作的能力。

3. 德育教育情境化。就教学方法来说，我们可以采取小组合作学习法，这种学习法有一个共享理念，即让学生们一起学习，既要为别人的学习负责，又要为自己的学习负责，学生在既有利于自己又有利于他人的前提下进行学习。在这种情境中，学生会意识到个人目标与小组目标之间是相互依赖关系，只有在小组其他成员都成功的前提下，自己才能取得成功。

（五）强化心理健康教育，促进学生心理健康发展

1. 开设心理健康教育课程。心理健康教育已成为学校德育工作的重要组成部分，学校现有心理健康教师3人，设立了心理咨询室、社团活动室、宣泄室等。学校以课堂教学为载体，专门开设心理健康课程。对学生进行系统的心理健康教育，是实施心理素质教育最直接的一种手段，对学生正确的生命观、世界观、价值观的形成起着积极的作用。从学生心理健康教育的目的来看，不外乎两大类，一类是发展性的，一类是补救性的。发展性的心理健康教育要通过心理健康教育课程的开设来进行；而补救性的心理健康教育可以通过心理咨询室中单独的辅导来完成。学校设立心理咨询信箱，高度重视学生的个体咨询信息，教师可以根据问题的性质、学生的个性特点与要求，采取灵活多样的形式对学生进行心理干预，帮助学生形成积极向上的生活态度，并辐射到学习活动中，从而提高学习效率。

2. 开展多种心理教育活动。学校建立学生心理档案，跟踪学生心理变化，及时矫正学生的心理偏差；定期开展心理健康知识讲座、心理沙盘展示、学生心理问卷调查等活动，鼓励学生制作心理健康手抄报、黑板报和心理漫画。学校通过活动，使学生学会关爱自己的心灵，提升心理健康水平，促进健康人格的形成，增强育人的科学性、实效性。

（六）规范学生日常行为，养成教育常抓不懈

学校根据学生的实际情况，狠抓严抓学生的常规教育和习惯养成，使学

生养成良好的习惯。

1. 规范请假制度。分别制定走读学生和住宿学生请假制度，做到班主任处、门卫室、学生宿舍、家长的密切衔接，实现对学生的无缝隙管理对接。

2. 规范仪容仪表。明确标准，严格督查，对不符合学校要求的现象及时整顿并且追踪矫正。

3. 规范自主学习行为。加强早自习、午休及夜自习等学生空白时间的管理，培养学生自主学习的良好习惯。

4. 强化"两操"活动。下大力气提高早操、课间操质量，打造"两操"品牌。

5. 强化环境卫生清洁及保持工作。做到校园整洁，环境宜人。

6. 强化课间秩序管理。落实"值周组、年级组、学生会"三级检查制度，形成安全、文明、有序的课间秩序。

（七）开展校园"文明标兵"评选活动，树立学生成长旗帜

发扬学生标兵的影响与辐射作用。为有效推进"崇德感恩、乐学进取"育人特色，学校每学期举行"文明标兵"评选活动。经过考察、遴选、评比、审核，评选"校级文明标兵"。"文明标兵"包括"学习标兵""尊师标兵""礼仪之星""助人之星""诚信之星""守纪之星""责任之星""劳动标兵"。学校给"文明标兵"颁发证书并大力宣扬其优秀事迹。"校园文明标兵"已成为学生们身边的榜样，成为引领校园潮流的鲜明旗帜。学校通过评选"文明标兵"活动，提高了学生自我约束、自我管理、自我发展、创先争优的意识，实现了以榜样引领成长、以模范营造氛围的德育教育目标。

（八）开展丰富多彩社团活动，培养学生的个性特长

1. 社团课外活动。广泛开展社团活动，活跃学生课外生活，是培养学生的兴趣爱好，提高思想道德水平，发展学生个性和特长的重要途径。学校现有社团28个，在此基础上学校还要不断增加社团组织，以满足不同兴趣爱好学生的需求，为学生张扬个性提供广阔的舞台，使丰富多彩的第二课堂成为学校的一道亮丽的风景。

2. 文体集体活动。学校每年定期组织开展师生趣味田径运动会、校园文化艺术节、校园歌手大赛、经典诵读比赛、普通话演讲比赛、班级足球联赛等，文体活动的开展，能够使学生在集体环境中学会合作，在比赛中增强竞争意识，培养学生坚忍的意志和顽强拼搏的精神。同时，集体活动能让学生充分体会到大集体的温暖，从而凝心聚力，形成较强的集体荣誉感。

（九）完善"班级文化"评比活动，发挥环境育人作用

深化校园文化建设，打造"班级文化"品牌。为了展现学校良好的校风校貌，营造和谐的校园文化生活，提高学生的人文素养，培养学生爱校如家的精神品质，学校在加大校园文化建设的基础上，每学期举行"班级文化"评比活动。各班根据本班实际，打造班级文化品牌。班主任充分激发学生的潜能，鼓励学生用自己的智慧和双手布置教室。各班围绕"教育性、新颖性、艺术性、科学性"对教室进行合理美化，营造文明和谐的学习氛围，使教室或雅致清新、墨香点点，或绚烂亮丽、创意无限，让教室内的每一块墙壁，每一个角落都具有教育意义，彰显出班集体特色，也使学生在活动中得到锻炼，受到教育。

（十）加强与社区共建，培养学校的劳动能力

丰富的社区资源是实施劳动教育的有力增长点，更有利于提升德育实效。学校以"创建和谐校园，共建和谐社区"活动为载体，以服务社区活动为平台，以"劳动育人"为基本途径，促进学校和社区的共同发展。学校有计划、有组织、有目的地组织学生参加丰富多彩的劳动实践活动，积极探索劳动教育在素质教育中的作用，增强学生的劳动观念，培养学生的生活、生存技能，在动手动脑中培养学生创新意识和实践能力，保证劳动教育的实效性和多样性。学校主要开展以下几类劳动教育活动：

1. 组织"爱学校"的集体劳动，让每个学生在班级内寻找适合自己的小岗位，在为集体、为他人服务的过程中让学生体验劳动的快乐，培养责任感。

2. 学校派出小家电维修、计算机网络维护、图形图像处理等志愿者小分队，在专业教师的带领下免费为社区居民提供服务。

3. 走进社区敬老院，关注孤寡老人，由此及彼，从而学会感恩父母，感恩社会，感恩生活。

4. 了解社区的人文环境和风俗习惯，关注社区绿化环境和公共卫生，参加社区卫生清理，如清理小广告等，为社区做自己力所能及的事情，争做"社区环境卫士"。

5. 请社区人员共同参与学生的安全、道德文明、行为习惯等管理工作，以增强学生的社会责任感。

6. 成立由学校和社区组成的社区教育委员会，强化责任，制订方案，明确目标，建立健全评价机制，将学生的社区活动情况记入个人成长档案，建立学生表彰激励制度，激发学生参加劳动的积极性，增强劳动意识。

（十一）促进家校合作，实现共担、共育、共享

形成家校教育合力，使学校教育、家庭教育有机结合，积极践行"成就一个孩子，幸福一个家庭，奉献整个社会"的育人理念。

1. 建章立制，规范家校合作的运行。成立家长委员会，夯实"家长学校"的管理，探索"家长学校"的新模式，拓展渠道和方式，丰富"家长学校"的活动，使家校工作系列化、常态化，使其成为学校和家庭沟通的桥梁和纽带，充分发挥家长对学校工作的参谋、监督、参与作用。

2. 举办家长会，提升家庭教育水平。每学期召开两次家长会，让家长了解学校、班级教育教学活动开展情况，交流家教方法，提升家庭教育水平。

3. 家长参与活动，提升家校教育合力。邀请家长代表参加学校组织的各项活动，如技能大赛、运动会、艺术节、食堂管理等，让家长实质性地参与学校管理，深层次了解学校的教育教学特色，真正发挥"家校沟通"的桥梁的作用。

4. 倡导家庭劳动，养成家务劳动好习惯。组织学生开展"爱父母"的家庭劳动活动，要求学生帮助家长干一些力所能及的劳动，如扫地、洗衣、叠被、干农活等，从这些活动中体会父母的艰辛与不易，增强感恩意识。

（十二）坚持因材施教原则，建立德育教育的评价体系

德育评价体系是德育教育体系不可或缺的部分。构建一个完整德育教育体系，要求我们必须建立一个科学的德育评价指标体系。评价体系要坚持以人为本，以学生的发展为本，对学生的思想品德行为实行过程性评价，力求运用科学手段对学生的培养和全面发展进行及时的反馈和督导，使道德规范内化为学生的自觉行动，使德育由虚变实。德育评价体系主要包括三个方面：

1. 自我评价。自我评价要求学生不断反思自己的思想和行为，平心静气地想一想自己的不良行为有哪些，比较一下自己在滋生不良行为前后的不同情况，不良行为究竟给自己带来了哪些影响，不良行为是不是辜负了父母、老师和集体的期望。教师要引导学生以公正、客观的态度进行自我分析、自我观察，发扬优点，及时发现并改正不足之处，吸取经验教训，不断进步。

2. 集体评价。教师分阶段组织学生进行相互交流和评价，一方面彼此取长补短，另一方面相互监督与制约，使每一个学生能知晓他人对自己的看法，从他人那里了解自己的进步或缺点，促进自我发展。

3. 教师评价。在自评和互评的基础上，由班主任对学生各个阶段的思想和行为进行比较客观的评价，既要充分肯定学生的进步，也要指出其不足的地方，并进行分析、指导，最终达到教育学生的实效。同时，教师建立学生德育成长档案，让学生充分认识到自己品德修养形成的轨迹，逐步提高学生道德素养。

经过探索实践，学校德育工作取得了可喜的成绩。学校通过创新德育模式，狠抓德育常规管理，增强了德育工作的主动性、实效性，使学生的道德素养得到了很大提升。学生学会做人，学会求知，学会生活，学会劳动，学会健体，学会审美，学会感恩，从而校风、学风进一步好转。学校于2018年荣获甘肃省德育示范校。未来学校将充分利用学校和社会的资源，不断创新教育活动载体，精心构建德育网络，积极营造教育氛围，坚持"贴近实际、贴近生活、贴近学生"的原则，不断提高德育工作实效，创新德育管理水平。

（本文发表于《兰州教育》2020年第6期）

高中学校如何开发校本教材

高中学校通过校本教材的开发和利用，形成校本课程的完整体系，吸引学生学习的兴趣，提高学生的综合能力。校本教材的开发，是对通用教材的一种补充与完善，可以让学生习得更为适用的知识，获得综合而全面的发展。

一、校本教材开发过程中存在的问题

（一）教师校本教材开发意识淡薄

受传统课程体制的影响，教师开发校本教材缺乏一定的热情。一方面，由于现成的教材拿来就用，对教师来说方便；另一方面，有的教师认为对教材的开发是课程专家或者具有较高水平的学科专家的工作，教师进行校本教材的开发不仅存在专业上的不足，也对这一新任务理不清头绪。教师本身的教学任务比较繁重，校本教材开发无形中给教师增添了一定的工作压力，这也导致教师的积极性不高，而且意识较为淡薄。校本教材的开发需要严谨的体系构成，要求参与开发的教师具有较高的理论知识水平，还要全程参与到整个开发过程之中，这对高中教师提出了新的要求：必须树立现代教学理念，以学生为中心，真正发挥自我的价值与作用。作为学科教师，既要拥有本专业过硬的专业理论知识，还要具有娴熟的技能，对学生进行科学的指导，不断激发学生学习的热情。与此同时，校本教材的开发有利于培养教师的创新思维。但是从目前学校师资力量来看，一些教师在校本教材的开发中实际能力还比较欠缺，主动性不足。

（二）开发校本教材的评价体系尚未完善

要围绕学生的综合发展进行校本教材的开发，既需要符合国家教育方针，还要与学生身心健康发展相契合。因此，学校需要制定科学评价机制，才能真正保证校本教材开发运用过程有质、有量。对校本教材的评价，包括对校本教材本身的评价，也包括对教师的评价以及对学生学业的评价，所获得的评价信息会为后续的校本教材开发奠定基础。刚刚起步进行校本教材开发的学校尚不能对校本教材的具体实施方案、选择内容以及要达成的效果做到科学评价，还未能形成一套科学的评价体系。

二、校本教材开发的措施保障

高中学校在进行校本教材开发时，一定要对学校的具体现状进行调查，及时就存在的问题进行科学的解决，从而使校本教材的开发切实发挥作用。为了使高中学校的教材开发体现科学性，笔者认为要采取以下措施。

（一）利用自身资源进行校本教材的开发

在进行校本教材开发时，作为开发者要围绕所开发教材的具体内容对周围或者学校本身的资源进行有效的挖掘与整合，从而保障校本教材开发的顺利进行。结合教学内容以及校园环境资源进行校本教材的开发，不仅能让学生感觉到这一教材知识"接地气"，也能使学生产生兴趣和求知欲望，积极投入学习之中。可以说，校本教材的开发是对学科知识的补充与拓展，可以让学生不断获得更为丰富的知识。

（二）利用地域特色资源进行校本教材的开发

每一个学校所处的地理环境各不相同，而这就可以成为校本教材开发所需的一些课程资源。作为教师，可通过对当地的独特文化进行搜集、整理、挖掘，将其融入校本教材之中进行开发与利用，这样既能吸引学生的注意力，又能培养他们传承地方文化的自觉性，还能提升学生的人文素养，提高学生的创新能力。另外，教师还可以挖掘所处地理环境资源进行校本教材的开发。地理环境资源包括的内容是丰富多彩的，无论是交通，还是地形、气候、物产以及森林、河流等这些自然资源，都是学校进行校本教材开发的资源宝库。教师可以组织学生通过实践活动认识本地自然地理知识，并进行充分体验与感受，去理解当地的优秀文化，拓宽视野，陶冶情操。

（三）与其他学科整合进行校本教材的开发

校本教材的开发不单单涉及一门学科的内容，更需要拓宽视野，不断将其他学科的资源有效整合起来，以使校本教材更加富有知识性，内涵更为丰富，同时能让学生的兴趣更为浓厚。学习校本教材，会发现不同学科的知识蕴含其中。校本教材的开发实现了学科之间的交叉、相融，使教师的科研能力得到提高，也凝聚了不同学科教师的智慧，帮助学生真正运用所学知识来解决具体的问题，从而使学生在分析问题以及解决问题中学会从多角度、全方位以及以发散式思维进行思考，学会知识的正向迁移运用，从而提高学生的创新能力以及综合能力，同时帮助学生构建系统化的知识体系。

参考文献：

余晓蓉.核心素养视域的校本课程开发［J］.中学政治教学参考，2019（3）：50-52.

（本文发表于《新课程》2021年第6期）

高考英语短文改错答题技巧

榆中县恩玲中学　　白军志

一、高考英语改错题概述及考生存在的困惑

英语短文改错是集语法知识与语言技能为一体的综合性英语试题，旨在考查学生对语言的评价与校正的能力以及对词汇、语法和语篇三要素的把握能力。

英语短文改错满分为10分，分数不多但是每一分都非常关键。很多学生在做此类型题时会遇到以下两大困惑：第一，看过题后不知如何下手；第二，在遇到读不懂文章大意的时候，或丢掉不做或草草了事，得分率很低。面对以上两大困惑，学生只要从熟悉出题规律和有效掌握答题思路两个关键处入手，此类题就会迎刃而解。

二、短文改错答题四大原则

以保持句子原意为原则，改动以最少为原则，实词以改变词形为原则，虚词以添加或删除为原则。

三、短文改错答题思路

1. 句子的结构是否完整，特别是每个句子要有动词。
2. 谓语动词的时态、语态是否正确。
3. 非谓语动词的用法是否有误。
4. 名词的单复数、格的使用是否正确。
5. 定冠词和不定冠词是否正确。

6. 代词的格和词性的使用是否有误。

7. 定语从句中关系代词、副词是否正确。

8. 并列句中的并列连词、主从复合句中的从属连词用得是否得当。

9. 介词使用是否正确。

（以上思路可总结为："动词形，名词数，还要注意形和副；代词格，需领悟，介冠连常光顾；习惯用法要记住。"）

四、短文改错答题应注意的要点

1. 短文改错题型中的错误有多词、少词和错词三种，具体答题方法如下：①改正。将文中错词用斜线（/）划去，在后面横线上填入正确的词，表示替换该错词。②删去。在文中将错词用斜线（/）划去，在后面横线上也画一斜线（/），表示该错词是多余的。③增添。在文中两词间加"∧"号表示有遗漏，然后在横线上添入遗漏的词的正确形式。

2. 核对错项时，若有一时难以改出的地方，可以参考所改动项是否基本符合"1：1：8"的比例，即多词1个，缺词1个，错词8个。

3. 核对改正的语法项目是否有重复。因为短文改错往往覆盖面广，一般情况下不会出现重复考查冠词、名词、代词、介词等语法点的现象。

4. 核对答题符号是否规范，位置是否准确，看看有无遗漏符号，忽略字母大小写和拼写等问题。

五、短文改错答题的基本方法

短文改错答题的基本方法为三步法解题：①通读全文，了解全文大意和主题；②找错并改正；③通读全文，核对检验。

六、短文改错答题遵循以下步骤

1. 先读懂文章的大意，确定文章主时态，然后在理解句子的基础上，从动词、句法的角度判断有无这方面的错误以及错误的位置。

2. 确定无句法错误后，再考虑用法、搭配和近形近义方面的错误。

3. 在排除了上述两种可能后，应着重从语篇角度寻找有无上下文语义方面的错误（注意连接性词语和那些可能有反义词的词）。

4. 一句话若在上下两行时，注意相连处的错误。

5. 若经过以上步骤还无法判断错误所在，则应暂时放弃该句，而继续往下做，待做完全文，对全文有更深入、更完整的理解的基础上进行检验时再做判断。宜从介词及一些简单而易被忽视的语法角度的"细微处"多加考虑。

七、短文改错答题基本思路和技巧

第一步：必须熟悉设错方式

设错方式主要有多词、少词、错词。

（1）多词现象大多出现在冠词、介词、助动词、连词、语义重复及行文逻辑等方面。

（2）少词现象主要出现在冠词、介词、副词、助动词、不定式符号to、连词等方面。

（3）错词现象主要出现在冠词、介词、名词单复数、动词时态、非谓语动词、主谓一致、代词、连词、形容词与副词错用等方面。

第二步：全文宏观把握

学生应把改错题当作一篇小短文来理解，这样能对短文有个宏观把握，对上下文有全面的了解。在理解篇章的基础上逐句审读，分析判断，上下兼顾，把明显的、拿得准的题先做完，这样可以缩小包围圈，也有助于对全文的进一步理解。

第三步：从语法角度审查

1. 查看时态是否一致。

My favorite sport is football. I was a member of our football team.（全文都是用的一般现在时，此句中的was显然与上下文语境不符，应改为am。）

2. 查看主谓是否一致。

Anyone may borrow books, and it cost nothing to borrow them.［cost应改为costs，因其主语是it（为形式主语），且上下文均为一般现在时。］

3. 查看指代（代词）是否一致。

The Smiths did his best to make me feel at home.（句中的主语The Smiths表示Smith一家人，因此指示代词his应改为their。）

4. 查看平行结构是否平行一致。

由and，or，but，either...or...，neither...nor...，not only...but also...，as well as等并列连词和词组连接的结构可称为平行结构。

It was very kind of them to meet me at the railway station and drove me to their home.（句中的drove显然与and前面的to meet不平行，应改为drive。）

5. 查看名词的单复数与修饰词语或上下文是否一致。

We study quite a few subject，such as Maths，Chinese...（quite a few只能修饰复数名词，故subject应改为subjects。）

6. 查看行文逻辑是否一致。

Most people can quickly get help from a doctor or go to a hospital since they are ill.（根据行文逻辑，这里不应该由since来引导原因状语从句，而应该是when / whenever或if来引导时间或条件状语从句。）

八、短文改错十一大常见错误

短文改错是有一定的规律可循的，观察近几年的高考试题以及学生平常的各种考试，可以发现短文改错主要有以下十一大错误：

1. 形容词与副词的误用：如形容词和形容词（exciting，excited），副词和副词（hard，hardly），形容词和副词（possible，possibly），以及形容词与副词的比较级与最高级。

2. 名词的单复数误用：如在several，many，various，a few，different，one of等之后，常用名词的复数，在every与each之后常用单数。

3. 代词的误用：如you与your，it's与its，it与they或them，one与ones，宾格（如me）与反身代词（如myself）等的误用。

4. 介词的误用、缺少或多余：常见的如in 与on，to与for，instead与instead of，because与because of等的误用。

5. 动词时态的错误：看一篇文章，要有一种大局观，看看上下文的时态是否一致。

6. 一般现在时第三人称单数后的动词形式错误。

7. 非谓语动词错用（动名词、动词不定式、分词的错用）。

8. 一些固定结构的误用：如so...that与 such...that的误用，too...to被误用为

very...to，as...as被误写作so...as等。

9. 定语从句中关系词的误用。

10. 一些常用词的误用：如what与how，except与besides，any与some（一些与任何），以及它们的合成词如anything与something，anywhere与somewhere等混淆不清。

11. 连词的误用：如or与and的误用，and与but的误用，so与but的误用，because或since与so连用，though与but连用，等等。

九、短文改错常见错误类型

1. 谓语动词的错误是历年考试的重点和热点，常见动词错误类型有：①一般现在时与一般过去时错用；②and前后动词时态不一致；③主谓不一致；④缺少动词，特别是be动词；⑤第三人称单数形式错用；⑥主动语态和被动语态错用。例如：They did not want me to do any work at home，they want me to devote all my time to my studies.（did应改为do，错误类型属于①）As we climbed the mountain，we fed monkeys，visiting temples and told stories.（visiting应改为visited，错误类型属于②）One evening she told me that something happened when her parents was out.（was应改为were，错误类型属于③）There will an important game next month.（will后应加be，错误类型属于④）

2. 名词的常见错误：单复数名词错用，可数名词与不可数名词错用。例如：I'll get good marks in all my subject.（subject应改为subjects）Their word were a great encouragement to me.（word应改为words）Without enough knowledges，you can never teach well.（knowledges应改为knowledge）

3. 连词错误：连词包括关系代词、副词，并列连词and/or/but等。关于连词，一般考查从句关系代词。常见的有who/whom/whose/what/which/how/why/when/where/if/whether等。I have a good friend who's name is Liu Mei.（错用了who的所有格形式，应改为whose）I teach them，play with them，but watch them growing up.（此处应该是并列的关系而非转折，but应改为and）Clever as she is，but she works very hard.（as意为"尽管"，不能再跟but连用，所以应去掉but）

4. 冠词错误：误用a和an（根据单词的第一个音素来判定）；误用a/an和the（固定搭配，或泛指、特指；多冠词或少冠词）。We may be one family and live under a same roof.（a应改为the，the same 是固定搭配）As everyone knows, it's famous mountain with all kinds of plants.（mountain是可数名词，需用冠词，所以其前应加a）I hope you have pleasant journey.（journey是可数名词，故have后应加a）

5. 形容词和副词错误：系动词后用形容词（be/am/is/are/was/were/become/go/感官性动词smell/feel）；词性的误用（形容词修饰名词，副词修饰动词、形容词）。I'm sure we'll have a wonderfully time together.（time是名词，所以要用形容词wonderful修饰）My pronunciation was terribly.（was后用形容词，副词terribly应改为terrible）

6. 代词错误：代词的主格和宾格（I/me, he/him, she/her, we/us, they/them）、反身代词（myself/ yourself/ himself/ herself /themselves/ourselves）使用错误；代词的单数和复数使用错误，代词指代错误，多代词或少代词。Soon I began to enjoy talking to myself on paper as I was learning to express me in simple English.（me应改为myself）One day I wrote a little story and showed to my teacher.（to前应加it）If anyone of us had any difficulty in our life and study, the other would help him out.（other后应加s）What's more, you have to be friends with your pupils and take good care of him.（him应改为them）

7. 非谓语动词的常见错误：不定式、动名词作主语、宾语时，and连接的不定式或动名词前后不一致（尤其距离较远时）；介词后用动名词形式作宾语；某些动词后要求接动名词或不定式。Soon I began to enjoy talk to myself on paper.（enjoy 后需接动名词，talk应改为talking）But his parents think go to college is more important than playing sports.（go不能作主语，应改为going）Children may not develop the habit of read and the ability to enjoy themselves.（介词后用动名词形式作宾语，read应改为reading）I particularly enjoyed driving through the countryside with you and saw the changing colors of the leaves on the trees.（and连接的不定式或动名词前后不一致，故saw应改为seeing）

8. 介词错误：词组中的介词误用，介词意思理解偏差，介词多用或少用。例如：There are too many people among my family.（among应改为in，in

108

my family 为固定搭配）I was so tired that I fell asleep at the moment my head touched the pillow.（应去掉at，the moment 引导从句）

十、近年来高考英语短文改错真题

（原题1）

During my last winter holiday, I went to ∧ countryside with my father to visit my grandparents. I find a change there. The first time I went there, they were living in a small house with dogs, ducks, and another animals. Last winter when I went here again, they had a big separate house to raise dozens of chicken. They also had a small pond, which they raised fish. My grandpa said last summer they earned quite a lot by sell the fish. I felt happily that their life had improved. At the end of our trip, I told my father that I planned to return for every two years, but he agreed.

短文大意：本文是一篇记叙文。文章主要讲述了作者在去年寒假期间和父亲去乡下拜访爷爷奶奶的过程中的所见所闻，由此讲述了乡村的巨大变化。全文为一般过去时。

【答案与解析】

①第一句考查冠词。在countryside前增加定冠词the，句中go to the countryside 为固定搭配，表示"去乡下"。②第二句考查动词时态。将find改为found，该句是对过去的描述，所以应用一般过去时。③第三句考查形容词的用法。首先将another改为other，因为another为泛指，没有固定范围，而句中指的是家里养的动物，有范围，其次another后应该接名词单数。④第四句前半句考查副词及语意理解。将here改为there，该句表示再次去了那里，和上文the first time I went there相呼应。第四句后半句考查名词单复数。将chicken改为chickens，dozens of表示"许多"，后面接可数名词需要用复数，chicken表示"鸡"时是可数名词，而表示"鸡肉"是不可数名词。⑤第五句考查定语从句先行词。将which替换为where或在which前加in，该从句为定语从句，前面先行词为pond地点，且从句部分结构完整，所以不能用which。⑥第六句考查动名词。将sell改为selling，句中by为介词，后面接动词的现在分词作方式状语。⑦第七句考查形容词作表语。将happily改为happy，句中felt为系动词，在这里需要用形容词作表语，所以将副词改为形容词。⑧最后一句前半

句考查介词。属于多词现象，将for删除，every two years作状语，表示时间频率，前面不需要任何介词。后半句考查连词。将but改为and，该处前后文不构成转折之意，而是顺承。

（原题2）

The summer holiday is coming. My classmates and I are talking about <u>how</u> to do during the holiday. We can <u>chose</u> between staying at home and <u>take</u> a trip. If we stay at home, it is comfortable <u>but</u> there is no need to spend money. But in that case, we will learn little about ∧ world. If we go on a trip abroad, we can broaden <u>your</u> view and gain <u>knowledges</u> we cannot get from books. Some classmates suggest we <u>can</u> go to places of interest nearby. I <u>thought</u> that it is a good idea. It does not cost <u>many</u>, yet we can still learn a lot.

短文大意：本文属于应用文题材。文章大意是暑假快到了，大家谈论假期生活怎么安排。所以，文章时态以一般现在时、一般将来时为主。

【答案与解析】

①考查疑问词的用法。how→what，固定表达what to do，如果用how结构应为how to do sth.。②考查动词形式。chose→choose，根据语法知识可知，情态动词can后要用动词原形。③考查非谓语动词的用法。take→taking，此处为between...and...结构，根据前面的staying at home可知，此处也要用动名词形式，与前面保持一致。④考查连词的用法。but→and，根据句意可知，此处应是并列关系，而不是转折关系。⑤考查定冠词的用法。属于少词现象，world前应加the，此处特指我们所生活的这个世界。⑥考查形容词性物主代词的用法。your→our，根据前面的主语we可知，此处要用our，表示"我们能够开阔我们的视野"。⑦考查不可数名词的用法。knowledges→knowledge，knowledge为不可数名词。⑧考查虚拟语气。去掉can或can→should，suggest表示"建议"，后面的宾语从句要用should do形式，should可以省略，故答案有两种改法。⑨考查一般现在时的用法。thought→think，根据上下文可知，此处并不是过去的看法，而是现在的看法。⑩考查特殊代词many、much的用法。many→much，cost much指花费很多（钱），此处也可理解为much money的省略。

（原题3）

It was Monday morning, and the writing class had just <u>begin</u>. Everyone was silent, <u>wait</u> to see who would be called upon to read his <u>and</u> her paragraph aloud. Some of us were confident and eager ∧ take part in the class activity, others were nervous and anxious. I had done <u>myself</u> homework, but I was shy. I was afraid <u>that</u> to speak in front of a <u>larger</u> group of people. At that moment, I remembered that my father once said, "The classroom is a place for learning and that <u>include</u> learning from textbooks and <u>mistake</u> as well." <u>Immediate</u>, I raised my hand.

短文大意：本文是一篇记叙文。文章主要讲述了作者曾经上写作课的情景，父亲的一句话激励他积极参与了课堂学习活动。所以文章使用一般过去时。

【答案与解析】

①考查时态，这是过去完成时，应用过去分词begun；②考查非谓语动词，此处用现在分词，现在分词短语作状语，表示伴随着的情况，wait→waiting；③考查连词，此处是选择谁的意思，and→or；④考查非谓语动词，系动词加形容词作表语，再加动词不定式作状语，所以eager后加to；⑤考查代词，此处是物主代词，作定语，修饰后面的名词，myself→my；⑥考查非谓语动词，这是一个句式，系动词+形容词+动词不定式，应删掉that；⑦考查形容词的用法，此处没有比较的含义，larger→large；⑧考查动词的一般现在时第三人称单数形式的用法，include→includes；⑨考查名词的用法，此处表示的是名词的复数形式，mistake→mistakes；⑩考查形容词、副词的用法，副词放在句首，作状语，所给的词是形容词，Immediate→Immediately。

小学语文学困生的成因及转化

榆中县马坡学校 赵小平

语文作为一门重要的学科，不仅仅是小学生的主要学科，也是初中生、高中生，甚至大学生的主要学科。而且，语文学科是众多学科的基础，学好语文是在为学好其他学科做铺垫。除此之外，语文也是一个人文化水平和文化素养的重要体现。然而，很多学生在小学时期就已经成为语文学科的"困难户"，尽管很努力地去学，仍然不见起色，总是心有余而力不足。针对这些语文学科的学困生，我们要通过分析成因进而提出针对性的对策，以便有效地帮助他们脱离学习语文的困境，为以后的语文学习打下坚实的基础。

一、小学语文学困生的成因

（一）缺乏对语文的重视

很多人都会理所当然地认为语文是和汉语紧紧挂钩的，作为中国人，学好语文是一件很轻松的事情，基本上没有什么难度。不仅家长这样认为，很多学生也会这样认为，因此，无论是家长对孩子的督促和辅导，还是学生本身的自学，都会相应地降低对语文的重视，转而去把更多的精力放在数学、英语等学科上面，这就导致从学生这个根源上就缺乏对语文的重视，学好语文也就无从谈起了。

（二）缺乏学习语文的兴趣

很多小学生实际上并没有完全适应有计划、有安排的学习模式，尤其是刚从幼儿园升到小学的一年级学生，他们都还处于孩童时期，本身很难对某一件事集中全部的注意力。他们更喜欢的是像体育、美术等轻松的、愉快的学习内容，而不是一直在朗读、背诵、默写的"枯燥"的语文。因此，很多学困生对语文"无能为力"，关键的原因就是缺乏对语文的学习兴趣。有很多学生因为对语文不感兴趣，但又不得不去学，转而排斥语文。而"兴趣是学习最好的老师"，做任何事情，如果没有了兴趣，就没有了动力，将一件事情做好也就很难。

（三）学习的积极性和自觉性较差

进入小学阶段后，学生的学习也就进入了正式的阶段，语文课也不再是单纯的讲故事、学汉字。不断增加的生僻字，各种各样的词语、背诵等，导致一些学生无法适应这门学科的学习，越是学不进去就越没有学习的积极性。而且，小学生不同于初中生、高中生，他们年龄小、玩心重，学习的自觉性较差，事事都需要老师和家长督促，而语文学科内容琐碎，一张语文考卷上的题型就多种多样，不管是老师还是家长，都无法保证对每一个学生的每一个方面都进行督促和检查。

（四）教师教学方法不当

很多老师在教授语文这门学科时，为了及时地督促学生记会背熟，能够在考试卷上写上正确答案，往往会采用集中的、高压的应试教育方法，让学生一遍一遍地记，一遍一遍地背，然后老师进行检查，检查不通过的学生可能还会受到罚抄、罚写等惩罚。在一段时间过后，老师还会对过往的内容进行抽查，让学生默写、背诵等，如果忘记了就会让学生重背重记。这样的方法虽然会让学生在考试中取得好成绩，但也会让懵懂的小学生对语文"深恶痛绝"，对语文愈发地失去兴趣，师生关系也会受到影响。

二、转化策略

（一）提高对语文学科的重视程度

家长应该和学生一起提高对语文的重视程度，应该从根本上意识到语文学科和其他学科同等重要，要分配足够的时间和精力去学习这门学科。家长应该多帮助和辅导孩子，而不是一味地给孩子压力，认为学习语文是一件理所当然的很简单的事。

（二）帮助学生培养学习语文的兴趣

托尔斯泰说过："成功的教学所需要的不是强制，而是激发学生的兴

趣。"要让学困生学好语文，首先就要让他们喜欢上语文，对语文产生兴趣。因此，老师对学困生应该更加有耐心，不断地引导这些学生，让他们明白学习语文并不是一件困难的事情，也不是一件枯燥的事情。小学生会被有趣的事物所吸引，老师应该抓住这一点，可以经常在课堂上组织一些语文小游戏，如成语接龙、造句、看图编故事等，以此来帮助学生集中注意力，在轻松的氛围中让学生们学到一些知识，或减少对学习语文的"恐惧感"。

（三）选择适当的教学方法

美国教育家布鲁姆说过："学生的兴趣、动机、态度、好奇心以及情感在促进学生智力发展中起着重要作用。"语文本身就包罗万象，里面的内容丰富多彩。因此，老师在上课时不应该单纯地为了应付考试，而是本着让学生们喜欢语文，学到更多的语文知识来进行教学。在平常的督促和检查中，老师更应该耐心和细心，与学生保持融洽的师生关系；在学生学习语文遇到困难时，应及时对其进行帮助和安抚；在教阅读、写小作文时，可以向学生传授一些技巧和方法，多进行示范和练习，让学困生在学不懂时仍然有信心和动力去学习语文。

（此文发表于《甘肃教育》2019年第21期）

新媒体资源在初中语文教学中的运用探索

榆中县马坡学校 赵小平

毫无疑问，随着互联网理念与技术的全面深化，新媒体时代已然来临。很显然，新媒体资源不仅发挥出了巨大的传播、娱乐作用，而且在教育领域应用新媒体资源已经成为教学改革的必然趋势。因为随着时代的变化，语文教学不再局限于学生考试分数的提升，而是更侧重于表达能力、应变能力、写作输出能力等一系列综合能力的培养。那么，我们可以利用新媒体资源的丰富性与语文教学相结合，从而更好地提升学生的语文学习质量。

一、新媒体资源在初中语文教学中运用的重要作用

随着时代的进步，社会环境发生了很大的变化，尤其是信息技术和新媒体平台的应用，为社会的发展和人类文明的进步注入源源不断的动力，并且，教育领域对新媒体资源的应用也越来越普遍。

从教学模式以及学生学习感受的转变的角度来看，新媒体资源能够突破传统教学模式的单一性与局限性，无论是表达方式，还是学生所接收到的资源信息，都不是传统教学模式所能比拟的。利用信息技术手段可以将海量的资源进行收集、分类、筛选，选择适合教学要求、适应学生实情的新媒体资源，使得语文教学形式更加多样化、丰富化，尤其契合当前信息化时代成长起来的中学生的思维模式和学习习惯，让他们学有兴趣、学有新意，自然而然地就能学有所得。

从教师的角度来看，新媒体资源在语文教学中的整合应用可以显著地提

升教师的教学水平、教学效率以及信息技术应用能力。教师可利用调动课堂气氛。一方面老师需要结合学生的实际情况选择适合的资源，另一方面要采取有效的手段将新媒体资源与教学内容相融合，而且要在具体的运用中更加细致地观察学生在课堂上的反应与表现，并结合学生的实际情况对新媒体的运用进行针对性的调整，如查找更多参考文献，设计更多互动环节，使课堂氛围更加轻松，更加契合课堂实际，从而使新媒体资源发挥出更好的教学辅助作用。

二、初中语文教学中运用新媒体资源的有效策略

（一）结合学生实际选择新媒体资源

当前海量的信息资源充斥在网络上，不同的信息会对学生产生不同的影响。教师首先要从立德树人，培育学生综合素养的角度出发，选择积极的、具有正能量的资源，如一些有启发意义、教育意义的教学资源；其次要针对语文教学的特殊性，如某些无法准确用语言描述的知识内容，结合具体的教学要求来选择新媒体资源。

（二）利用新媒体资源打造高效课堂

教师在初中语文教学中运用新媒体资源时，一是要结合学生的思维特征与性格特点进行筛选，要让学生从思想上获得共鸣，从而产生认同，然后才能够接受新媒体学习资源所传达的教学内容；二是要结合实际的学情和教学的节奏来进行筛选，在教学时要有针对性地进行介绍，如在初中教材中有雨果的作品，那么就可以鼓励学生提前搜集雨果作品，或是让接触过雨果其他作品的学生谈一谈其对雨果的认识，将相应的作品整理成PPT，将PPT发至老师手机上，老师再通过手机连接希沃白板，点击播放PPT，让学生就此展开交流，这样能够很好地促进师生的互动，形成高效的课堂，从而激发学生的探究兴趣。

（三）结合学生特点制作信息化课件

随着时代的变化，学生个体的差异性越发明显，且受时代高速发展的影响，其思想状态呈现出多样化特征。新媒体已经渗透到学生的日常生活与学习之中。作为语文教育工作者要顺应这种趋势，结合初中语文教学的目标与要求，以及学生的实际情况来制作信息化课件，如微课等，将不同的资

源内容搭配不同的背景音乐和图片，以增加学生的熟悉感与亲切感，提升学生的学习兴趣，从而让学生更好地掌握重要的知识点，循序渐进地进行后面的教学。

（此文发表于《新课程》2021年第11期）

循序渐进　多年段联动

——农村中小学生良好行为习惯的培养措施

榆中县第三中学　丁兴珍

中小学阶段是学生良好行为习惯养成的关键时期，但是由于缺乏家庭教育的有力辅助，农村中小学生良好行为习惯的培养成为难题。为了解决这个问题，本文着手于农村九年—贯制学校的德育实践，分析了农村中小学生良好行为习惯培养的重要性，总结了农村中小学生良好行为习惯的培养措施。

一、农村中小学生良好行为习惯培养的重要性

我国多年的教育实践说明了养成良好的行为习惯是促进中小学生智力、能力和身心健康全面发展的重要条件。由此，教育理论和教育实践两方面都可以证明学生良好行为习惯的重要性。由于农忙、父母常年外出务工及环境的影响，农村中小学生在家中没有受到良好的行为习惯教育，所以学校就更应重视学生的良好行为习惯的养成教育，使得学生端正学习态度，拥有正确的价值观，以及积极进取的精神和不轻言放弃的奋发劲头，为学生的成长奠定扎实的基础。

二、农村中小学生良好行为习惯的培养措施

（一）分析各年段行为习惯现状

1. 小学低年级阶段。小学低年级阶段的学生是指一二年级的学生，这个阶段的学生刚刚从幼儿园走入小学，很多学生没有良好的行为习惯，如中午

吃饭挑食、学习用品和生活用品整理不规范、随手丢垃圾等。同时，很多学生缺乏自主管理能力，如不讲普通话、不按时完成作业、课堂上不注意听讲等。

2. 小学中年级阶段。小学中年级阶段的学生是指三四年级的学生，这个阶段是学习能力形成的关键阶段，这个阶段的小学生个性逐步形成，很多学生都不愿意和谐相处，总是希望其他人能够迁就自己，甚至在合作学习的过程中出现矛盾，导致合作活动无法顺利开展下去。还有的学生喜欢带麻辣零食等人校，有说脏话和不自觉排队等不良行为。

3. 小学高年级阶段。小学高年级阶段的学生是指五六年级的学生，这个阶段的学生需要逐步形成良好的自我学习能力，从依靠教师的指导转变为自主独立学习。但是，这个转变是很困难的，很多学生不喜欢自主学习，总是依赖教师。同时，这个阶段的学生沉迷电子产品情况严重，并且表现出对教师与家长的抵触情绪，个别学生出现撒谎或违反校纪校规的行为。

4. 七八年级阶段。七八年级的学生的学习压力逐步增大，课内外学习活动不断增多，但是学生不适应课后自主学习的情况，依赖教师和课后学习机构的情况较多。这个阶段的学生在课后会想方设法接触手机，且很难杜绝，给"五项管理"带来了阻碍。学生的生活习惯较差，有部分住宿生对主动打扫宿舍卫生不愿做、做不了。

5. 九年级阶段。九年级阶段的学生面临中考升学，对自己的学业规划表现得特别关注和焦虑。受学业压力的影响，这个阶段的学生更不爱劳动，有过度消费或浪费的行为，个别学生有欺凌或吸烟、喝酒等不良行为。

（二）制订各年段习惯养成计划

1. 小学低年级阶段。小学低年级阶段的行为习惯培养，要从生活习惯和学习习惯方面着手，培养基本的向老师问好、保持安静、讲究卫生等文明行为习惯。

2. 小学中年级阶段。小学中年级阶段要重视培养学生和谐、合作、互助和举止文明、注意安全等良好行为习惯。

3. 小学高年级阶段。小学高年级阶段要重视培养学生自主学习的良好行为习惯，引导学生学会绿色上网、爱护环境、勤俭节约、讲究文明礼仪。

4. 七八年级阶段。七八年级阶段要重视培养学生课内外自主学习的行为习惯，让学生制订自我管理计划，提高对手机等电子产品的自我约束能力和

抗拒诱惑的能力，形成孝亲尊师、自强自律的好品质。

5. 九年级阶段。九年级阶段要重视培养学生重视学业规划、重视学习计划的良好行为习惯，传递给学生勤俭节约、热爱劳动、重视体育锻炼、珍爱生命等自我管理的积极思想。

（三）落实各年段行为习惯教育

1. 小学低年级阶段。教师首先要从低年级的班级管理入手，以良好的班级制度来约束小学生的行为；其次要联合家庭教育，实现双项管理；最后要将良好行为习惯与班级考核结合起来，通过考核制度来规范低年级学生的行为习惯。

2. 小学中年级阶段。教师首先要多组织合作学习活动，规范学生合作学习的行为，以此培养学生的良好行为习惯；其次要通过班级文化的制定来规范学生的行为习惯，班级文化的内容要以"和谐"为主，让学生感受到学习与娱乐等多方面的文化内容。

3. 小学高年级阶段。教师首先要重视预习活动的设置，尝试组织翻转课堂活动，要多鼓励学生进行合作学习互动；其次要引导学生绿色上网，借助信息技术课程来让学生认识到网络运用的博大精深，不能只沉迷于游戏等，通过大课间、第二课堂、农村少年宫活动等提高学生的综合素养。

4. 七八年级阶段。教师首先要多组织课外合作学习活动，培养学生团结、合作、互助、进取精神；其次要针对学生实际情况，让学生规范使用电子产品，纠正不良上网行为。

5. 九年级阶段。教师首先要对学生进行职业生涯教育；其次要进行德育教育，激励学生规划学业，积极应对中考，传递给学生勤俭节约、珍爱生命、学法守法等自我管理的积极思想。教师可以以"生涯教育"为主题来开展教育活动，让学生规划自己的学业生涯和职业生涯；让学生学会合理地处理自己的零用钱、学会各种劳动技能为自己增加优势、学会通过精准地自我管理来提升综合素质等。

（四）结合反馈反思落实综合教育

1. 小学低年级阶段。教师要遵循因材施教原则，鼓励低年级学生尽早适应小学生活，高度重视基本文明习惯的养成。

2. 小学中年级阶段。教师要落实文化渗透，提升学生的综合能力，培养学生的良好行为习惯，为以后的学习奠定基础。

3.小学高年级阶段。教师要落实学习思维与综合素质教育。

4.七八年级阶段。教师要结合多学科的学习经验，实现优等生的全面带动，结合校园内的德育活动来全面提升学生的核心素养。

5.九年级阶段。教师要实现初升高的高效过渡教学，形成"生涯教育"体系，以培养高素质的学习能力和自律、守法、诚信等品质为主，让学生为适应高中学习生活打下基础，做好准备。

综上所述，一个人是否能健康成长和成功与否，与他是否具有良好的行为习惯息息相关，尤其农村中小学教育活动更要重视多种行为习惯的养成，改变"重智育轻德育"的落后教育观念，逐步探索"双减"背景下"大质量""大思政"的教育路，高度重视爱党爱国的家国情怀教育，从学习能力、自我管理、勤俭节约、劳动教育、网络安全教育、国家安全教育、法治教育、继承和发扬中华优秀传统文化等方面进行多种教育、管理和规范。

参考文献：

［1］李四清.培养学生良好的学习行为习惯的几点体会［J］.黑河教育.2014（2）：61.

［2］唐方毅.如何从多角度巧妙培养学生良好的行为习惯［J］.学周刊.2013（19）：77.

［3］中华人民共和国教育部.中小学德育工作指南［R］.2017-08-22.

（此文章发表在《学生之友·创新教育》2021年第6期）

让教育之花灿烂绽放

——学校、家庭、社会协同育人策略的实践思考

榆中县周前学校　白睦锦　黄连花

现代教育认为教育包括体育、美育、劳动技能、创新精神、实践能力、生命教育、科学素养、人文素养、生态意识、生活能力等。让学生在这些方面得到全面发展，教育承担着沉甸甸的担子，但仅靠学校的教育，是很难挑好这副担子的。我们的学生大部分来自农村，家庭教育在观念上、方法上都相对薄弱，为了找准家校合育的契合点和教育场，我们在教育实践中积极搭建学校、家庭和社会协同育人的平台，寻求最大化的育人合力。

一、协同育人的实践

要搭建学校、家庭和社会协同育人的平台，作为学校，必须承担起策划者、组织者和实施者的责任，要多管齐下、多措并举地构建起协同育人的舞台。作为学校和班主任老师，要思路清晰、深入实践。

（一）统一观念——找准教育的方向

很多家庭"重智育轻德育、重分数轻品行"的现象明显，为此，我们通过家委会、家长会、家校联系日、家庭教育培训会、家庭教育大讲堂等形式和途径，结合鲜活的教育案例晓之以理、动之以情地给家长挖掘剖析智育和德育、才能和品行在人生历程中的作用和意义，让家长深刻认识到在对学生的教育中必须以"德育为先、品行为重"，否则，智育和才能培养的意义就大打折扣。我们除了通过上述的集中培训教育外，也通过班主任书信、班级共读共写漂流本、家庭教育分享会等形式，经常性地对家长进行强化教育和深度熏陶。我们还通过家访和家长面对面交流，有针对性地交流一些个性化的问题。这些交流教育活动，达到了统一教育观念、找准教育方向的目的。

（二）读书润心——提升教育的本领

学校全力打造书香校园工程，大力开展"读书润心"工作。我们精选了适合一年级到九年级学生阅读的书籍，在班级开展以"晨诵、午读、暮省"为主抓手的读书活动，另外我们还深入推进亲子阅读、读书漂流记、书香家庭评选等活动。通过亲子共读，达到共育的目的；通过读书漂流记，达到交流的目的；通过书香家庭评选，达到引领提高的目的。

（三）榜样引领——催生教育的方法

作为一所九年制农村学校，大部分学生家长是农民，他们的教育观念相对比较落后，对孩子学业成绩重视的家庭算是比较好的了。为了引起家长们对孩子教育的重视，我们除了及时推送一些教育方法外，也用心收集整理身边的教育故事，大多是一些家长自己的教育故事，在班级QQ交流群推送。故事有长有短，道理显而易见，家长们在阅读这些故事的过程中不自觉地学习和借鉴了他人的做法。每学期下来，我们还把大家的教育故事编辑成《家庭教育大家谈》，在家庭间漂流传阅、借鉴学习。通过学习交流，家长们意识到自己的不足并借鉴他人好的做法。

（四）巧用资源——开展主题教育

我们充分利用学校资源，适时对学生开展教育。我们利用学校大礼堂，每周让学生们看一部立志、爱国的电影，培养学生"做对社会有用的人"的意识；利用学校的每月一事活动，培养学生的生活能力和责任意识；利用班级的各种庆典活动，对学生进行生命成长教育。

通过多措并举的系列办法，我们摒弃了说教这种简单、低效的粗放教育，也扭转了学校单方面教育的低效局面。我们欣喜地感觉到家长的教育意识在一天天增强，也欣慰地看到家长灵活多样的教育方法，清晰地感受到"1+1>2"的教育合力在逐日升温。

二、今后工作的思考

学校、家庭和社会的教育合力，让我们的教育有了更清晰的方向、更集

中的焦点和更有活力的教育场。

为了进一步提升学校、家庭和社会"三位一体"协同育人的实效，我们需要深入开展实践研究，完善协同育人的策略和方法，细化责任人和任务分工，明确时间节点和育人责任，具体教育内容和注意事项。以期通过我们的共同努力，让学校、家庭和社会协同育人工作系统化、条理化和规范化。

教育是一件复杂而琐碎的工程，需要我们教育者以先进的教育理念为指导，以务实有效的家校合作共育为保障，用教育的智慧擦亮每一个教育的日子，用教育的热情书写好每一个教育的故事，用教育合伙人的团队力量抓住每一个教育契机，让教育绽放应有的灿烂，让教育者享受教育的幸福。

参考文献：

［1］朱永新．新教育［M］．桂林：漓江出版社，2014．

［2］苏霍姆林斯基．给教师的建议［M］．北京：教育科学出版社，2009．

［3］高万祥．学校里没有讲的教育［M］．上海：华东师范大学出版社，2014．

［4］雅斯贝尔斯．什么是教育［M］．邹进，译，北京：三联书店，1991．

［5］丁振宇．世界教育名著［M］．长春：吉林出版集团有限责任公司，2015．

（此文发表于《新课程》2020年7月）

新课改下如何提高初中道德与法治课的教学效果

榆中县韦营学区　崔艳栋

在实际的道德与法治教学中我们不难发现，教学的内容与我们的实际生活密不可分。在实际教学中老师要将生活化的教学模式融入道德与法治的教学中，把生活教育与学习紧密联系起来，从而实现提高学生综合素质的目标。本文通过分析初中道德与法治教学的现状，阐述了生活化法治教学的重要性，说明了生活化法治教学的应用，希望能够对于初中道德与法治教学有一定的启示作用。

一、初中道德与法治教学的现状

在如今的初中道德与法治教学中，很多老师没有将生活化的教学理论和教学手段应用到实际的教学过程中去。老师的教学还是主要以课堂上的讲授和提问为主，课堂上师生之间缺少互动，学生的主体地位得不到体现。很多老师表示道德与法治课程的课堂效率不是很好，这与老师的教学模式息息相关。除此之外，老师很难正确定位生活化法治教学，很难用生活化的教学模式来引导教学。老师在开展道德与法治的教学时，要注意增加与学生之间的互动，可以在班级内定期举办交流和研讨会，鼓励学生积极发言，培养学生的思维。

二、生活化法治教学的意义

生活化法治教学的重要性是大部分老师容易忽视的，教学理论与生活实际相脱节，学生不能很好地理解老师的教学目的，不利于提高自身的学习成

125

绩，老师的教学水平也不能得到很好的提升。传统的教学模式注重的是理论教学，大部分学生对于学习的兴趣和积极性不高，学习成绩提升的速度也很慢。

我们将初中道德与法治的理论知识与生活实际相结合，可以让书本上枯燥的知识生活化和实际化，让知识更加生动形象。学生在学习过程中能够感受到学习的快乐性和实用性，就会提高对于道德与法治学习的兴趣，从而提升自身的学习成绩。

三、提高初中道德与法治教学效果的途径

（一）学习氛围生活化

实行生活化法治教学需要老师把道德与法治的理论内容与生活实际相结合。老师应该把教学内容联系学生的生活实际，让学生参与到实际的教学工作中去，发挥学生的主体地位。学生的学习兴趣提高了，学习效率和学习成绩自然也就提高了。老师要从课前、课中和课后三个方面入手。课前，老师要认真阅读课本的内容，做好备课工作，根据课本内容将生活实际与理论知识合理结合；课中，要将道德与法治渗透在教学过程的始终，更加顺利地推进生活化法治教学；课后，还要布置生活化的作业让学生巩固学习到的知识和内容。

例如，在《活出生命的精彩》一课的教学中，教师可以把日常生活中的内容融入教学内容中去，拉近学生和道德与法治学科的距离。老师可以引入社会上比较热门的话题，如在街道上看到老人摔倒了扶不扶的热点话题。在这个话题中，老师可以引导学生发表自己的看法，并且结合生活实例让学生谈一谈自己的见解。拓展学生思维是培养学生合作学习和探索学习习惯的重要途径。教师让学生发表对于道德与法治以及社会上的一些现象的看法，可以帮助他们理解道德与法治中的相关理论知识，培养学生的学习兴趣，提高学生的学习成绩。

（二）教学目标明确化

教学目标是老师顺利开展教学活动、提高学生学习成绩的重要手段，也是评价老师教学效果的重要参考。老师在充分理解教学目标的同时，不能单纯围绕课本的内容来进行教学，要把增加自身与学生的互动，发挥学

生的主体地位作为教学的重中之重。初中生的好奇心和求知欲比较强,注意力也比较分散,老师要激发学生的求知欲望和好奇心,增加课程对于学生的吸引力。同时,老师要提高自身的教学素养,与学生的多样性需求相适应。

(三)教学点丰富化

在初中道德与法治的教学中实现提升生活化的教学模式,需要老师积极搜集与学生相关的生活素材。老师要了解学生的兴趣和偏好,选取跟学生的偏好相符合的素材来进行教学。

例如,在进行《法律伴我们成长》和《人民当家做主》这两个章节的教学时,老师首先要明确教学的重点,引导学生做一个正直勇敢的人,不做危害社会的事情。老师要把教材上的知识点和学生的生活实际相结合,让学生学会把生活实际与亲身经历相结合。老师也要引导学生把理论知识与生活实际相结合。

四、课后作业生活化

课后作业是检验老师课堂教学效果的重要途径。老师要根据课堂教学的内容,科学布置学生的作业,让学生能够把学习到的理论知识运用起来。老师应该转变思想,尽量把课后作业生动化,激发学生对于学习的兴趣。老师可以布置一些社会实践活动,让学生参与进去。学生通过参与社会实践,可以把学习到的知识应用进去。老师还可以通过学生的实践成果观察到学生的学习和行为习惯,及时发现问题并且帮助学生解决问题。

五、结语

初中道德与法治教学内容跟生活息息相关,老师在进行教学时要善于挖掘其中的生活元素,把一些有趣的事情提取出来作为教学的素材。老师在进行生活化法治教学时要认清当今初中道德与法治的现状,理解生活化教学在道德与法治这一学科上的重要性,并且在实施生活化法治教学时要将学习氛围生活化,要将教学素材与教学目标相结合,要将课后作业生活化,以此来促进初中道德与法治生活化教学的实施。

参考文献：

［1］彭晓燕.初中道德与法治教学中生活化教学模式的应用探讨［J］.考试周刊，2017（21）：163-164.

［2］王志明.新课改后提高初中道德与法治教学效果的方式［J］.新课程（中学），2016（10）.

［3］杨伦峰.如何提高初中道德与法治课堂教学的效果［J］.才智，2017.

［此文发表于2019年《新课程（下）》第12期］

常规管理与心理辅导的有机结合

——初中班主任班级管理技巧探索

榆中县马坡学校　白　帆

班主任是班级管理的灵魂和核心，要担负起班级管理的创新实践任务，还要有融合意识，将常规管理与心理辅导相结合，为学生健康成长创造良好条件，也为班级管理迈上新台阶创造契机。在具体操作中，班主任要将制度执行与人文管理相结合、批评教育与精神激励相结合、家校管理与心理辅导相结合，形成强大管理内驱动力。

一、执行制度与人文管理的结合

班级管理离不开制度控制，没有规矩不成方圆。班主任在执行班级管理制度时，需要有严格要求的意识，在制度执行过程中，还需要有人文关怀意识，要以生为本展开教育，而不是呆板地执行制度条款。班主任能够充分关注学生心理诉求，在执行班规中体现灵活性，无疑能够给学生带来更多心理触动，形成崭新班级管理契机。

班主任在执行班规时，会遇到许多情形，能否做到科学应对，不仅体现班主任的管理技巧，还关系到班级管理工作能否顺利进行。例如，班级中有学生出现迟到情况，如果按照班级量化管理制度，班主任需要对迟到学生进行批评教育。面对这些迟到的学生，班主任没有简单处置，而是深入学生中间，对具体情况进行全面调查。在具体调研中发现，有些学生迟到存在一些客观原因，班主任在征询学生意见之后，给出了合理处理。不管是这些迟到

的学生，还是其他学生，都对班主任的处理感到满意。一个简单的小事，体现了班主任管理的责任心，也体现了班主任在执行制度时能够有人文关怀意识，给学生带来的不只是欣慰，还有感动，长此以往，收获的不仅仅是班级学生对老师的信任，更会延伸出班级发展的向心力。

二、批评教育与精神激励的结合

学生都会犯错，班主任面对学生时，需要耐心地劝导；在执行班规时，也要注重学生心理状态，多理解学生。将批评教育和精神激励相结合，体现班主任的管理艺术，促使学生变坏事为好事，激活学生积极心理，无疑是更科学的教育。

班级管理中，班主任需要处理很多事情，也要面对各种各样的学生问题，因此，班主任要做到合理安排，科学调度。例如，值日小组出现了操作失误，科任教师给出信息反馈，班主任及时跟进，对学生具体表现做出调查，并对学生存在的错误进行具体分析，对学生具体责任进行详细划分，最终形成处理方案。一个值日小组有七八个学生，班主任在具体宣布处理决定时，对所有小组成员都进行关照，有的学生受到了表扬，有的学生得到激励，还有的学生被劝慰，最终将操作失误责任进行分解，班主任主动承担了主责，学生都非常感动，对班主任的揽责行为表达了钦佩之情。班级出现管理失误，作为班主任需要主动承担责任，这是最为基本的常识，也是重要的管理技巧。班主任主动展开自我批评，也给学生造成心理触动，从而实现激励学生上进的目的。

三、家校管理与心理辅导的结合

信息技术的广泛应用，为家校联系创造了良好的条件。班主任在班级管理过程中，需要与家长展开全面的合作和交流，需要引入一些合理的措施，不能让学生感觉班主任只会在家长面前告状，要让学生感觉到班主任的关心和理解。班主任不仅要对学生展开心理辅导，还要给家长一定影响，与家长沟通的同时向家长传授一些先进的家教方法，促使家长转变管理态度，这对促进学生心理变化有一定帮助。

家校互动是新时期班级管理的重要内容，因为信息平台的全面启动，给班级管理带来了全新的变化。在家校双方联动的过程中，班主任需要发挥积极的主导作用，积极引导学生家长参与到班级管理中，为班级管理出谋划策，也为学生带来更多警示作用，对监督班级管理也带来更多帮助。例如，有学生玩手机上瘾，甚至将手机带入课堂，班主任针对这个问题，在家校联系平台上发动家长，对中学生持有手机的利与弊展开讨论。家长在讨论中逐渐达成共识，很多学生也参与其中，表达了自己的看法，也为班主任提供了一些管理建议。通过这样的互动讨论，班主任不仅给学生带来一些心理触动，也给予学生更多心理辅导，让学生能够认识到手机管理的重要性，进而提升班级管理的有效性。

班级管理是一项系统性的工程，班主任需要有统筹意识，对多种管理制度进行完善和调整。常规管理与心理辅导的有机结合，体现崭新管理理念，具有更为广泛的应用价值，值得我们做深入的探究和实践。

（此文发表于《新教育》2019年总第444期）

兴趣与自信是孩子成长的基石

榆中县马坡学校　白帆

　　兴趣是学生保持前进的动力，带着兴趣上路，往往会起到事半功倍的效果；自信是学生飞翔的翅膀，决定了孩子的未来，让孩子在兴趣与自信中展翅高飞。

　　随着科技的发展和社会的进步，人们对于一个人的优秀程度的评价标准也在不断转变，不再唯分数论英雄，更多的话题转入核心素养与综合能力。可见，素质教育的理念正逐渐地深入人心。那么，在数学教学中，我们该如何培养学生的综合能力？我想，兴趣与自信是最不可或缺的因素。

一、兴趣，让学生保持前进的动力

　　兴趣是最好的老师，兴趣亦是学生保持前进的动力，带着兴趣上路，往往会起到事半功倍的效果，直观反映，就是学生的成绩变化，客观反映，就是学生的学习积极性与他们的主观能动性。

　　今年我带六年级的数学，开学第一周，我便发现孩子们的作业写得很认真，书写很整齐，可是他们上课的时候却毫无生气，对于数学学习并不是很上心，他们上学期的数学成绩也是一塌糊涂。为了改变这种情况，我制定了一些方案。首先，我以数学乐园的形式展开新课，通过猜谜语、闯迷宫、开宝箱、逛三园等形式使孩子们对数学保持一种神秘而又新鲜的感觉，让孩子们有探索的欲望与动力。其次，我通过多元化的语言评价加上每周的学习用品奖励，提升个人与小组的竞争意识，从而转化为学习数学的兴趣。同时，我发现孩子们对于未知的数学充满好奇的同时却也充满担忧，尤其是对一些抽象的概念或者单调乏味的推理缺乏兴趣，但是对于一些图文类的展示课却充满激情与活力。我明白了：直观、形象的东西更能引起学生的注意。于是，在每一章节的起始或者概念性的教学课堂前，我加入了教具和多媒体直观展示，尽量创设生动、逼真、形象的教学情境。一段时间后，我发现孩子们不仅思维更加灵活，而且对于这样的课堂充满期待，他们的兴趣被调动起来的同时，激发了他们学习的欲望，他们带着浓厚的兴趣参与到学习活动当中，调动了学习数学的积极性。最后，在作业布置上，我大胆尝试，改变千篇一律的公式化作业，让孩子们将动手与动脑相结合，通过撰写数学日记让孩子们发现数学间的相互联系，通过制作数学知识小报提升孩子们对于知识的概括与总结的能力。总之，我将枯燥的数学转化为具有一定挑战但又难不倒孩子们的实践活动，给孩子们充足的时间去领会知识的魅力，感受数学知识的形成过程，了解数学文化的背景渊源。就这样，经过一学期的努力，孩子们对我的认可程度越来越高，对于数学的学习兴趣也越来越浓厚。

二、自信，让学生开启明天的希望

如果说兴趣是最好的老师，决定了孩子的今天，那么自信就是飞翔的翅膀，决定了孩子的未来。教师对学生自信心的培养，能引起学生的积极响应，并转化为学习的动力，从而提升他们学习的积极性。

在我新接手的六年级，有一位智力一般的学生，她学习数学十分吃力，平时交的作业中错题也很多。家长对此十分着急，每天对她进行辅导，可是仍会出错，并且孩子逐渐养成了各种不良习惯。为了改变孩子的学习习惯，我将她列入了每日观察名单，通过一段时间，我了解到：这个孩子以前学习还是十分努力的，在学校算是一个乖学生，但是随着课程的增加与难度的加大，她开始有些力不从心了，久而久之，她对数学的自信逐渐下降，即使做对，上课也不敢发言，如果一道题她说出答案后，有其他学生提出质疑的话，无论对错她都会否定自己的见解。就这样，久而久之，她不再敢于争辩，反而开始人云亦云。为了打开孩子的心理枷锁，鼓励她勇于面对困难，帮助她克服心理障碍，我对她进行巩固性的基础训练。我每天给她布置口算习题，从基础训练中逐步加强她对于算理的理解与算法的掌握。除此以外，我常常鼓励她去独自完成作业，培养她的思考力，而当她作业全对时，我在

她的作业本上写上鼓励的话语。还有，我在上课的时候，看到她做对的习题，就让她上讲台展示自己，锻炼她的语言表达能力的同时培养她的自信。经过一段时间，我发现，她从刚开始的怀疑到后来的迟疑，再到最后的肯定，逐渐摆脱了心理枷锁，就这样，她的自信心逐渐树立起来了。接下来的单元知识测验前，我首先给她呈现了三类题型，先让她做基础知识巩固题，加深她对于知识的掌握，同时增强她的自信，然后让她做变式训练提高题，使她对于知识的理解有更加清晰的认识，最后让她去做易错题，并让她去讲解每一道题所涉及的知识点，加强她对于知识间关系的理解。总之，这三类题型的练习，使她对知识的理解更加深刻。之后，我组织全班学生进行了单元检测，一天后成绩出来了，有人欢喜有人愁，但是，我发现她的成绩有了一定的提升，她的脸上也露出了灿烂的笑容。

三、让孩子在兴趣与自信中展翅高飞

一句鼓励的话语，一抹甜美的笑容，一个赏识的眼神，都会对孩子产生不同程度的影响，给孩子一分肯定，孩子将会以更加自信的目光面对一切。只要我们持之以恒，以培养孩子学习的兴趣为目标，遵循孩子的发展规律，搭建孩子展示自我的平台，使孩子体验成功的喜悦，用赞赏的眼光看待孩子，我相信，你看到的将会是孩子最美的明天。

（此文发表于《当代家庭教育》2020年第20期）

影响学生心理健康的因素及应对策略研究

榆中县职业教育中心　马瑾同

健康的心理是人进步的阶梯。加强和改进学生心理健康教育是全面落实"十三五"规划纲要，促进学生健康成长，培养高素质人才的重要途径。学生的心理健康培养是我国教育事业的目标之一。在开展心理健康教育之前，要充分了解影响学生心理健康的因素，针对这些客观因素采取改进措施，保证学生的心理健康发展，为学生健全人格的养成打下良好的基础。

一、影响学生心理健康的因素

（一）家庭因素

家庭因素是影响学生心理健康的主要因素。家庭因素影响学生的心理健康主要表现在以下几个方面：第一，孩子是家长的一面镜子，家长的许多性格特点会反映在孩子身上。例如，家长脾气暴躁、独断专行，会导致孩子性格倔强，逆反心理严重；家长的过分溺爱会使孩子任性、自私。第二，现在的家庭，父母基本上都会出去工作，孩子会由爷爷奶奶或姥姥姥爷来照顾。上一代人的思想观念和生活习惯与现今社会发展多有出入，会造成孩子性格上的偏差。第三，当今社会，有一些单亲家庭的孩子缺失父爱或者母爱，会造成孩子缺乏安全感，形成自卑的心理。第四，父母对于孩子期望过高，在上课之余还给孩子报许多课外班来提高成绩，增加才艺，这些与学生心理和生理不符的课外辅导，会造成孩子厌学的心理。家庭对学生心理健康发展具有重要意义，家庭的不和谐或者教育方式不得当都会导致学生心理产生偏差。

（二）学校因素

学校不仅是传授知识的地方，更是培养学生健全人格的主要阵地。首先，教师的教学方式和师生关系直接影响学生的心理健康。如果教师在上课时对学生缺乏耐心和信任，总是用苛责的语气与学生讲话，会造成学生"破罐子破摔"的心理。其次，学校的管理理念也间接影响了学生的心理健康。现阶段由于考试制度的影响，教师会将教学重心更多地投入考试成绩方面，周考、月考、期中考以及期末考，这一系列的考试在短短的一个学期中接踵而至，会给学生带来巨大的学习压力。如果学校只注重学生的成绩，缺乏对学生德、智、体、美的综合培养，则会造成学生的逆反心理。最后，同学关系也会影响学生的心理健康，若同学关系不好，则会造成学生孤僻的性格。

（三）社会因素

学生心智发育不成熟，无法明辨是非，也难以抵挡外界的诱惑。学生对一切事物都充满好奇，而且自我约束能力较差，很容易沉迷在某些事物上。而且，在信息化时代，网络和计算机技术飞速发展，各种信息扑面而来，传播方式多种多样，包括网站、手机短信、社交平台、游戏和书籍等。

二、健全学生心理的策略

（一）从家庭出发，关爱学生

首先，家长要改变教育方式。孩子是独立的人，是有思想有感情的人，家长在教育孩子时应当注意尊重孩子的人格，平等友善地对待孩子，当孩子犯错误时，也不应该一味地斥责，应当询问原因，了解孩子犯错的经过，倾听孩子心声，并且要晓之以理，动之以情，最后帮助孩子改正错误，弥补错误。当孩子表现良好时，也不要过分地表扬，应当激励孩子，让孩子有更好的表现。其次，家长对于孩子要有责任感。父母应当抽出一定的时间陪伴孩子学习、吃饭、娱乐，给孩子足够的安全感和幸福感。

（二）营造良好的校园环境，让学生健康成长

一方面，学校可以根据自身情况建立心理咨询室，心理教师和心理咨询师可以利用学生的课余时间与学生进行心理相关的游戏，观察每个学生的表现，分析学生的心理，并且建立学生心理档案，定期进行心理测试。同时，学校可以定期邀请家长参与心理调查，通过科学技术引导家长以正确的方式

教育学生。

另一方面，教师的心理也影响着学生的心理。教师行业压力巨大，教师不仅要满足学校的考核，还要对学生负责。双重压力下，教师在授课时可能会焦虑、暴躁甚至是情绪失控。教师是学生的标杆，教师的心理出现问题，也会对学生造成负面影响，所以强化教师的心理健康教育也势在必行。

（三）社会各界齐心协力，改善社会风气

良好的社会环境和社会风气也是学生心理健康发展的重要因素。所以我们要呼吁电视、广播、社交等媒体共同努力，传播社会正能量，减少不良信息的流通，为学生的心理健康营造良好的氛围。

总之，学生的心理发展，直接影响其今后性格、品质的形成。学生是祖国的花朵，需要精心呵护和照顾。所以，家长、学校和社会需要通力合作，保障学生心理健康发展，使其成长为有理想、有道德的社会主义接班人。

参考文献：

［1］丁若诗，李积鹏. 试论影响儿童心理健康的家庭环境因素及教育策略［J］. 长春教育学院学报，2017，33（2）：67-69.

［2］卫萍，陈雪梅. 影响小学生心理健康的因素探析［J］. 安徽广播电视大学学报，2007（4）：65-69.

［3］高艳华，王敏. 中学生心理健康影响因素的研究［J］. 健康心理学，1995（4）：41-42.

（此文发表于《当代家庭教育》2019年第2期）

特殊背景下如何培养中学生的价值观

榆中县职业教育中心　马瑾同

就教育而言，我们需做好特殊背景之下的学生教育管理工作，要通过合理有效的教育措施引导学生形成正确的价值观，同时规避特殊背景对学生心理心态、价值理念造成的不良影响。

一、敞开心扉谈实情，面对困难不恐慌

特殊时期对于每个人来说都是前所未有的挑战。勇于面对困难是每个学生都应该具备的基本素质。在面向中学生进行的价值观教育中，我首先要做的就是敞开心扉，和同学们一起面对特殊情况。我不会直接告诉同学们"别害怕、要勇敢"，而是跟同学们一起讨论如何面对特殊情况。比如，当面对特殊情况时，会配合政府部门、学校完成体温检测、信息登记、出入登记等各项工作，我们会认真做到出行戴口罩、讲卫生，做好家庭中的消毒工作。这样可以让同学们更好地明白应该以怎样的态度面对特殊时期。这就是一种价值观的塑造，是学生从思想品德、法制观念、传统文化等视角去看待特殊时期，明白人生可能会遇到很多艰难困苦，从而形成坚毅的品格和满满的正能量。

二、典型案例做分析，核心品质引共鸣

对中学生进行价值观的培养，空洞的说教往往是最难发挥作用的。融入真实案例和实际生活体验的价值观教育才更具说服力。围绕特殊背景期间全国各地发生的各种新闻事件、现实案例，我们可以提取其中的典型事件进行

价值观教育，让学生从生活化的教学中受到优秀文化、正确价值观的熏陶。

（一）锻炼团队配合、与人沟通的"友善精神"

比如在开展手工七色花的社团活动中，教师会有意识地锻炼同学们在团队配合、与人沟通中的"友善精神"。在A组中有甲、乙、丙三位同学，其中甲负责裁剪彩纸，乙负责准备剪刀、胶水、裁纸刀等工具，丙负责制作图案或划定标线和尺寸。在这个过程中，甲同学讲话比较友善，即便同学的配合不够默契或操作失误也不会发脾气；而乙同学就略显急躁，稍不顺心就发脾气、大声嚷嚷。对于这样的现象，教师不会直接提出批评，而是以身作则地演示如何友好地和别人对话，如何准确表达自己的想法，理解别人的用意。虽然教师没有点名，但这个小组的几个同学还是从教师身上看到了自己的影子，知道了自己的做法是对或不对，并认真地加以改正。这样的做法让学生自行地去体会和学习"待人友善"，体现了阳光社团活动教育职能的升华。

（二）从"医务工作者千里驰援"谈使命责任意识

在特殊时期，全国各地的医务工作者纷纷驰援湖北，驻守本地的医务工作者更是数量庞大。教师可以跟同学们讨论一下，为什么这些医生那么拼命？我们可以尝试把大众的思维视角引入教学中来，让学生去思考，分析医务工作者千里驰援，为救助患者不遗余力的动机和内因。通过这些人的尽职尽责，舍小家顾大家，同学们感受到了什么才是职业操守，什么才是使命情怀，什么才是为人民服务和忠心报国。

（三）从"义务捐助物资"谈大爱情怀和人文精神

在特殊时期，很多社会组织及个人捐款捐物，志愿参加社区防控工作，志愿提供场地、车辆、物资等援助防疫工作。很多企业停工停产，经费紧张，却还拿出资金购买防疫物资捐献给医院，这充分体现了人间大爱。在这样的现实案例中，同学们明白了特殊背景之下没有人可以置身事外，我们必须患难与共，而不是各人自扫门前雪，做一个狭隘的人。

三、矛盾问题引讨论，观念交锋辨是非

在特殊时期，很多时候人们都会面临着艰难的选择。就像一位医生，或一位警察，当他选择了冲上一线的时候，固然有其担当和作为。但从另一方面来看，对自己的家人又何尝不是一种牺牲呢？这种牺牲是否值得呢？为了

素不相识的人而牺牲自己，牺牲家人，这难道不是里外不分、亲疏不辨？显然，这种作为和大部分人的思维认知、价值理念是有矛盾的。但这恰恰说明了为什么有些人平凡，有些人却伟大，也说明了献身精神、敬业精神、责任意识的可贵和可敬。

我们在进行价值观教育时不会逃避这个问题，而是会将同学们带入情景之中，让学生去思考：假如我是一位医生，一位警察，面对病毒和家人的安危，面对陌生人和亲密的朋友伙伴，该怎么办？通过这样设身处地的讨论、思考，学生树立了正确的价值观、是非观。学生在心底埋下了一颗有爱的种子，在未来面对类似事情的时候能够毫不犹豫地做出最正确的选择。

参考文献：

卫晋丽，宋乃庆，王春婵. 重大特殊背景对中学生价值观影响的实证探析［J］. 中国教育学刊，2020（3）：17-21.

（此文发表于《家长》2020年第8期）

高中校园文化建设与学生的自信心探讨

榆中县职业教育中心　马瑾同

　　高中是学生成长过程中非常重要的阶段，随着身心发展逐渐走向成熟，学生在思想观念、心态个性等方面也逐渐走向成熟。在这个关键时期，做好学生的教育管理是至关重要的。这种教育管理不单是指让学生在各个学科方面具备良好的知识储备，提高高考备战能力，如愿以偿地进入期望的学府深造，更是要做好学生的心智成长教育、道德品行教育、理想信念教育，塑造卓越的时代青年。这是新高考政策等的切实要求，也是教育工作者的使命所在，对学生个人的成长和社会的进步都有重要意义。

一、时代环境的变迁呼吁校园文化建设

　　教育应当与时俱进。当前，高中生所处的生活学习环境越发复杂多变，跟随社会发展的节奏不断产生新事物、出现新变化。相关机构的调查研究发现，近年来，高中生群体在认知行为习惯、思想动态、心理心态等方面发生的转变较大。比如，一些学生在高压学习环境中出现心理抑郁的情况；部分学生受到外部现象的误导，认为学习无用；部分学生受到家庭观念的影响，认为经商比辛苦求学更有出路；还有的学生学习情况不理想，存在悲观情绪，上进心不足……诸如此类的情况，表现出了外部因素对学生的不良影响。学校有义务帮助学生消除不良影响。而要实现这一目标，就需要我们构建完整的校园文化体系，形成一层文化的防御机制，对学生进行鼓舞、激励和矫正，预防外部不良因素对学生的心态个性、思想观念等造成影响，同时挖掘学生身上的闪光点，鼓励学生积极上进。这对高中生是一种保护，也是

一种促进，是高中校园教育管理工作与时俱进的表现。

二、在校园文化活动中塑造文化的自信与自强

在以网络为代表的多元文化意识形态交融并会的大形势下，高中生在文化意识层面受到的冲击也是多元化的。多年来，过洋节的文化现象盛行，高中生群体中也有部分学生热衷于过洋节，对一些外来事物感兴趣，对于中国优秀传统文化和节日等却有所忽略、有所排斥。类似这样的现象，说明了高中生在文化意识上的不自信。在高中校园文化的建设中，我们不需要疾恶如仇地排斥外来文化、外来事物，但也不能过分推崇。对于中国优秀传统文化，高中校园应当多做推荐和宣扬，让学生真正认识到中国文化底蕴的丰厚，中国文化品格的出众。比如，我们在学校开展国学大讲堂活动，邀请国学底蕴比较扎实的教师开讲，组织高中各个年级学生听讲，了解中国优秀传统文化的博大精深和独特魅力；讲解春节、中秋等民族传统节日的发展历史，解读诸子百家的思想主张，诠释古代文化典籍和文学名著，让学生们多角度地领略和感知中国文化的魅力；我们利用校园图书馆等组织开展中国非物质文化遗产、物质文化遗产等的专题展览教育活动，让学生们利用课余时间了解中国建筑艺术、中国音乐艺术、中国舞蹈艺术，以及民间体育运动、武术流派、瓷器烧制、造剑工艺等各方面的伟大成就。学校要充分利用校园广播、校园网站、校园微信公众号、微信群、校园内刊、宣传栏等各种途径，围绕学生的文化自信与自强进行教育渗透，让学生有荣誉感、使命感、责任感，愿意为延续中华文明的生命力而坚强奋斗。

三、在校园文化活动中发掘并培养学生的闪光点

高中生虽然没有正式进入社会，但他们在多年的成长和学习中也已经逐步建立起了自己的思想认知、行为习惯。教学实践发现，高中生群体在性格习惯等方面存在较大差异，有的学生自律性特别强，参加课堂活动特别积极，抗压能力较强；但有的学生比较容易冲动，心态浮躁，跟其他学生的关系并不十分融洽。每个学生身上都有闪光点，也有其不足。我认为，在校园文化建设中，学校应当积极鼓励学生去展现自己的优势特长，挖掘学生身上的闪光点，让学生们在获得认可与鼓舞中形成自信。

比如，在开展诵读经典的活动中，学校可以建立经典诵读广播小组，从各个班级选拔出优秀的学生播音员，以单人播讲、多人分角色播讲等方式在广播站诵读经典文章等，让学生把自身的播音特长展示出来，在宣传经典文化的同时获得自信。再如，学校可以开展爱国主题话剧表演活动，邀请一些有表演特长的学生登台参加演出，传播爱国主义思想的同时，展现出学生的才艺特长。类似的还有书法绘画展出活动、主题征文活动、主题演讲活动、配乐诗朗诵活动、校园轮滑活动或者校园健美操活动等。各班主任可以发动学生自愿报名，了解学生们有怎样的特长，鼓励大家在校园文化活动中表现自己，展现自己，通过多彩的校园文化建设，发掘出一批积极分子、优秀学生，并给予他们奖励以及肯定。这样的教学活动同样可以塑造学生强大的自信心，实现学生行为意识等的积极转变。

四、通过学科教育的创新发展塑造学生的自信

高中校园文化建设和各个学科的教育活动的开展是紧密相关、不可分割的。教师在学科教育活动的组织管理中表达了怎样的理念，传递了怎样的态度，有怎样的言行举止，都是对校园文化的体现，也都会对学生的自信心产生影响。这要求教育工作者在开展学科教育中做好教学活动的组织和教学语言的应用，要在和学生的沟通对话、评价管理中塑造学生的自信，而不是打消学生的积极性。各个学科教师要充分了解学生的心理活动和心态特征，在教学中给予优秀生充分的认可，鼓励大家在学习中探索新方法、分享好经验，实现语文、数学等各个学科的深度拓展。同时，对于各个班级的中下游群体、学困生、后进生不能冷落，教师要基于立德树人、助人成长的崇高视角，积极发掘学生身上的闪光点，鼓励学生积极纠正自身的短板和不足，积极规范自身言行，积极向优秀的学生看齐。教师应当有创新教育意识，抛弃唯成绩论的传统思想，积极落实分层教育、品德教育、微课教学、线上教育、小组合作教学、实践教学等创新举措，让学生们感受到教师的热情和希冀，感受到宽松自由的学习氛围，受到良好学风班风的影响带动。在这样的情况下，学生们才能逐步建立自信，成为积极向上的有志青年。

参考文献：

［1］伍小青.对中学校园文化建设的理性思考［J］.当代教育论坛（校长教育研究），2007（4）：94-95.

［2］吴光益.论中学校园文化的功能与构建［D］.武汉：华中师范大学，2001.

［3］孙雪梅.诵中华经典　塑完美人生［J］.才智，2015（8）：231.

［4］张克文.以校园文化助力学校卓越发展［J］.华夏教师，2015（11）：19.

（此文发表于《家长》2021年第10期）

校园文化增强普通高中学生自信心探讨

榆中县职业教育中心　马瑾同

校园是学生学习与成长并重的地方。千百年来，教育事业的发展为传承民族文化、消除错误思想、提高民众素质、服务社会发展做出了巨大的贡献。在今天，我们进入新时代，校园建设与管理工作更要与时俱进。我们对利用校园文化促进学生自信心建设进行探析，明确普高学生在自信心构建方面的难点和短板，给出了合理化的方案与方法，相信能让普高校园文化更加丰富多彩，能让学生体现出更加自信、健康、向上的精神面貌。

高中阶段，学生的成长与发展都面临非常关键的选择。有的同学经过几年的努力考入理想的学府，继续深造学习；也有的同学高中毕业后进入社会，进入工作岗位，开启自己的另一种生活。在新高考政策的要求下，在教育治理体系和治理能力现代化的要求下，普高校园建设将更加侧重文化上的建设，更加注重对学生综合素质、心智健康、心理健康的发展与培养。做好普高校园文化的创新发展，是对学生负责，更是对国家负责、对社会负责的表现。

一、普高学生自信心缺失的影响因素

（一）家庭环境因素的影响

家庭环境因素的影响是普高学生缺乏自信的主要原因之一。有的高中生的家庭出现变故，家长离婚或者情感不合，争吵较多，对孩子无暇照顾，等等。这就会导致孩子缺少关爱、缺少鼓励，信心不足，对人、对事有自卑情绪。

（二）校园环境因素的影响

学校是学生成长发展的象牙塔，是教书育人的地方。校园环境也是影响学生成长的重要因素。受到高考紧张氛围的影响，在繁重的教学任务下，很多老师将重点放在学科知识的传授和考试技能的训练方面，而对学生的心理健康、思想观念、自信情况等却缺乏足够的关注。这也使得很多高中生在自信心方面的提升缓慢。特别是成绩差、身体有缺陷、家庭经济困难的学生，更容易产生自卑情绪，缺乏自信心，在校园活动、班级活动中表现得消极、不够上进。

（三）学生个性心态的影响

每个学生的心理状态、性格都有很大差异。有的学生性格开朗，喜欢与人交流沟通，拥有良好的人际关系，从而更容易激发其自信心；而有的学生性格内向、懦弱，或者不喜欢表达，与人交往有一定障碍，缺乏自信；还有的学生过于自信自满，对很多事情不在意，学习进步缓慢。种种情况，都需要教育工作者的干预调整。

（四）网络环境因素的影响

新时代，我们一定不能忽视网络环境的影响。例如网络上流行"吹捧文化"，朋友圈、贴吧论坛中有很多关于炫富内容的帖子，会给学生造成一种误导，让学生认为自己的家庭环境、社会地位、成绩能力等都与别人有较大差距。诸如此类情况，对学生的信心造成了较大的影响。

二、利用校园文化促进学生自信的策略

（一）多彩校园活动，发掘学生的闪光点

校园文化的建设，需要我们组织多彩的校园文化活动，呈现文化气氛、文化品格。多彩的校园活动，需要让尽可能多的同学参与进来，给同学们提供展示自我的舞台。高中生未必都是学习成绩优秀的尖子生，但每个学生都有自己的兴趣爱好和特长，每个学生都有自己的闪光点。我们在组织多彩的校园活动时，要着眼于学生各自的喜好特长，有针对性地组织开展各类主题活动，让学生在多彩校园活动中展示自己的特长，展现自己的闪光点。学校可以依靠党团组织牵头，带动各个班级班主任、任课老师和班委会成员共同建立学生状况沟通反馈机制，对班级各个学生的兴趣爱好等有一个基本的了解。在此基础上，我们可以组织适合于学生的校园文化活

动，激发学生的积极性。比如开展征文活动，选择一些高中生比较感兴趣的话题，鼓励大家用诗词歌赋等方式展现自己的青春畅想、生活体验、成长经历、心理活动等；再如，我们组织开展校园歌咏比赛，实现歌唱、舞蹈、乐器演奏的有机结合。在歌咏比赛中，学生可以报名唱歌，可以报名作为伴舞，也可以报名进行乐器演奏。一场歌咏比赛，给擅长各个方面才艺和特长的学生带来展现自我的机会，让更多的学生参与进来，一定能让高中校园环境更加异彩纷呈，让高中生的信心有所提升。

多彩校园活动的组织，不能只是让学生自主报名，自由参与，更要由班主任老师、各个任课老师、班委会成员充分动员起来，给学生做工作，并且能合理安排课上课下的时间分配，让学生充分参与到多彩校园文化活动中。针对学生在各类校园活动中的表现，老师也要及时给予认可和鼓励，让学生感受到自己被认可、被尊重，从而树立自信，热爱校园、热爱学习、热爱生活。

（二）进行以心理健康教育为主题的校园文化宣教

在传统的普高校园文化建设过程中，教师往往对于心理健康教育有所忽略，这也是导致学生缺乏自信的因素之一。基于心理健康的专业视角进行校园文化宣教，就是要通过心理活动的干预来引导学生信心的转变。学校可以和思想政治教育老师以及学校心理咨询室老师达成紧密合作，结合学生的心理状况制定干预策略，形成体系健全的信心教育培养机制。

例如，我们利用校园广播和校园宣传栏等途径进行以心理健康教育为主题的校园文化宣教；定期组织同学们集体观看《当幸福来敲门》《阿甘正传》等国际国内励志影片，通过对影片内容的解读来打动学生，使其建立对生活的勇气和信心；组织学生诵读经典书籍《老人与海》《野性的呼唤》《巨人传》《钢铁是怎样炼成的》等，通过这些名著，为学生传达一种经受时代考验和生活历练而形成的勇敢气质、坚强意志；还可以通过播放名人讲话、讲座的视频资料给予学生信心、勇气，让大家看到生活中各个行业领域的先进人士、优秀典型有着怎样的成功经验、人生启迪。各类教育平台、宣传平台、微信公众号、学习软件上也不乏励志演讲和励志的故事，我们可以将这些励志的素材案例作为心理健康管理的资料，引导学生形成健康的心态，纠正认知上的误区，能够始终以乐观、向上、自信、自强的态度面对生活，面对学习，面对老师和同学。

除此之外，我们还要进行心理健康教育知识的普及和宣讲，向学生宣传介绍中学生常见的心理问题，分析心理问题的表现、成因和解决方案，为学生发放心理健康指导手册，确保学生都能掌握心理健康方面的基础知识，具备心理健康自我评价、自我调节的技能。班主任、各学科老师要注意了解本班级学困生、身体残疾学生等的实际情况，进行心理健康教育管理，适当和学生进行沟通，体现出对他们的关怀，解决学生在学习、生活、成长等各方面的困难。

（三）组织开展创新团队建设活动

校园是一个集体，学生应该融入集体中去。我们基于校园集体进行团建活动，可以对培养学生的自信与勇气发挥积极作用。例如，我们利用早操时间或者大课间，组织以班级为单位的团队训练活动，借助校园道具、器材等发布团队训练的任务，鼓励学生在小组合作中集思广益、启迪思维、相互帮助、共同进步。什么是信心？就是同学们面对困难时候的勇气，面对挑战时候的主动思考，就是同学们建立团队之间的信任信赖，从彼此的身上收获信心，获得感动，而不是因为彼此不了解或者缺乏充分的锻炼就失去信心。我们通过各种类型的团建活动，以及党团教育工作、学校学生管理工作的充分引导，相信可以让同学们在信心方面更加坚定，不怕挑战和困难。

教育实践证明，校园文化对学生个体的成长发展有着重要的影响和意义。作为高中生，处于人生成长与发展的关键时期，更需要自信满满、乐观向上的心态。因此，我们应当充分利用校园文化建设的有力武器，培养、塑造学生的自信、自强、自尊、自爱、自省、自勉，促进每一个高中生的健康成长。这样的校园文化建设才更符合时代需求，也是对教育使命的坚决践行。

参考文献：

［1］王朝庄.试论校园文化的德育功能［J］.中国教育学刊，2004（7）：12-15.

［2］胡龙蛟.论校园文化建设与学校德育工作［J］.中国教育学刊，2011（S1）：123-126.

（此文发表于《新课程》2022年第4期）

如何在历史教学中渗透"四史"教育

榆中县职业教育中心　马瑾同

"四史"是指中国共产党党史、新中国史、改革开放史和社会主义发展史，是当前爱国主义教育的主要内容。为了端正学生的历史观，增强他们对国家、中华民族的认同感，提高历史使命感和责任感，必须在历史教学中有针对性地渗透"四史"教育，具体做法如下。

一、强化思想认知，奠基贯通式"四史"渗透学习

首先，端正思想，打造思用贯通的高素质教师队伍。教师是教学工作的主导者，其思想和能力直接影响着教学质量。正所谓"要给学生一碗水，自己先有一桶水"，教师一方面要结合我国国情正确认识"四史"，深刻解析"四史"中所蕴含的思想信念、家国情怀、革命精神等，明确学好"四史"对塑造高中生思想和人格的重要性、对爱国主义教育的重要性，知道我们为什么要学"四史"，从而端正教学思想，有意识、有针对性地渗透"四史"教育；另一方面要积极参与学校组织的各种培训讲座活动，深入钻研"四史"知识、厘清历史发展脉络，同时在教研中尽力提升自身的教学能力，坚持以正确的价值观引导学生、以学生喜闻乐见的方式渗透"四史"，成为思用贯通的一线实践人才，为"四史"渗透式教育奠定基础。

其次，深化认知，明确融会贯通的指向性教学目标。教学目标即教学所要达成的目的，是整个教学工作的归宿。"四史"教育要落实到历史教学实践中，教师就要深刻认识历史学科和"四史"的精神特质，站在发展学生核心素养的高度将二者有机融合，确立内容性与价值性均鲜明的教学目标。具

体来说，一是要充实知识目标，把更多的"四史"鲜活素材融合到历史知识点中，使其更为生动丰满，既让学生主动完成学习任务，又让他们了解真实的历史，夯实基础、发展素养；二是要提升思想价值目标，即依托"四史"育人途径增强高中历史的思想性、政治性，提升高中生的历史解释能力，使其通过既有内在关联又各有侧重的"四史"整体了解历史，进而形成较高水平的思想政治素养。

二、把握主线结构，建构整体式"四史"渗透学习

"四史"并不是孤立的，而是一个相互交叉、有机融合的整体，因此对于"四史"的渗透教育也不能孤立进行，而是要站在历史的高度建构整体式学习路径。一是把握历史发展主线，沿着历史脉络总体把握，如党史的主线：中国共产党诞生于风雨飘摇的旧中国，从成立之初就有"救国救民"的理想，所以它领导中华民族在抗日战争中抵抗侵略、在解放战争中争取独立，带领中国人民从"站起来"到"富起来"再到"强起来"，呈现出一条蜿蜒百年的历史发展线索。二是完善知识结构，将历史事件和人物填充进来，形成有血有肉的"知识树"。在主线之外，教师还要引导学生将自己的课堂所学不断地充实到知识架构中，特别要抓住爱国主义教育契机，将"四史"教育融入不同时间节点的历史事件和历史人物中，引导学生爱国、爱党、爱社会主义，消除历史虚无主义的影响。

三、整合课程资源，实施开放式"四史"渗透学习

历史课堂教学活动的完成离不开课程资源的支撑，而要想有效利用课程资源，就必须进行有的放矢的整合、开发，以便顺利实施"四史"开放式渗透学习。

其一，整合教材，在全面透彻的解析中渗透"四史"。事实上，"四史"的很多内容都是交叉的，逻辑关联也十分紧密，但高中历史教材是按照时序编排的，各章节也有不同侧重点，导致"四史"部分内容布局零散，因此教师必须做好整合解析工作：首先，对不同章节的关联内容进行整合，如中国共产党百年奋斗史，我们不仅要学习"中国共产党的成立与新民主主义革命的兴起"，还要将之后的抗日战争、解放战争、中华人民共和国成立、

中华人民共和国成立之初的社会主义革命与建设、改革开放等联系起来，使学生清晰地看到中国共产党一百年来为人民奋斗的历程，理解党的人民立场；其次，对教材正文及所属的插图、课后思考等进行整合，因为插图及课后思考等都是对正文的有益补充，整合并利用好这些资源，可以使学生对"四史"有更深入的把握，在与正文叙述、史料阅读和课后思考整合后，能帮助学生深入理解中国共产党在抗日战争中的作用与贡献。

其二，借助网络，在丰富多元的拓展中学习"四史"。一方面教师要引导学生善于利用网络，在海量的网络资源中搜寻需要的课程资源，如教材中关于抗美援朝战争仅寥寥数语，不能使学生明白抗美援朝的重要意义，因此教师可引导学生在网上观看《铁在烧》等相关纪录片，全方位了解其前因后果、重要影响等，无形中学习了"四史"；另一方面则要多方拓展"四史"相关的媒体资源，如微博、微信公众号、大学数据库、各种线上课程等，收集更多更丰富的"四史"资源，以备上课时使用，也可以引导学生关注这些媒体课程资源，拓宽学生视野，让他们在更宽广的视域中开放地学习。

四、坚持史论结合，开展融入式"四史"渗透学习

在历史教学中渗透"四史"教育并不是枯燥的说教，而是要激发学生的学习积极性，使其以饱满的热情融入学习，才能使教育效果更好。为此教师要采用灵活多变的教学方法引导学生学习。

其一，援引案例让学生边学边感。在中国共产党的百年奋斗史和中华人民共和国70年的探索史中，涌现了无数可歌可泣的英雄模范人物，恰是最好的"四史"教育案例。教师在授课时有针对性地引入典型人物的典型事迹，既可以充实教材内容、让课堂更生动，又可以引领学生情绪，使其产生共情共鸣，在不知不觉中接受"四史"教育，坚定理想信念。例如，在学习"抗美援朝战争"时，教师可以给学生介绍邱少云、黄继光、杨根思等战斗英雄的光荣事迹，引导学生认真研读英雄故事并感悟他们的心路历程：他们年纪轻轻却献出了宝贵的生命，是什么样的理想信念让他们坚持战斗到最后一刻？在影视资料的感染下，很多学生禁不住热泪盈眶，继而对共产党人的理想信念有了更深刻的认识，从而达到"四史"渗透教育的目的。

其二，组织讨论让学生边议边悟。启发式教学是当前历史课堂的主要

教学手段，也是"四史"渗透教育的重要途径。教师要带领学生深入时代背景，对历史问题进行积极思考，然后在小组中进行讨论、争辩，使问题越议越明、感受越悟越深，自然形成"四史"正确价值观，使爱国主义情怀落到实处。

五、丰富育人载体，贯彻实践式"四史"渗透学习

实践是高中历史教学中不可忽视的手段，也是让"四史"深入学生内心的关键方法。具体来说，一是教师依据与"四史"相关的各种纪念日、重要仪式等开展主题教育活动，如每年的9月18日都会拉响防空警报，其目的是纪念1931年的"九一八"事变，教师可以就此展开抗日战争历史回顾，既要理性看待历史又要生出"吾辈当自强"的心志，再如教材中"中英香港政权交接仪式"的图片，教师可通过多媒体奏国歌、升国旗，全体同学自发起立恍若身在1997年7月1日的交接现场，强烈的爱国情感和国家使命意识在心中升腾；二是教师组织学生观看红色电影并进行故事宣讲，即观看讲述革命历程并具有教育意义的红色电影，如《上甘岭》《焦裕禄》《建国大业》等，还可以组织有能力的同学给这些电影配音、配画，使他们全情投入那个火热的年代，理解时代人物的情感，生发历史使命感和责任感，还可以组织学生对感兴趣的革命故事或奋斗故事进行宣讲或改编成舞台剧，在用自己语言表达讲述的过程中更贴近英雄的内心，在身临其境中自觉接受"四史"教育洗礼；三是教师组织学生实地参观，即带领学生去历史博物馆、历史遗址、爱国主义教育基地等地方亲自看一看、摸一摸，深入了解本地的历史文化，在本地历史资源中汲取不断前进的力量，还可以请老红军、老战士来学校给同学们讲一讲当年的抗争史，让学生在与历史人物的交谈中触摸真实的历史，在老一辈革命精神的熏染下形成正确的唯物史观；四是教师引导学生树立学习榜样，在点滴小事上映射家国情怀，因为榜样对青年学生的影响是非常大的，尤其是以身边熟悉的人做榜样，更能带动学生自觉努力前行，所以教师要给学生树立一个积极向上、爱党爱国的榜样人物，可以是疫情期间迎难而上的钟南山院士，也可以是班上积极捐款捐物、做志愿者的同学，引导学生将家国情怀深深地烙印在心底。

六、结语

在高中历史教学中渗透"四史"教育是立德树人根本任务的必然要求，也是落实历史核心素养的重要渠道。高中历史教师要在思想上高度重视这项工作，既要把握主线结构整体渗透，又要整合课程资源开放渗透，还要坚持史论结合、丰富育人载体，在融合实践中渗透，在历史和现实贯通结合中做好"四史"教育工作，为祖国培养合格的建设者和接班人。

参考文献：

［1］陈惠英.浅谈如何在历史教学中渗透爱国主义教育［J］.教育界（上旬），2014（8）：19.

［2］查建国，夏立，陈炼.推动"四史"教育进课堂［N］.中国社会科学报，2020（6）.

［3］郎宇飞.研读"四史"提升教学智慧实现育人目标——新课程、新教材背景下中学历史课堂教学改革初探［J］.现代教学，2020（21）：4-5.

论"活动单导学"模式下小学生语文学习自主合作习惯的培养

榆中县朝阳学校　刘 慷

　　学生要想取得好成绩，具有良好的学习习惯是至关重要的。好的习惯一旦养成，不但学习效率会提高，而且会使他们终身受益。习惯是一种非智力因素，是人们在后天所养成的一种自动进行某种活动的特殊倾向，是一种自觉、主动、持久稳定的行为方式。习惯一旦形成，要想改变它很不容易。正如俗话所说："习惯成自然。"作为小学语文老师，深知语文学科是一门基础学科，地位比较重要。

　　近几年，马坡学校大力推进"活动单导学"模式教学改革，其目标是培养学生自主学习以及分工合作的意识和能力，以真正实现课堂的有效教学。在这样的背景下，培养学生的学习习惯更为重要了。那么如何培养呢？结合自己几年来工作的经验，笔者认为可以从以下几个方面入手。

一、培养学生学习兴趣

　　学生是学习的主人，是课堂的主人，而老师仅仅是引导者而已。中国有句古话："师傅领进门，修行在个人。"这句话很有道理。要想让学生自主学习，我认为，关键在于激发学生的学习兴趣，使之愿意学。"兴趣是学习的动力""兴趣是最好的老师"……类似的话语有很多。这就说明做任何事情，兴趣都要放在首位，在小学语文学习中，激发学生学习的兴趣更为重要。

（一）激发学生学习祖国语言的强烈兴趣

语文学习来源于生活，学语文的兴趣来自多种多样的语文实践活动。语文学科不像理科那样一道题就能让学生体会到成功，因此作为语文老师不要吝啬你的夸奖，让赞扬在学生的成长中占有主导地位，为他们的进步喝彩，会使他们的成就感大增。另外，教师还要引导学生涉猎古今中外文学作品，利用第二课堂时间让学生欣赏名家、名篇、名段，让学生领悟其中的丰富内涵，领会语言学科的博大精深，产生深入学习的愿望。

（二）利用有利资源，培养学生说话的兴趣

"听、说、读、写"是语文学习的基本能力，而语文学习在生活中的应用，更多是体现在"说"上。翻开小学语文书，每本书上都有一些实践活动与口语交际。这些内容的设计意图很明显，是要给学生创设情境让学生来实践，培养他们"说"的兴趣和能力。

（三）要培养学生对书写的兴趣

良好的书写习惯能够体现个人的语文素养，在生活中，我们不光要会说，也要会写。而矫正学生不良书写习惯的过程比较枯燥，加上收效时间较长，学生容易产生厌倦和畏难心理，因此教师要培养学生对书法的兴趣，只有学生对书法产生浓厚的兴趣，才会长期自觉地坚持练习，才能彻底矫正不良的书写习惯。同时，教师应多运用激励的方法调动学生的积极性，要及时发现学生的点滴进步，及时给予表扬和鼓励，使学生练习书法的行为和兴趣互相促进，形成一种良性循环。

二、培养学生合作学习的意识、习惯和能力

古人云："独学而无友，则孤陋而寡闻。"《全日制义务教育语文课程标准》明确规定："积极倡导自主、合作、探究的学习"方式。现代教育也把"学会学习、学会做事、学会合作、学会生存"誉为"四大支柱"。在科技高度发达、专业高度分化的今天，"学会合作"已经成为现代人生存的基本素质，也是现代教育的基本目标之一。那么在"活动单导学"模式下培养学生的合作学习就显得尤为重要了。

1. 合作小组内明确一名领头人。火车无头不开，小组也需要一个"头"，并明确他的职责。这个"头"不一定要学习好，但一定要能够激起小组内成

员的学习兴趣和热情，积极参与到小组活动乃至于班级活动中去。

2. 合理分配组员之间的任务和职责。任何一个成员都是小组的一分子，只有全员参与才是真正有效的教学，才能真正体现语文学习的全面性。现在不少老师为了省事，小组内只要有一两个成绩较好的学生在上课时将问题回答出来，就觉得任务结束了。实际上，这样的做法只能造成学生的差距越来越大，让课堂成为好学生的课堂，让那些后进生成为班级的"后腿"，这样显然是不能够适应新模式、新教学形势的。

3. 我们还需要改正此前教学中的认识误区。我们通常见到的语文合作学习形式就是学生在课堂上组成学习小组讨论几个问题，但这仅是语文合作学习的部分，它应有更广泛的含义。

首先，语文学习的合作不仅是学生与学生的合作，还应包括师生之间的合作。英国作家萧伯纳说："两个人各有一种思想交流后各自便有了两种思想，甚至会产生思想的火花。"这里的两个人并不是仅仅指学生之间，也指师生和生生之间。合作作为一种有效的学习方式，必须是全体师生积极主动的交流。学生是学习的主人，但是学生的能力毕竟有限，不一定能够解决所有的问题，这时就需要老师进行适当的引导和点拨。老师也是课堂教学的一分子，不能够因为所有学生参与了而将自己隔离在外，这显然是不正确的。课堂教学过程应该是师生交往、共同发展的过程。师生相互沟通，相互影响，相互补充，互教互学，彼此形成一个真正的合作学习的"共同体"。

其次，语文学习的合作不仅是在课堂，还应包括课前、课后。我们培养学生合作学习的能力是为了让学生在以后的生活工作中能够与身边的人很好地合作，所以如果学生在课前、课后遇到了学习上的问题应该进行合作解决，而不仅仅是留在课堂之上。

总之，"活动单导学"模式将自主合作的优点发挥到了极致。作为一名小学语文教师，在教学中应让自主合作成为学生的习惯，让学生在"活动单导学"模式下插上自主合作的翅膀，在知识的天空自由快乐地翱翔。

（此论文发表于《考试与评价》2018年第9期）

新时代利用情境教学促进初中生对地理学习兴趣研究

榆中县朝阳学校　刘慷

信息技术在新时代教学中被广泛应用，给我国传统的历史、地理和人文教学方法的发展带来了巨大的机遇和挑战，也为现代化的地理教学课堂带来了活力。中学地理和文科的教学与现代信息技术越来越不可分割。情境教学有助于充分激发学生的地理学习兴趣和动力，并通过积极探究来进一步学习。教师通过引导学生之间进行交流和讨论，能够使学生主动地进行知识学习并处于有问题的状态，以提高学生的思维能力。中学教育应从培养学生的技能，创造活跃的氛围出发，指导学生通过合作探究发现和解决问题，然后提高学生的思维能力。本文将结合初中地理的实际情况，针对连续性问题创建解决方案，并指导学生对从经验中学到的知识进行简单的分析。

一、创设教学情境和激发学习兴趣是实现初中地理情境教学的前提

1. 新旧知识的连接和渗透是通过问题实现的，对问题的重新认知是在认识和解决问题的过程中实现的。通常，思维的产生是从问题开始的，因此，教师在地理课堂创设问题是激发学生思考能力的基础。同时，学生在思想过程中，对问题的根源进行了分析和归纳，最终解决了问题的根源。例如，当教授"地质结构"部分时，教师可以使用多媒体技术创建有趣的问题，使用火山爆发动画来演示不断变化的地质过程，使学生了解现实世界中的地理情

157

况，这可以激发学生的学习兴趣，鼓励学生积极思考和探索，并跟着指导老师了解地质的特征。

2.初中生学习兴趣的激发，受思想水平、智力能力等诸多因素的影响。在地理课程学习中，初中生的兴趣通常不高，但仍然有些好奇心。因此，教师需要努力提升教学水平，以激发学生对地理学习的兴趣。同时，教师要为学生留出足够的思考空间，不要急于揭示答案，而应让学生自己找到答案。这样，可以激发学生的表达意愿，从而表现出对问题的强烈感受，这为展示本课程的主要知识提供了良好的基础。学生的兴趣和好奇心是神奇的钥匙，利用好这把钥匙，学生才能找到了解每个问题的方法。

二、在初中学生地理课堂学习中情境创设应担当促进学习兴趣的主体部分

在初中地理教学过程中，教师必须根据实际情况来提出问题，并且不能根据自己的主观假设构造问题。不恰当的问题设置会影响学生对地理的学习兴趣。因此，教师在初中地理课堂创设情境时，需要考虑以下因素：

1.提高对问题的现实认识，唤醒学生的思想。在教学中创建问题时，我们需要将学生的学习与现有知识结合起来。例如，在学习"风化和侵蚀的差异性"时，我们可列举现实生活中的一些现象，如砖墙的剥落是风化的表现，雨水的作用引起砖墙的自然崩解；而戈壁滩上的风凌石，主要是风的作用使石头发生磨蚀，因此属于侵蚀的作用。我们让学生从实际现象中了解地理概念之间的差异，从而使他们具有正确的地理分析能力。

2.增强学生的观察技巧，从简单分析到广泛使用。初中地理教学必须体现强烈的地域风情。教师在地理空间概念、人文地理的概念以及地图在地理教学中的重要功能分析过程中，引导学生在观察过程中灵活地使用地图，利用地图识别和解决地理问题。在初中地理教学过程中，教师应引导学生使用地图进行观察和学习，使用适当的知识来解决地理问题，比较地理问题之间的变化，并通过广泛的分析获得有关地理知识的一般规律。

3.幽默的语言是营造轻松课堂氛围的重要途径。幽默的语言可以给生活带来知识，鼓励的评价能够激发学生的自尊和自信，为此，教师应指导学生如何用幽默的语言提问，以在教室中营造和谐温馨的氛围。简而言之，要从

学生的认知规律上来设疑解惑，从地理与人的关系上来实现地理问题情境的有效创设，从而促进学生地理素养的提升。

三、新时代多媒体情境教学

多媒体的使用使地理教学更加丰富和有趣，提高了中学生学习地理的兴趣，从而提高了教学质量。

1. 学者和教育者高度重视初中多媒体地理学的研究。中学多媒体地理教学仍然缺乏研究，需采取合理措施，以完善初中地理的地理教学。

2. 多媒体情境教学法提高了学生对地理学习的兴趣和学习效率，为学生以后进入高中学习奠定了良好的基础。

3. 多媒体情境教学目前存在以下问题：首先，缺乏地理教学信息，适用于空间教学的软件平台较少。其次，情境教学的可靠性、多样性、艺术性需要改进。最后，在教学过程中必须考虑"多媒体教学与传统教学"，"老师—多媒体情境—学生"两个大方面的关系。

4. 针对新时代情境教学中存在的问题，笔者提出两方面建议：一方面要培养教师的信息素养，另一方面有必要加强空间教育软件的开发，并建立一个专门的地理教学图书馆。

四、结语

教师要为学生积极营造体验情感的环境，让学生学习地理知识。老师指导学生学习新地理知识，有利于培养学生的爱国思想和感情。例如，当教师指导学生对所在地区的地理、水文和其他天气现象进行相应的地理研究时，学生可以更好地考虑自己家乡的地理环境。为了培养学生的情感体验，教师可以举办各种地理活动，如有关地理知识的竞赛和讲座。通过开展这样的地理活动，教师可以激发学生的学习兴趣，增强学生学习地理知识的主动性。这种生动有效的地理教学模式从根本上提高了地理教学过程中教师的效率。

简而言之，在地理教学过程中，教师必须增强学生的学习兴趣，不断改进教学模式。好的教学模式有助于激发学生的学习兴趣和动力，使学生通过积极的探究来实现知识学习。在新时代，我们应根据地理教学的实际情况，创新教育理念和教学过程，采用情境教学法以提高初中生对地理学习的兴趣。

参考文献：

［1］朱春文.初中地理情境体验教学的策略探析［J］.新课程学习（上旬），2012（12）：13.

［2］王瑞娟.初中地理多媒体情景教学应用研究［D］.西安：陕西师范大学，2016.

［3］吕玥.基于地理学科核心素养的初中地理情境教学探索［J］.中学地理教学参考，2019（17）：42-44.

［4］黄璐，莫宏伟.基于"互联网+"的中学地理情境教学模式研究［J］.中学地理教学参考，2019（14）：12-14.

［5］申敏婷，文喜福.情境教学法在地理课堂教学中的有效运用［J］.中学地理教学参考，2019（6）：37-38.

（此文发表于《中学课程辅导》2020年第24期）

谈如何提高高中班主任德育工作实效性的策略

榆中县恩玲中学　豆　强

　　高中班主任与小学、初中班主任的不同之处在于，高中班主任更倾向于让学生有更大的自主选择权。高中的学生思维更加成熟，因此就需要高中班主任有更加合适的教学方式和管理技巧。班主任是班级的组织者，更是高中学生全面发展的引导者，与此同时也是各科教师之间的纽带。高中班主任站在高中生德育教育的中心点，是德育工作的实施者和负责人，扮演着督促高中生的品德形成的重要角色，而提高高中班主任德育工作的实效性对策可以通过以下几个方面去领悟。

一、遵循高中生行为和心理等方面的发展规律

　　对政治道德方面的认知与理解能够形成一个人的品格，德育教育就是在塑造学生品格。情感、思想、行为、法纪等诸多因素体现着一个人的品格，它们是共同协作、相辅相成的。道德和行为是衡量一个人的素养与道德高度的一个重要标准，德育的最终目标也是这个，但世界上没有两片相同的叶子，所以每个人都不同，因此就需要高中班主任具体情况具体对待，不能一刀切，在教育的过程中采取合适的方式，对待不同的学生采取不同的方法，发现学生的闪光点，发掘学生的优点，激励他们。高中生虽然相对于小学、初中生更加成熟，但是他们仍拥有极强的好奇心，高中生的发展离不开认知，先认识后理解，有了这个过程才会入心，逐渐地熟悉，运用，在生活中不断重塑，常看常新，因此道德品质离不开一个基本的道德认知。形成品质和认知还有一个先决条件，就是高中生自身的习惯、自我控制方面，这些都

应该在班主任的了解范围里。班主任应帮助高中生形成良好的生活、学习习惯，并为高中生为人处世树立一个标杆。班主任可以透过高中生对不同事件的看法和判断了解高中生的善恶是非观和他们对于美丑的理解和包容度，观察他们在喜怒哀乐等不同情绪下做出的反应。

二、因人而异就要因材施教

因材施教是德育教育的精髓所在，站在实际的角度出发让高中生的思想认识与品德情操得到充分的发展。高中班主任要明白高中生们的个性差异和共性，针对这些进行不同方式、不同程度的引导和教育，让高中生学有所感、学有所思。班主任应利用各种方法和途径推动德育工作的展开，如用榜样的力量让学生们有一个信服的标准，不断地提高自身修养，不断增强自身的知识和技能。

三、要注重实际效果，解决问题

高中生正处在叛逆期，他们为了吸引家长和老师的注意会做出逆反的行为。例如，对于班级纪律明知故犯，在面对老师的说服教育时故意做出不屑一顾的样子，想用这样的行为激怒老师。作为班主任要明白这并不是学生的品行方面出现问题，他们想要的是被关注，面对这种情况，班主任应该选择时不时地与其谈心，让他们明白学习的重要性，明白现在努力的重要性，引导他们将心中的疑惑说出来。高中阶段是身体到思想的重要转变时机，没有正确的引导很容易误入歧途，或者造成不可逆的心理伤害和心理阴影。要做好德育工作就要学会和学生们交朋友，既有威信又有感性，让学生们明白老师不是"天敌"，有很多话也是可以对老师说的。只要学生明白在现阶段什么是最重要的，他们就能在班主任的指引下及时调整。班主任除了要做很多实际工作，更要时刻关注学生的精神状态和心理情况。

在学校，学生学到的基本都是书本上、理论上的知识。学校可以适当地增加课外活动，让学生接触不同的内容，丰富实践经验，拓展思维，也便于班主任了解各个学生。

四、结语

本文主要是针对高中班主任在德育工作中遇到的问题提供解决办法和对策。关于德育工作，它的有效性一直都是大家讨论的重点，备受人们的关注，德育工作对于促进学生的全面发展有重要作用。高中班主任肩上扛着的不仅是培养人才的担子，更肩负着帮助学生塑造优良人格，树立正确的人生观、价值观和世界观，完善思维结构的重任。高中班主任是班级的总管理者，因此应站在总体看局部，切实地提高德育工作的时效性，促进德育工作的实际开展与全面发展。

参考文献：

［1］吴作成.试论高中班主任如何开展德育工作［J］.学周刊，2019（23）：168.

［2］吴春梅.高中班主任巧用典型案例进行德育之我见［J］.文教资料，2019（18）：156–157.

［3］阎国培.小议高中班主任工作德育实效性问题［J］.文教资料，2018（4）：167–168.

（此文发表于《教育理论研究》2020年第22期）

核心素养视域下的高考复习备考探究

——以《大规模的海水运动》为例

榆中县恩玲中学　李兴明

　　将立德树人作为核心素养，强化高考考试内容改革的育人导向，这使得新一轮的课程改革基于立德树人的要求，着力解决"培养什么人、怎样培养人"这一问题，培养学生的学科核心素养。根据高考考试杠杆导向，学生的学科核心素养水平将会直接影响考试成绩。地理学科核心素养是高中生应具备的、适应终身发展和社会需要的必备品格和关键能力，包括人地协调观、综合思维、区域认知、地理实践力。结合高考地理主要改革方向和地理学科核心素养的构成，为有效应对高考，提高复习备考效率，下面以"大规模海水运动"为例探究高考复习备考思路。

一、解读课标与考纲

　　地理高考复习是深化知识系统和知识再造，"温故而知新"的过程。课标和考纲是新教学课及复习课的导向，深入分析解读并把握复习重难点是教师备课的关键工作。《大规模的海水运动》是人教版高一地理必修一第三章《地球上的水》第二节，属于自然地理范畴。本节内容的课程标准为："运用地图，归纳世界洋流分布规律，说明洋流对地理环境的影响。"根据课标中的行为动词可知，要求学生不仅理解掌握世界洋流分布规律及洋流对世界地理环境的影响，还会运用地图，具备一定的读图、析图、用图能力。考纲：世界洋流分布规律；洋流对地理环境的影响。结合课标和考纲，笔者将本节内容解读为以下三个层次，见表1：

表1　课标与考纲（部分）解读

	课程标准	考纲	教学解读
大规模的海水运动	运用地图，归纳世界洋流分布规律，说明洋流对地理环境的影响。	世界洋流分布规律；洋流对地理环境的影响。	识记水平：洋流的分类及判断，世界洋流分布规律； 理解水平：洋流对地理环境的影响； 运用水平：学会洋流图的判读。

这部分知识的考查常以区域图、示意图结合相关文字材料呈现，同时考查学生读图和析图、获取地理信息、调用地理知识、解释地理现象的能力。考查题型以选择题和综合题为主，选择题在考查区域认知的基础上将洋流与其他地理要素结合起来，考查学生的综合思维能力；综合题更多关注学生解决现实问题的地理实践能力和人地协调观念，考查学生的地理核心素养。

二、分析知识在高考中的地位

纵观近年高考文科综合试题地理部分，关于"大规模的海水运动"的知识考查主要集中在洋流的分布及其对地理环境的影响。考查以选择题形式居多，以区域为载体，考查学生区域认知能力和综合思维能力，综合题更注重考查学生的人地观念。本节核心知识在试题中均有出现，见表2。因此，复习过程中对这部分地理核心知识的复习显得十分必要。

表2　2014—2017年"大规模的海水运动"核心知识考查

	2014年	2015年	2016年	2017年
大规模的海水运动	四川卷（4）、天津卷（9）、安徽卷	四川卷（4）、江苏卷（8）	上海卷、江苏卷	江苏卷

三、复习方法

一轮复习注重夯实基础、查漏补缺；二轮在一轮复习的基础上，加强对零碎的知识点加以整合，突破重难点，重点强化提升学生分析问题、解决问题的地理思维和能力。课前，教师应将课标要求、考情和相应的学习方法提

前指导，这种教学行为有助于学生自主学习，有重点地把握学习方向。在复习"大规模的海水运动"时，学生应先结合区域图判断区域位置，分析洋流的性质和流向，然后分析洋流对流经地理环境的影响。

四、专题化核心知识

为提升学生的地理核心素养，有效应对高考，二轮复习应以专题复习的形式为主，结合高考试题，以区域图为载体，重点强化核心知识、原理的识记与运用。核心知识专题化，既可以将零碎的知识点整合起来，建构完整有效的知识结构，同时可以实现自然地理、人文地理的知识和原理在区域上的有机呈现，帮助学生提升综合思维能力。在此过程中，教师要引导学生形成从多个维度对地理事物和现象进行分析的习惯，认识到各要素之间相互作用、相互影响、相互制约的关系，并运用地理语言解释其发生、发展和演化的过程，最终学会辩证地分析现实生活中的地理问题，实现对学生地理核心素养的培养。

五、复习重点

按照回归教材、落实基础、提升能力的渐进过程，复习过程中首先要构建本节知识体系以及与其他章节可能存在的联系。这将帮助学生厘清核心知识，建构知识网络，提升综合思维能力。教师可在复习过程中首先跟学生一起快速完成图1，从而达到回归教材、巩固基础、构建知识网络的目的。结合高考的常考点，复习将侧重洋流分布及洋流对地理环境的影响。

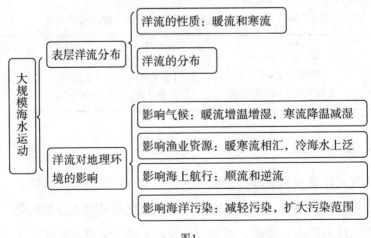

图1

166

参考文献：

［1］章莉.基于核心素养培养的地理复习课堂［J］.地理教学，2017（18）：43-46.

［2］雷建国.基于地理学科核心素养的高考复习课教学思路——以"地球上的水"复习备考为例［J］.地理教学，2016（23）：18-21.

（此文发表于《新课程》2018年第6期）

循循善诱润心田

——报告篇

不忘初心，牢记使命，做人民满意的教师

榆中县恩玲中学校长　白军志

老师们：

大家好！

百年大计，教育为本；教育大计，教师为本；教师大计，重在师德。学校始终把师德师风建设作为教师队伍建设的重中之重。爱岗敬业、无私奉献是我们坚定的信念，不甘落后、敢为人先是我们永恒的追求，知恩感恩、锐意进取是我们优良的传统。学校有部分老当益壮、年近退休却还坚守教学一线的教师，有许多以校为家、无私奉献的中年教师，也有很多年富力强、活力四射、勇于创新的青年老师。正是有了一支默默奉献、埋头苦干的教师队伍，学校才取得了骄人的业绩。

人生在世，以德为本。一个人，无论从事什么职业，都应该有良好的职业道德。作为教师——人类灵魂工程师，其劳动具有以人格塑造人格的特点，所以师德要求也就上升到教师素质之灵魂这样的高度。台湾大学曾仕强教授说，一个人要有"四识"，即"常识、知识、胆识、见识"；而对于教师群体中的我们来说，我想还得加上一个"德识"。河南大学王立群教授说，人的一生要有"四行"，即"自己要行，有人说你行，说你行的人得行，你的身体得行"；而对于我们教师来说，我想我们还得加上一个"德行"。因为"德识"和"德行"应该是人"自立立人"的根本，更是教师"立身做人"的根本之根本。

一、"师德"概念新解

（一）"师"字新解

"师"可拆成一个大写的"一"和"帅"。由此便可推知，一个教师可以相当于一个比将军还要大的"元帅"。因为一个教师每学年要教两个班的100个学生，一个学生又有两个家长，加上学生家庭的其他成员及亲戚朋友，可见教两个班级的教师每学年至少可以"统帅"、影响四五百人甚至更多的人。按一个教师从教30年计算，就可以"统帅"或影响上万人。一个能"统帅"或影响上万人的教师，俨然就是一个"将帅"。

（二）"德"字探秘

"德"是由站立着合作做事的两个人，且共同带着褒义的15颗"心"组成的。德者，道德品质，至高至尚，不是一般人能达到的崇高境界也。即使是道德品质高尚的人，其"德"也并非完美无缺，仍然需要不断地修炼，努力地补上这一颗更好的德"心"，不断地向"德"的更高、更完美的境界去践行修炼、去努力攀登。

（三）"师德"内涵丰富

"师德"从字面上讲，就是指教师的道德品质，或者指教师的职业道德，但"师德"的真正内涵却是无法用文字表述清楚的。我们知道"教育大计，教师为本；教师大计，师德为本"，师德是为人师的灵魂。

二、学校教师师德师风存在的主要问题

虽然我校广大教师的师德师风在整体上是好的，大多数教师都能自觉遵守校纪校规，能够认真贯彻国家的教育方针，热爱教育事业，践行教师职业道德规范；能够自觉加强自身的思想道德修养，维护教师形象，严于律己，为人师表，爱岗敬业，立足岗位，无私奉献；能够积极探索并遵循教育规律，严谨治学，精心施教；能够摆正个人与集体和他人的关系，顾全大局，维护学校利益，关心集体，尊重同事，团结协作。以上这些恪尽职守的敬业精神是主流，是值得充分肯定的。但是我们必须清醒地认识到，有少部分教师在职业道德上不尽人意，教师的神圣光环略显暗淡，工程师的灵魂蒙上了尘埃，使得太阳底下的光辉事业萌生阴影。

（一）师德师风问题主要表现在以下五个方面

一是有个别教师组织纪律涣散。比如不按时上下班，夜自习跟班迟到、早退，无故不参加会议，不参加周一升国旗仪式，这些都是教师遵守职业道德规范的底线，因为教师在学校时时刻刻都是学生效仿的标杆和学习的楷模。

二是有个别教师职业责任感比较淡薄。比如有的教师经常请假，总感觉到他的事比别人的事多得多，自己很忙但忙的不是教学；有的教师工作应付偷懒，如安排各处室做的工作，各处室顺手安排给学生完成，自己不闻不问不理；有的教师写工作总结、心得体会在网上下载原文不动；有的教师作业批改出现错批现象，一页一个大对勾；有的教师考试监场不负责任，对作弊现象坐视不管。

三是有个别教师教书育人的意识不强。有的教师片面地认为教师只是传授知识，缺少对教师职业的理解，缺少与学生必要的沟通，只重教书不管育人，只顾讲课不管学生；有的教师认为学生的理想追求、学习态度、学习风气、学习习惯的养成是班主任的事，与任课教师无关。

四是有个别教师不求上进、自甘平庸。有的教师不愿意参加教研活动，缺乏潜心钻研的心境，缺少探索教改的热情，不能正确认识并处理好教学与教学研究之间的关系，不注重教学内容的研究及教学方法的改进，缺乏对新时代学生管理中出现的新问题的研究，教育学生没有耐心和良策。

五是有个别教师对师德价值标准模糊不清。有的教师政治信仰淡漠，价值取向迷茫，缺少教师职业的自豪感和光荣感；在工作中无追求，工作成绩平平淡淡，没有成就感；对学校的大事不闻不问，好像自己与学校没有一点关系，集体荣誉感欠缺。

（二）三个不适应

以上存在的突出问题，在一定程度上体现出个别教师与党和国家及全社会对学校教育的期望、学校发展的需要，还存在着三个不适应：

一是思想观念上不适应。有的教师似乎还生活在过去的时代，对新时代、新常态、新情况、新问题不知所措，看事情、想问题、做工作总是沿用传统思维，沿用老路子、老办法，创新意识和创新办法不多。

二是能力素质上不适应。有的教师学习能力不强，不愿意钻研业务知识、政策法规，不善于通过学习指导实践、推动工作；部分教师课改理念淡薄，课堂教学效率低下，存在"本领恐慌"和"能力危机"。

三是精神状态上不适应。有的教师精神状态跟不上新时代、新形势的要求，跟不上学校发展的要求。目前，全社会对教育的关注程度是前所未有的，对学校的要求很高，而有的教师却依然如故、我行我素，多年养成的慵懒散漫习惯仍旧存在，工作上凑合、节奏上缓慢，缺乏干事创业的精气神。

三、学校师德师风教育工作要求

针对这次师德师风整顿与建设活动，结合教师队伍中存在的突出问题，我对全体教职工提出以下几点希望和要求：

第一，希望全体教师不忘崇高使命。"敬教劝学，建国之大本；兴贤育才，为政之先务"，希望广大教师要牢记为党育人的使命，切实担负起培养德、智、体、美、劳全面发展的社会主义建设者和接班人的重要使命；要切实增强政治认同感和教书育人责任感，自觉坚定理想信念，坚持立德树人、德育为先，全面贯彻党的教育方针，开展社会主义核心价值观教育，保证党和国家的社会主义办学方向不偏离。

第二，希望全体教师坚守精神家园。"师道尊严"，要成为有道之师，获得尊严，不仅要求教师"学高"，而且要求其"身正"。广大教师要自觉树立师德师风模范。坚持教书与育人相统一、言传与身教相统一、潜心问道与关注社会相统一、学术自由与学术规范相统一，强化社会公德、职业道德、家庭美德、个人品德的自我教育，做学生锤炼品格、学习知识、创新思维、奉献祖国的引路人。我们每个教师要以忘我拼搏、无怨无悔的奉献精神，兢兢业业、心无旁骛的人生态度，怀着对教育事业的忠诚与热爱，立足本职，踏实勤勉，勇于创新，努力施展才华，力争在平凡的岗位上干出不平凡的业绩。

第三，希望全体教师能够育人先育己。每一个教师都要自觉遵守学校的工作纪律和各项管理制度，在全校范围内积极营造良好的校风、教风、学风，弘扬正确的人生观、价值观和世界观。通过师德师风整顿与建设活动的开展，教师树立新的教育观、人才观、质量观和发展观，自觉把自己的教育教学、教科研工作与培养社会主义现代化事业的建设者和接班人紧密联系起

来，遵循因材施教教育规律，使自己的业务水平有较大的提高，从而实现学校在四个方面的提升：在教师政治素质和师德素养上有新的提升，在服务学生上有新的提升，在树立教师良好形象上有新的提升，在推进学校各项工作和教育教学质量上有新的提升。

第四，希望全体教师处理好三种关系。一是个人与单位的关系。学校是我们共有的家园。我们每个人都是这里的主人，学校的命运和我们每个人都息息相关，"校兴我荣，校衰我耻"。我们要把学校的事当成家里的事，把单位的事当成个人的事，这样，学校的发展才会蒸蒸日上。因此，个人服从集体，小我服从大局，这种大局观、全局观是我们每一个教职工必备的品质。二是自己与同事的关系。我们每一个人，不管职位与岗位有怎样的不同，在同事这个角色上，在单位这个大家庭中，我们都是一个劳动者、服务者。只有分工不同，没有高低贵贱之分，都是平等、互助的关系。因此，教职工之间要和谐相处，团结友爱，合作互助。三是工作和生活的关系。我们既要努力工作，也要幸福生活，两者之间也是相辅相成的。我不赞成因为工作而牺牲家庭和健康，要兼顾好两者，要养成良好的生活习惯，爱护身体，爱护家庭，教育好孩子，照顾好老人。学校将始终坚持以教师为本的办学理念，不断改善大家的工作环境，使大家都能心情舒畅地工作，力争办一所让人民满意的学校，给全县人民交一份满意的答卷。

（在2019年12月16日学校师德师风教育大会上的讲话）

站位新时代　开启新征程

榆中县恩玲中学校长　白军志

老师们：

大家好！

度过欢快的寒假，我们又回到了熟悉的校园，进入新学期，开启了新征程。在此，我首先向全体教职工致以新春的问候和美好的祝愿，祝愿大家在新的一年里诸事顺利，身体安康！在此送大家24个字，与大家在今后的工作、学习、生活中一起共勉。这24个字是"忠于职守，勇于担当；爱己爱生，爱家爱校；只争朝夕，不负韶华"。

今天的教职工大会，主要目的就是统一思想、收心归岗，全力进入工作状态，推动本学期各项工作有序展开。这次会议是对新学期工作的全面安排，是对新学期工作计划的任务分解。各处室都有明确的工作任务，每一位教师都有具体的工作要求，希望大家认真领会会议精神，明确新学期的工作目标，厘清思路，以新的姿态去做好新学期的各项工作。下面我就本学期工作思路、工作任务、工作要求讲几点意见。

一、严防死守，众志成城，做好疫情防控工作

为切实落实中央、省市县关于疫情防控工作要求，有效遏制疫情扩散和蔓延，做到"早发现、早报告、早隔离、早诊断、早治疗"，现就疫情防控工作安排如下：

一是提高思想认识。把疫情防控工作摆在突出位置，要求各处室和全

体教职工深刻认识此项工作的重要性，各处室负责人对处室的防控工作负总责，不能有丝毫懈怠。

二是加强组织保障。成立学校疫情防控及处置应对工作小组，组建疫情防控党员先锋队，夯实工作责任，制定应急预案和落实各项措施，确保沟通顺畅，积极配合。做到"早发现、早报告、早隔离、早诊断、早治疗"，防止疫情输入、蔓延，有效控制校园疫情传播。

三是班主任通过多种形式开展传染病防控宣传教育，帮助学生提高防范意识，了解预防的相关知识；引导学生科学做好防护，保证充足睡眠，积极参加体育锻炼，增强体质和免疫力，养成良好卫生习惯和健康生活方式。

四是班主任每日做好学生的体温检测工作，早自习进教室进行晨检，了解学生的出勤和健康状况，晨检中发现学生有发热等症状或其他异常时，应及时告知学校主要负责人和疫情报告人，并做好记录。学校在第一时间上报教育局和县疾病防疫中心。

五是实施因病缺课登记与追踪制度。班主任每日详细登记因病缺课学生的情况，包括发病时间、症状、就诊情况等信息，并对其病情进行追踪。

六是开展环境卫生清洁整治行动。总务处每天对教室、宿舍、食堂、运动场、图书馆、厕所等重点区域进行卫生整治行动，做到勤通风、常消毒；同时加大对食堂食品原材料排查，确保食品原材料安全。

七是严控人员出入。严格实行校园封闭管理，外来人员不得进入校园。疫情解除之前，住校学生无特殊情况不能外出。

八是严格落实疫情报告制度。校安办要严格落实"日报告、零报告"制度，每天向教育局汇报师生疫情防控情况。

二、强化党建工作，提升工作质量

在新环境下，学校必须加强党建工作，并不断创新党建工作内容和形式，全面推进学校党建工作，积极探索党建工作的运行机制，这样才能为学校的健康持续发展奠定基础。一是站位要高。要把抓好党建工作作为第一要务，充分发挥党支部基层组织的战斗堡垒作用，通过抓好党建工作带动业务工作，促进业务工作有效开展。二是学习要跟进。要深入学习习近平新时代中国特色社会主义思想、党的十九大精神、党章党纪党规，不断提高党建工作实效，提高工作能力。三是创新工作方法。要善于在繁杂琐碎的各项工作中分清先后顺序，合理安排工作时间，抓住工作的"牛鼻子"，找准工作的主攻点、结合点和切入点，做到急事先办、大事精办、要事稳办、特事特办，确保各项工作有条不紊、有序运转。四是工作要务实。重点围绕"基本组织、基本教育、基本队伍、基本制度、基本保障"五个基本来抓好党支部建设，要常态化抓好"三会一课"、谈心谈话等工作，严肃党内政治生活。五是作风要过硬。作为一名老师要执着于专业技术的提高，有热爱事业的定力和淡泊名利的坚守，打造过硬师德师风。六是坚持与时俱进的原则，不断改革创新学校党建工作。学校在办学中，要将党的建设和学校的科学发展统一起来，选准党建工作和学校发展的契合点，并将党建工作融入学校教学活动中，从而促进学校良性发展。在学校党建工作中，要进一步提高学校决策的科学化、民主化水平，坚持科学治校、民主治校的原则，将民主贯彻于学校党建工作的各个环节，并创新学校党建工作机制，实现从严治党和"从严治校"相互协调，从而使学校党建工作长久、有序地推进。

三、树立全新理念，勠力同心，攻坚克难

1. 树立大局理念，提高大局意识。全校一盘棋，既是一个整体，又是一个大家庭。一荣俱荣，一损俱损。

2. 更新教育理念，提高学习意识。在信息化时代，我们需要不断学习充电，不断更新教育理念。

3. 增强生存理念，增强质量意识。教育教学质量是学校的生命线，也是我们生存和发展的根本所在，所以我们必须专心致志搞好教育教学工作，不断提高教育教学质量。

4. 强化责任理念，提高担当意识。学校的每一个人都要明晰自己的岗位职责，大胆工作，勇于担当。

5. 转变教学理念，提高创新意识。创新是一个民族发展进步不竭的动力，更是我们学校发展的力量源泉。

6. 优化管理理念，提高规范意识。学校的各项管理工作必须科学规范。学校要不断完善管理制度，严格落实各项制度执行。制度的生命力在于执行，必须强化制度的执行力，加强对制度执行的监督，确保制度时时生威、

处处有效。

四、牢记质量是学校的生命线，专心致志搞好教学工作

1. 以管理的精度提高教学的高度。

教师每天都要面对教学工作中的一些小事、重复的事、烦心的事，大家一定要耐心、认真地把事件做细、做精。首先，教导处要切实抓好教学的全过程管理。其次，教导处要重视和加强理、化、生实验课的教学管理，要求理、化、生教师按规定上好实验课，做好演示实验。开学后高一、高二年级教师要将理、化、生实验课的安排上报教导处，教导处要加强督查，实验管理员要做好实验记录。最后，教师要提高对多媒体现代教学手段的使用水平，50岁以下的教师必须熟练使用多媒体进行教学，使用率要达到上课节数的60%以上，年级组要制定督查考核的有效办法，同时严禁上课时间播放与教学无关的视频。

2. 教学工作要以课堂改革为重点，以教改教研促进教育质量的提升。

2019年11月，兰州市教育局对全市示范高中进行复查验收，主要考核办学条件、办学行为和课堂教学改革。可喜的是，我校的课改工作通过两年多的探索，收到了一定的效果。许多教师也摸索出了一套自己的课改模式，全校大多数教师能熟练地按新课程标准要求上好课，可以随时接受观摩教学。我校的课改工作通过专家指导、研讨论证，已形成了相对完善的模式。希望全体教师以学校制定的"四步七环课堂教学模式"为依托，创新适合班级学情的教学模式，努力提升课堂教学效率。本学期教导处将继续开展各教研组新课改课堂教学观摩展示活动，组织开展好优质课展示活动以及"拜师结对"的青年教师汇报课活动，以此促进教师相互交流，引领教师参与课改。各年级组要认真抓好"培优补短"工作，高一、高二年级要提前制订计划，开学后拿出各自的"培优补短"方案，用多种方式积极为学生排解学习上的困惑，扬优势、补短板、补弱项，让学生更有信心去完成学习任务。

五、高三备考要瞄准目标，攻坚克难，力争佳绩

今年的高考任务仍然十分艰巨，要达到去年的水平还需付出巨大的努力。对我们来说，高考责任重于泰山。为此，高三年级要做好以下工作：

1. 全体教师要以对学生前途负责、对学校发展负责为出发点，肩负起高考备考的神圣责任，认真备好课、上好课；认真对待每一天，用自己健康、向上、乐观、积极的心态和行动，带动和影响学生去拼搏高考；要放下一切私心杂念，丢弃各种不良嗜好，坚定信念，下定决心，与学生们一起奋战。

2. 教导处、年级组对"临界"学生的薄弱学科尽快采取有效帮扶措施，选拔全校各学科有经验的优秀教师做好"培优补短"工作，各学科教师每天充分利用课外活动、夜自习做好辅导工作。

3. 学校组织"百日宣誓"和"毕业典礼"两项活动，营造高考氛围，提升师生士气，全力以赴备战高考。

4. 教导处、年级组要加强艺术、体育类学生管理工作，帮助他们树立信心，指导学习方法，让他们安下心来认真做好最后的冲刺复习。

5. 学校心理服务中心要加强对高三学生考前的心理辅导。我们的学生基础差，底子薄，成绩极不稳定，心理也十分脆弱，做好学生心理指导尤为重要。教导处、心理服务中心要邀请心理专家来校对高三学生做心理辅导，消除学生的恐惧心理，增强学生的高考信心。同时，班主任要对学生进行谈话激励，科任教师也要随时对学生进行个别指导，不断调整学生的心理，不时地为他们鼓劲加油。

6. 高三年级组要制定考前备课策略及教学进度，将各种考试、复习内容、活动安排、心理辅导等工作安排，列出时间进度表，张贴醒目位置，让高三年级有计划地加以落实。

六、加强班主任队伍建设，打造学校核心发展力

在某种程度上，班主任工作是一所学校工作质量的缩影。可以说，学校的全部工作都与班主任有关。班主任与学生朝夕相处，对班级的每一个学生的全面发展都负有直接的教育责任。班主任以其创造性的工作和奉献精神，对学生的成长发挥着直接影响。实践证明，保证学校教学秩序正常化的基本力量是班主任。任课教师不得力，可能出现乱堂，而班主任不得力，就会出现乱班。一个学校哪怕只有一个乱班，整个学校的教学秩序都难以安定，会对学校的整体工作产生冲击。因此，班主任不仅是学校德育工作骨干队伍的重要组成部分，而且是骨干队伍里的中坚力量。加强班主任队伍建设，切实

提高班主任工作水平意义重大。为此，学校要做好以下几方面的工作：一是加强岗前培训。学校要积极组织青年教师参加市、县教育局组织的班主任培训，学习掌握班主任工作的基础理论知识和基本技能。二是举办经验交流会。学校定期让优秀班主任介绍工作的经验和方法，通过交流借鉴，提高班主任的业务水平。三是定期召开班主任例会。班主任例会是加强班主任队伍建设、强化班级管理、畅通德育工作渠道的基本制度保障。教师通过班主任例会，总结剖析工作中存在的问题，研讨改进工作的措施和应对策略，提升班主任工作水平。四是注重情感交流。班主任工作责任大、投入多，有时会引发一些负面的情绪。所以，在培养青年班主任的过程中，加强沟通交流和心理建设是一项基础工作。作为学校管理者，要关心、体谅班主任工作中的困难，尽可能地为他们排忧解难；与此同时，及时捕捉班主任工作中的闪光点，给予赞赏和肯定。五是完善激励机制。学校建立向班主任倾斜的政策和其他激励机制，以激发班主任的工作热情：一方面，提高班主任津贴补助，以此肯定他们的辛勤付出；另一方面，在晋升职称、评优选先、年度考核中向班主任队伍倾斜，在各项评优表彰中，同等条件优先考虑担任班主任的教师。

七、将精细化理念用于学校管理，提升学校管理效能

精细化管理最基本的特征就是重细节、重过程、重落实、重质量、重效果，讲究专注地做好每一件事，在每一个细节上精益求精、力争最佳。有人说过："一切大事都由小事组成。"也就是说，要想把事业做成功，必须从简单的事情做起，从细微之处入手，将小事做细，细事做精。那么，如何实施精细化管理呢？学校要从以下三方面入手：第一，制度要健全，行动才靠谱。只要有健全的制度，学校管理就能由粗变细，由细变精。多年的实践证明，再好的制度，如果没有从细微处入手、从细节处把关执行，它的作用也是不大的。一所学校只要制度健全，并且认真落实，很多问题就会迎刃而解，学校的健康有序发展就有了保障。第二，职责要明确，落实要到位。学校的各项工作要在"精"字上做文章，在"细"字上下功夫，将管理责任具体化、明晰化，形成人人会管理、处处有管理的良好局面。第三，评价要公正，激励要跟进。学校工作涉及面广，面临的事多。为了充分调动教职工的积极性，学校要建立一套精准细致、科学全面的考核评价激励机制，如目标

激励、荣誉激励、信任激励、情感激励等。学校要将每个教职工完成的工作任务、岗位职责的优劣与奖惩挂钩，做出实事求是、客观公正的评价，要及时激励那些成绩突出、贡献较大的教师再接再厉。考核评价过程要体现出多元性与发展性，形成"多劳多得，少劳少得，不劳不得"的工作激励机制，促进学校各项工作的良性发展。总之，在工作中，教师做到"实、细、精、准"，"实"——工作要扎实，"细"——工作做细致，"精"——高标准、规范化、科学化，"准"——评价要精准、公正、公平。

八、时时抓好安全防范，校园处处平安快乐

校园安全工作直接关系着师生的安危、家庭的幸福、社会的稳定。做好校园安全工作，创造一个安全的学习环境是学校的头等大事。学校要以确保校园安全为目标，从增强师生安全意识，强化学校安全管理入手，通过明确责任，落实措施，营造一个安全、文明、健康的育人环境。学校安全工作具体安排如下：第一，提高认识，明确责任。安全工作重于泰山，每一位教职工都要履行好自己岗位的安全职责。第二，班主任及科任教师要加强学生的安全教育，提高学生的安全意识和自我防范意识。第三，总务处、校安办每周对学校的校舍、教学设施进行隐患排查，及时消除安全隐患。第四，学校值周组加强安全工作的督查，确保各项安全制度要落实到人。第五，校安办要做好校园维稳工作，确保学校健康和谐发展。

九、校园文化要以学生活动为载体，丰富内涵，创新内容，构建特色

近几年来，学校文化建设取得了丰硕成果，今年要继续丰富内涵，创新和拓展活动内容，提升活动品位，持续构建学校特色校园文化。

1. 充分发挥楼道图书角作用，及时更新图书、报纸杂志，方便学生自由阅览，实行开放管理。

2. 开展好三月份的学生"行为规范月"活动、五月份的校园文化科技节活动，要创新内容，创新形式，力求实效。

3. 四月份举办一次校园开放日活动，邀请社会各界人士、家长代表参观指导。

4. 发挥好橱窗的文化教育功能，围绕国内外大事、纪念活动以及历史事件等，定期更换学校橱窗宣传材料。

5. 政教处、各年级组要指导好学生会工作，引导他们参与学校管理，支持他们自己开展活动，丰富校园文化生活。

6. 学校社团活动要利用课余时间，创造性开展科技创新、文化体育等丰富多彩的活动，实现自我教育、自我管理、自我服务的教育目标，弘扬校园主旋律。

十、要以创建全国文明城市为契机，创优环境，提升素质，创品牌校

今年是兰州市创建全国文明城市的验收之年，我们要借此契机，让学校的各项工作再上一个新台阶。

1. 要把创建全国文明城市工作与创建文明校园结合起来，围绕提升师生素质、规范师生行为等方面，开展多种形式的主题教育活动。

2. 要把创建全国文明城市与未成年人思想道德建设结合起来，认真开展社会主义核心价值观教育，使社会主义核心价值观24字入脑、入心、入行动。

3. 借创建全国文明城市验收之机，总务处要规范食堂管理，严格按国家食品卫生标准管理好食堂，做到随时随地经得起上级的检查。

4. 借创建全国文明城市验收之机，环卫队要提高环卫质量，时时处处保持校园干净整洁。

5. 加强学校硬件建设，争取秋季开学后女生搬入新建宿舍楼，同时，积极争取上级部门的支持，做好学校操场及其他方面的硬件建设工作。

新学期的工作即将全面展开，我希望大家牢记责任，认真履行自己的职责，自觉遵守工作纪律，自觉遵循教学常规，严格执行学校的规章制度，同心同德，攻坚克难，勇于担当，狠抓落实。学校发展无过客，学校发展无看客，人人都是学校的主人。只要我们上下齐心，众志成城，锐意进取，埋头苦干，"恩玲人"一定会续写新的辉煌！

（在2020年春季新学期开学全体教职工大会上的讲话）

勠力同心，砥砺前行，共同谱写学校发展新篇章

榆中县恩玲中学　白军志

各位代表、老师们：

大家好！

现在，我代表校委会向大会做学校工作报告，请予以审议。

2020年是值得书写的一年，国家战胜疫情，保持经济发展正增长；恩玲中学克服疫情困扰，同舟共济，续写了学校发展的新篇章。在县委县政府、县教育局的关怀与支持下，面对较差生源，全体教师不畏困难，众志成城，培德铸魂、启智增慧，取得了兰州市市级示范性高中文科推进率第一、理科推进率第四的好成绩，圆满完成了2020年学校教育工作目标，在党建、党风廉政建设、思想宣传、精神文明、社会治安综合治理、信访、武装、爱国卫生等工作以及学校安全工作等方面，取得可喜佳绩，促使学校教育教学工作有序有效发展。现将2020年学校整体工作报告如下。

第一部分：2020年学校取得的主要成绩

一、提高政治站位，抓好党建工作

学校高度重视党建工作，提高政治站位，坚持"党建工作是首要工作"的理念。党建活动引领学校整体工作，把创建党支部标准化工作与学校整体工作同步规划、同步部署、同步落实、同步督查。按照党建"1355"建设思路，强化学习、落实责任、完善机制、强化服务，建强队伍、创先争优，加

强监督、改进作风，改革创新、推动发展，创建"四好党组织""四好班子"，促使全体党员争做"四优共产党员"。

认真落实"三重一大"问题集体讨论决定的规定，"两学一做"学习教育制度化、常态化，认真落实"三会一课"制度，开展了支委会理论学习9次、党员大会理论学习6次、党小组理论学习11次、党课学习5次、主题党日12次。学校总结党建工作，印制了《党建工作制度手册》《2020年党建工作集》，评选出魏振国、丁燕红为校级优秀党务工作者，洪云等13名党员为优秀党员，英语党小组为校级优秀党小组。学校党支部获得榆中县教育系统优秀党支部称号。

二、打造团队品质，夯实德育工作

（一）开展师德师风建设活动，提升教师思想修养

学校以"三心""两爱""一奉献"为主要内容，狠抓师德师风教育。"三心"，即事业心、责任心、进取心；"两爱"，即爱教育、爱学生；"一奉献"，即为教育事业的无私奉献。学校以培育和践行社会主义核心价值观为根本，以提升全校师生文明素质为核心，以学校工作方案为行动指南，以班主任队伍和德育队伍建设为龙头，以学生品德教育为核心，以常规管理和自主管理为内容，以班集体建设为载体，以安全教育为重点，以习惯养成为抓手，以文体活动为铺垫，继续加强"德恩"教育，深化师德教育，深入落实"五师四有"活动。

（二）树立"立德树人"德育理念，强化学生思想教育

学校按照"123468金字塔式目标"德育教育模式，全面落实"立德树人"的教育任务；贯彻"'三线'为主，全员育人"的德育框架体系，夯实德育教育活动；持续贯彻以政教处为核心的"三线"为主、全员育人的德育工作体系，构建校内德育网络，强化全员育人职责，转变科任教师"重教学、轻育人"的观念。

将德育教育渗透到课堂教学，增强教育实效性。学校开发和实施德育课程，以激发学生的爱学校、爱家乡、爱国热情，更好地继承、弘扬中华优秀传统文化，培养学生的家国情怀，从而达到德育的目的，形成学校的办学特色。

创设德育教育平台，深化德育教育内涵。毕业生以留言的形式感恩母

校。"文明标兵"成为学生成长的旗帜。共青团发挥先锋组织的榜样引领作用。学校在疫情期间举行各类线上活动，如"学雷锋"线上活动、"清明祭英烈"线上活动、班级升旗仪式、班级入团仪式等。学校按节点开展系列团队活动，如清明节、端午节、中秋节传统节日以及国际志愿者日等各类纪念日活动。学校按时保质保量完成"'青年大学习'网上主题团课"学习等各类网上活动。学校团委荣获"兰州市五四红旗团委"称号。

学校开展各类专题讲座活动，帮助学生树立正确的人生观、世界观。例如，兰州大学对我校学生开展"与名校学霸对话，助恩玲学子奋飞"活动，邀请江西金太阳教育专家王国栋老师为高三学生做"心理赋能"的励志报告会，金校长、丁燕红主任为女生做学习生活、人际交往等专项报告。这些活动效果明显，为学生的思想道德教育起到非常好的作用。

三、树立发展意识，促进教学教研工作

（一）注重质量意识，全方位促使教学质量的提升

1. 规范教学环节。学校注重教学常规的强化管理，注重教学环节的规范化管理；对备课、上课、作业、辅导、考试等环节强化跟进检查过程；对教案、批阅作业每学期检查5次左右，平时抽查与集中检查相结合，各学科相互交叉检查。部分集体备课成果如语文、英语、数学学科的集体备课经验值得尝试推广。本年度有罗小梅等52名教师的教案被评为优秀教案，有于兰等46名教师的作业被评为优秀作业。

2. 关注名师引领。本年度兰州市"三名工作室"吸纳新成员，我校有较多班主任、学科教师积极参与"名班主任工作室""名师工作室"，借助"三名"平台提高业务能力。兰州市教科所组织名师、专家开展"送教下乡"活动，牛小艳等9名学科教师与县一中、师范的教师同台进行课堂教学展示，在相互切磋中提高了学科业务水平。我校于琛二级工作室、卢彩云二级工作室工作开展有序，成效显著。

3. 加强优质课竞赛。我校在本学期组织开展了优质课竞赛活动。活动初评阶段有教学人员、复评人员共50人参与上课，同学科所有教师参与了听评课。牛小艳等51人的课堂教学获得优质课奖。丁以心等5名体育教师参加第三届兰州市中小学体育教师基本功大赛，有1人获得个人二等奖，3人获得个人三

等奖。学校获得中学组团体三等奖，体现了我校教师较强的学科业务水平。

4. 推进校际交流。李兴明等15位教师参与榆中县第七中学开展的第三批"一体化"办学活动，11期简报具体反映了两校教师互相听课、举办讲座、教师才艺展演等方面的交流学习情况，活动开展务实有效。

5. 注重高三教学。学校继续强力推行"培优补短"，全面关注二本临界学生；加强高三教师的研讨与培训，组织教师参加2020年"兰州市普通高中语文学科任务学习设计及教学观摩研讨"活动、全市普通高中教育教学开放活动、兰州市第二期高中学校"生涯规划师"培训、全县高中毕业年级学科教师备考培训。同时，学校积极准备迎接新高考的实施，组织高一高二班主任、年级组长参加"新高考"模拟选科走班培训会，从各个方面做好相应的工作。

6. 强化思政提升。学校为适应新形势下思政课的要求，积极组织思政课教师参加各级各类培训与竞赛。我校思政课教师通过网络研修、集中培训等形式，先后参加3次国家级、4次省级、2次市级培训，提高了政治站位，在培养立德树人的教育活动中发挥应有的作用。

（二）搭建平台，夯实教研，促使教学实践理论化、经验化

1. 教师培训形式多样，成效显著。学校积极组织将近600人次完成包括公修课继续教育、甘肃教师学苑、中小学新教师培训、"国培计划"、心理健康辅导、生涯规划教育能力培养高级研修班等12类国家、省、市（县）培训。校本培训主要开展高考评价体系的研究与学习。这些培训活动有效地助推教师树立新课程理念、提升教科研能力。

2. 课题研究有效开展，蔚然成风。课题结题30项，其中省级规划7项，市级规划1项，市级个人15项，县级个人7项，参与研究93人。课题研究已成为学校教科研活动的一个亮点，尤其是个人课题的研究情况做得非常好。

3. 各类竞赛组织到位，成果丰硕。安永成等41位教师参加甘肃省教科院组织的教育教学优秀论文评选活动，有较多教师获奖；李福香等21位教师参加市教育局"我的教育故事"征文活动，李福香、巨兰兰获三等奖；于琛参加市教育局"教师风采短视频"征集活动获二等奖。政治课教师积极参加兰州市高中思想政治课"议题式教学"大赛及第二届全省学校思想政治教育工作典型案例和优秀论文征集活动，郭红燕、水亚杰的"议题式教学"获大赛二等奖。我校14位教师在县原创命题大赛中获奖，其中3人获得一等奖，2人获得二等奖，9人获得三等奖；我校教师参加兰州市原创命题大赛，均获得较好名次，其中1人获得市级一等奖，8人获得市级二等奖，5人获得市级三等奖。

4. 新课程标准研修到位。我校继续组织科任教师认真学习新课程标准和基于学生核心素养的学科能力研究，针对《中国高考评价体系说明》开展研讨学习、分享展示及考试三个阶段的校本培训活动，共有670人次参加。这些活动，促进了教师对新课程标准、学科核心素养的理解和贯彻落实。

5. 课程开发有序开展。学校积极组织教师完成6本校本课程的开发，王满元等8人编写《垃圾分类》，丁地宏等20人编写《青少年无线电测向》，许军等7人编写《高中学生劳动技术——现代种植养殖》，徐富荣等8人编写《劳动与技术》，徐海琴等3人编写《建筑模型设计制作》，白瑜厚等14人编写《核心素养视野下高中语文知识必备》。

6. 注重教科研成果的深化作用。2020年，我校教师在省级以上刊物发表论文50余篇，编辑《恩玲教研》第23、24期，同时上传云校，完善学校网络资源。我校组织教师集体备课形成8册成果，其中高一语文、高二数学各两册，高二语文、高二英语、高三英语、高二物理各一册，参与教师75人。

四、强化科技体艺活动，促进学生全面发展

（一）科技创新创造骄人成绩

学校科技创新社团参加张掖市第二十二届"飞向北京—飞向太空"甘肃省科技体育教育竞赛，有36名学生获奖，其中一等奖9名，二等奖15名，三等奖12名，在229支代表队比赛中，学校获得了中学组团体第五名的好成绩。学校猎隼无线电测向队有12名学生参加酒泉市"2020年甘肃省科技体育无线电测向锦标赛"，邸富燕等8名同学获奖，其中一等奖3名，二等奖2名，三奖3名，两位老师获得"优秀辅导员"称号，学校获得"优秀组织奖"称号；12名学生参加平凉市2020年"寻找美丽中华"全国旅游城市定向系列赛暨甘肃省科技体育定向竞标赛，李彦泽等7名学生获奖，其中二等奖4名，三等奖3名，两位老师获得"优秀辅导员"称号，集体项目获得2020年"寻找美丽中华"全国旅游城市定向系列赛暨甘肃省科技体育定向锦标赛短距离定向团体赛–W18青年女子组第二名、青年男子组第二名，百米定向团体赛–W18青年

女子组第二名、青年男子组第二名；学校获得"体育道德风尚奖"称号。

（二）体艺活动促进了学生的个性发展

1. 体育竞赛活动。我校参加2020年兰州市校园足球市级联赛，取得高中男子组第六名的成绩；参加2020年榆中县第五届青少年校园足球联赛，夺得高中组冠军。为了活跃校园文化生活，我校举办榆中县恩玲中学第十八届学生暨教职工运动会。

2. 艺术展演活动。我校举办榆中县恩玲中学第二十届校园文化艺术节、第十一届校园歌手大赛。

3. 手工制作活动。地理组教师组织学生进行地理模型制作比赛。同学们利用身边的环保材料和废旧物品，运用课堂上学习到的相关地理学科知识，设计并制作出新颖独特而富有创意并且具有实用价值的地理模型。通用技术教师两次组织高二学生利用手边的废旧物品，开展手工制作大赛。这些活动丰富了学生的校园生活，锻炼了学生的心智。

（三）学生社团活动引领学生的特色发展

为适应新课程改革形势，引领社团活动特色发展，校团委组织成立国旗护卫队、《晨韵》文学社、学生摄影协会、恩玲广播站、校园电视台、塞纳瑞乐队、动吧拉丁舞社、恩韵民乐团、雄鹰羽毛球社、志愿者协会、合唱队、印象画社、金石轩书画社等37个社团。我校出版校刊《晨韵》第57、58期，校报《今日恩玲》第18、19期；积极组织学生参加"我和我的祖国"征文比赛、书信文化大赛，有4名学生被推荐参加兰州市"我和我的祖国"征文比赛，其中2人获一等奖、1人获二等奖、1人获优秀奖。信息中心组织高一年级举行"节约环保，从我做起"电子板报设计比赛、科幻画比赛，分别有36件作品获得一、二、三等奖并在全校展示。

五、警钟长鸣，安全第一，维护校园平安稳定

（一）安全课程纳入校本课程

学校组织编写《安全教育读本》校本教材，将安全教育（交通安全、消防安全等）和毒品预防教育纳入学校校本课程体系，每学年安排10课时的安全教育校本课程，另外组织开展安全教育主题班会，并结合兰州市安全教育平台，使得学生安全教育覆盖面达到100%。

（二）强化安全主题班会的育人作用

学校加强安全主题班会课的育人作用，认真开展"开学安全教育第一课"、交通安全、消防安全、防溺水、防校园欺凌、生态文明、防火防电、预防传染病和食物中毒等方面的安全主题教育班会，锤炼学生防控风险的能力，强化学生安全意识，树立安全发展观。

（三）充分发挥各类教育平台、教育节点的宣传作用

学校充分发挥升旗仪式、校园广播站、宣传栏、黑板报等宣传阵地的提示、警醒作用，向师生宣传国家防灾减灾、消防、法制、交通、防校园欺凌等信息，防微杜渐。学校利用"安全教育日""国家安全日""国际禁毒日""消防日""宪法日""心理健康教育日"等节点开展防火防电、防溺水、防拥挤踩踏、交通安全、法治教育等安全教育实践活动，进一步提升学生的安全素养。学校开辟安全知识宣传橱窗15个，防灾减灾宣传展板10个，并悬挂安全宣传横幅。

（四）常规开展演练预防活动

每学期学校认真组织学生开展紧急疏散演练活动，全学年共组织4次逃生演练，即火灾演练、防震减灾演练、防踩踏和疫情防控演练。为了预防校园欺凌，学校与综治部门、派出所联合组建校园防欺凌领导小组，完善校园防欺凌管理制度和应急预案，制定校园欺凌事前预警、事中处理和事后干预流程，明确责任，提高了校园欺凌的防范能力和应急能力。班级学生安全管理员协助班主任开展校园欺凌排查工作，每周逐人排查，形成排查台账，确保及时发现、及时处置。我校对全校2000名学生进行了校园欺凌问卷调查，为后续工作的开展提供了依据，奠定了基础。

在大家的共同努力下，学校在消防安全、交通安全、校舍设施及实验器材安全、安全检查隐患排查、三防建设、门卫值班、宿舍管理、食品安全、教学安全、预警告知、校园周边安全等方面，没有发生安全事故，校园教育教学环境安全和谐。

六、发扬救助扶持精神，做好学校资助工作

学校资助工作依托资助中心，以"不让一名学生因家庭经济困难而失学"为目标，自始至终坚持"拓展、规范、精准"原则，大力宣传资助

政策，认真核查受助学生，圆满完成了各项资助任务。目前，国家资助有免学费、国家助学金、"滋蕙"计划三项，社会资助有"鸿玉班""玉圣班""春晖班""田青青资助女生项目"四项，一年来共资助学生2637人次，资助金额为194.808万元。社会捐助图书654册。

学校资助工作受到市县资助管理部门的好评。2020年10月，全市教育资助系统现场会在我校召开，市教育局、市资助中心及各县区主管资助工作的领导考察了我校学生资助工作，资助中心主任梁迎春在大会上做经验交流发言，受到市资助中心领导的高度好评。学校积极配合市资助中心拍摄了以我校高一（7）班朱青林同学为主演的学生资助育人公益微电影《风吹树》，并在甘肃电视台公映。一年来，春晖班成立了"恩玲春晖公益"社团，并每周开展一次公益活动，使学生在受助中感恩，在付出中成长。梁迎春老师被评为全县"学生资助工作先进个人"。

七、强化信息化建设，助推教育教学工作顺畅发展

1. 2020年，学校完成了多项信息化设施、设备的更新与建设。现代化技术运用日趋精细，为教育教学管理发挥了很大的作用。

硬件更新与建设维护方面。学校完成了高考监控更新工作，更换了10台监控交换机，更换了1台校门口监控球机；改造了校园广播系统，接收并安装了县教育局配发的常态录播教室一间；投资10万元建成常态录播教室一间，解决了我校录播教室不足的问题。同时，学校完成了各类信息建设维护工作，包括校园网络、听力系统、校园广播系统、无线设备、资源服务器、各种监控设备的维护；完成了各办公室、教室教学用计算机等信息设备的维护工作；完成了学校网站、实名制系统、甘肃省智慧教育云平台、钉钉平台等网络平台的维护工作；教室多媒体、LED屏、录播教室、学生机房使用管理到位，提升了学校信息化建设水平。

2. 信息化教学活动方面。2020年，学校完成了寒假期间市教育局开展的"名师在线"相关教育活动，维护平台正常运行，协助各班主任指导本班学生进行线上学习；完成了钉钉平台的开通，使全校教师在疫情期间能够开展线上教学；同时积极组织教师参加市县十九届信息技术与学科融合课例比赛及课件比赛。

八、进一步完善学校设施，提升学校办学层次

为了更好地服务于教育教学工作，学校在购置教学设施及其他基建方面做了许多工作，提升了学校的办学层次。在上级主管部门的关心和支持下，学校经过多方努力，争取中央省发展专项资金1795万元，建成了面积7638平方米的宿舍楼。一年来，学校筹措资金约92万元，建成了一个常规录播教室、禁毒教育室，在大礼堂安装了LED彩色大电子屏，购置了16个文件柜、12幅篮球架以及教学短缺的音美体器材，购置了疫情防控必备的消毒液、口罩等，更新了学校监控系统和报警系统，争取县教育局调拨单人课桌凳1800套、常规录播教室设备一套。所有这些设施的修建和设备的配备，极大地改善了学校的办学条件。

九、强化学校人文管理，提升教职工职业幸福感

工会组织教职工羽毛球赛、举办教职工才艺展演活动，这些活动丰富了教师业余生活，凝聚了教研组团队力量；开展教职工心理健康状况的调查，积极组织教职工进行体质健康检查；全面了解教职工家庭情况，以各种形式关心教职工，在教职工婚丧嫁娶或生病住院时，组织人员去看望、慰问；对于因病导致生活困难的职工家庭，建立困难职工家庭档案，积极向上级工会组织和其他部门争取资金给予救助。

十、发扬成绩，奋力耕耘，促使学校工作更上一层楼

在县委县政府、县教育局的领导下，在朱恩馀先生、黄翠玉女士及社会各界人士的关心与支持下，全体"恩玲人"同心协力、砥砺前行，持续创造着学校辉煌。2020年，面对生源较差等困境，全体老师发扬拼搏精神，精心施教，高考二本上线学生达到749名，圆满完成了市县教育局制订的目标。

这些成绩是我们精诚团结、同舟共济、勇于奉献的结果。学校的每一步发展、每一次进步，都凝聚着各级领导、各界人士的关心和支持，在此，我代表校委会向多年来关心学校发展的各级领导表示崇高的敬意和诚挚的谢意！向一年来辛勤工作在第一线的广大教职工表示亲切的慰问和最良好的祝愿！

第二部分：存在的问题及工作中的不足之处

过去的成绩固然令人欣慰，令人鼓舞，但是我们也清楚地认识到学校工作还存在着一些不足和问题。师德师风的建设仍需常抓不懈，"懒""散""庸""混"的工作作风时有发生，不能根除；教师工作的积极性有待进一步提高，促使教师树立责任意识、担当意识的任务还很重；班主任队伍的建设还需要不断完善；骨干教师的引领作用发挥不到位、不充分；青年教师的培养缺少完善有效的机制；学校中层干部的梯队建设成效不显著；教师职业的担当责任仍需强化；如何增强职业幸福感仍需不断探索。这些问题须引起我们的高度重视，在以后的工作中逐步加以解决。

第三部分：2021年学校工作指导思想和工作任务

学校以习近平新时代中国特色社会主义思想为指导，全面贯彻党的十九大和十九届五中全会精神，全面贯彻党的教育方针，坚持社会主义办学方向，落实立德树人根本任务，遵循教育规律，系统推进学校教育评价改革，树立科学的教育发展观、人才成长观，努力培养担当民族复兴大任的时代新人，培养德智体美劳全面发展的社会主义建设者和接班人；以办人民满意的教育为出发点，以立德树人为先导，以加强师资队伍建设为关键，以新高考改革为突破点，以"123468金字塔式目标"为德育主线，以学校教育评价为重点，以提高学生综合素质为核心，全面推进素质教育，全面提高教育质量；将"抓管理、促改革、建品牌、提质量"作为学校的奋斗目标，力争打造一所办学思想前瞻、教育改革领先、办学特色显著、教育质量优良的"窗口"示范校。

一、加强班子队伍建设，促进学校和谐发展

教育要发展，班子是关键。一个好的领导班子是办好一所学校的前提和保证。领导班子是学校的领导核心，班子成员的思想观念、价值取向、工作

作风等，直接影响着校风、教风、学风，决定着学校发展状态。如何使所有班子成员心往一处想，劲往一处用，使整个班子的凝聚力、战斗力、号召力和创造力得到不断提升，关键要在"带、勤、实、和、廉"五个字上下功夫。

1. 做好"带"。处处带头、以身作则、率先垂范，这是学校领导取信于民的基础。班子成员在工作中应努力做到三个带头：一要带头学习，做学习型领导。二要带头研究教育教学工作。班子成员要带头深入教学一线，指导学校的教育教学工作，在实践中发现问题、研究问题、解决问题，在落实中求发展、求提高、求创新。三要带头遵守学校规章制度。对于学校的各项规章制度，凡要求教师做到的，班子成员首先要做到。

2. 做好"勤"。勤奋是干好工作的保障。每一位领导都要脑勤、腿勤、眼勤、嘴勤，做到勤于工作、勤于反思。

3. 做好"实"。第一，为人、做事要求实、务实。领导考虑问题要顾全大局，不能只站在一条线一个角度看问题，在工作中不能掺杂个人的感情因素。第二，工作要扎扎实实，不搞形式，不走过场。学校的教育教学工作和其他的重大活动，无论从设计、组织和安排上，都要从学生实际出发，从教师实际出发，从学校实际出发，讲究针对性，追求实效性。第三，领导要抓工作落实情况，工作要有布置、有检查、有反馈、有指导、有总结，即"布置+落实+监督+反馈+重新落实=圆满的结果"。

4. 做好"和"。领导班子的团结，是全校教职工团结的关键，也是学校健康、和谐、快速发展的关键。领导班子的团结，不是迎合，也不是义气，而是为上级负责、为师生负责、为学校发展负责。班子成员之间要搞好团结，多交流、多沟通，形成相互尊重、相互信任、讲究民主的工作氛围。

5. 做好"廉"。廉洁从教是树立教育系统良好形象的基础。只有领导班子做到了廉洁自律，才能引领全校师生形成良好的校风、教风、行风。面对来自社会上的种种诱惑，我们一定要时刻保持清醒的头脑，自觉遵守各项要求和规定，树立教育工作者的良好形象。

二、实施精细管理策略，有效推进学校发展

我们将"教育即服务、质量即生命、安全即根本"作为总体的管理理

念，立足把学校管理工作的每一点做精准、每一环节做精细、每一方面做精致，全方位强化学校管理。学校通过强化岗位目标责任，改革教育评价体系，建立重品行、重能力、重绩效的用人机制和分配机制；加大对常规教学管理、学校安全工作、师生行为规范等方面的巡查与通报整改力度；加强课程管理，深化课堂教学改革，强力推进教育质量、办学效益"双高"工程；大力开展人文校园和书香校园创建活动，以文化助推学校发展，以文化推动德育工作；做实做细安全管理，强化人防、物防、技防、心防，实现校园及周边电子监控设备"全覆盖"，全力打造一所"学生向往、教师幸福、家长放心、社会满意"的示范性高中。

三、加强教师队伍建设，提高教师整体素质

（一）树立高尚的师德，有效落实立德树人

立人先立德，树人先树品。鉴于教育者和被教育者的对应关系，"立德"，既有对教育者——教师的要求，也有对被教育者——学生的要求。具体来说，"立德"对教师的要求是立师德，"立德"对学生的要求是立学德。立德树人，首先要立"师德"。"师德"是教师素质的灵魂，即"师魂"，它是教师和一切教育工作者必须遵守的道德规范和行为准则，以及与之相适应的道德观念、情操和品质。作为教师，必须有良好的职业道德，具有较高的人格魅力。专业知识是教书育人的资本，是将学生培养成才的必备条件，是教师必备的业务素质；淡泊名利、志存高远，实际上就是教师和教育工作者要立的"师德"。我们每一位教师要通过经常性的学习、研讨，完善自我，树立坚定的理想信念，树立正确的人生观、价值观，以强烈的事业心、高度的责任感、使命感去潜移默化地影响学生，为培养德智体美劳全面发展的社会主义建设者和接班人打下扎实的基础。

（二）加强教师管理，树立团队意识

为了强化教师的团队意识，激发教职工的工作积极性，使大家同心同德，为实现学校奋斗目标凝心聚力，学校应做好以下工作：第一，建立健全各项管理制度，完善"师德师风"考核方案，对师德考核不合格的教师实行一票否决制；第二，认真抓好规章制度的落实，对教师的管理要做到制度执行严肃严谨、赏罚严明，在制度面前人人平等，尤其学校领导层更要以身作

则，在行使管理职权的同时，要接受全校教职工的监督，真正成为全体教职工的表率，要在全校上下形成制度的约束力、规范力；第三，领导班子成员要注重与教师的情感交流，关心尊重每一位教师，关心他们的疾苦，尊重他们的人格和意见，尊重他们的劳动成果，真诚坦率地对待每位教师，在与教师的交往中，要真心诚意，以心换心，多为教师办实事，注意维护教职工的合法权益，使教师对学校产生一种信赖感，让教师积极支持学校的工作，形成强大的团队合力。

（三）强化教师业务培训，提升专业能力

苦练基本功，提升业务素质。首先，学校大力推行"三大工程"：名师工程，即从现有业务水平高、有特色风格的骨干教师中选拔一批校级名师，使其成为学科带头人；能手工程，即从教师中开展教学能手竞赛活动，强化骨干教师队伍建设；新秀工程，即向青年教师提出一年适应、二年合格、三年争当骨干的目标。其次，学校采取"走出去，请进来"的方式，开阔教师视野，提升教师专业能力。积极组织教师参加各种培训，有计划选派骨干老师到名校考察学习；聘任专家来校做专题报告、讲示范课。最后，学校围绕"自主学习、高效课堂"这一主题，积极开展"同课异构"教学大比拼活动和优质课评比活动，提高教师专业化水平。

四、科学谋划沉着应对，稳步推进高考改革

新高考改革方案以"文理不分科""多次考试""必考+选考""专业+学校"等内容，对过去"文理分科""一考定终身""学校+专业"的选拔制度等进行了大幅度的变革。以"专业为导向"的选考和录取制度，加上"文理不分科"的新机制，给高中学校的管理及教学带来了众多新的挑战。为了积极应对高考综合改革，学校一定要做好以下工作。

（一）逐步推行分层教学，实施全员走班制

和当下的行政班教学不同，新高考改革后的高中教学将采取分层教学，逐步推行全员走班制。学校建立选课制度，编排选课指南，指导学生根据学习兴趣特长、学科学业基础、专业发展趋向、大学招生要求等，自主选科目、选层次、选教学班级。下学期学校要引导学生再次进行模拟选课，提前了解师资情况，根据师资、教室等教学资源的实际情况，安排课程教学，提

前告知选考科目教学班的最大容纳量，引导学生有序选择。

（二）统筹教学资源，优化课程建设

学校要做好统筹教学、资源、教师的安排，探索不同类型的"选课走班"模式，转变育人方式。具体表现在六个方面：顶层设计，从"划一"到"特色"；生涯教育，从"成绩"到"成长"；统筹安排，从"固定"到"选择"；教学管理，从"宏观"到"微观"；课堂教学，从"传统"到"开放"；学生发展，从"被动"到"主动"。

（三）课程体系设计多样化，师生评价多元化

学校课程设计突出个性化和开放性，教育教学以"选课走班"的形式开展，必修、选修彼此交融；教材、课辅体现高度校本化；以学科教室为基本场地，场地管理与建设从年级过渡到学科；学生管理实行班主任与科任教师合作管理模式；学生评价突出过程性和促进作用，降低评价的甄别与选拔功能；教师评价注重过程性评价，学校应建立教师专业发展档案袋，强调职业精神和专业素养等。

（四）成立"生涯指导办公室"，研究指导学生的生涯规划

学校成立"生涯指导办公室"，具体负责学生的生涯规划。高一年级侧重"生涯认知"，主要围绕高中适应性问题、学业的合理规划问题，引导学生了解自己的性格、能力、优势不足、价值观和学科兴趣，指导学生进行自我探索和规划。高二年级侧重"生涯探索"，主要围绕未来职业取向、"3+1选2"中选哪两门学科等问题，引导学生及早了解与自己兴趣、性格相匹配的专业，做出合适的选择。高三年级侧重"生涯选择"，主要围绕志愿填报，引导学生深入了解自己感兴趣的专业，着重于职业和专业的对接指导，开展各类"职业体验"社会实践活动，让学生充分认识知识与技能在社会生活中的重要性。

五、实施高效教学模式，全面提升课堂效率

（一）用先进的教育理念引领课堂教学

没有最好的教育，只有适合的教育。为了调动学生的学习主动性和积极性，学校不断探讨"高效课堂教学模式"，结合校情、学情，确定了"双向四步七环课堂教学模式"。这种模式将传统教学中注重的"预习、讲解、练

习"与新课程教学提倡的"合作、探究、拓展"有机结合起来。教师在课堂教学中运用"高效课堂教学模式"，并对教学模式进行创新，在教学中一定要关注学生的学习主动性，适当地给学生讨论的时间，让学生展示讨论的学习成果，通过展示反馈发现存在的问题，教师将其作为难点进行突破。课堂能有效解决学生学习中存在的问题，那么这节课就是一节成功的课。

（二）教学工作要在"细、实、早"上做文章

"细"字能体现教师认真负责的态度。教师每周坚持集体备课，集思广益，博采众长，备出详细教案，确保课堂教学有的放矢，杜绝低效无序；每节课结束后，写出翔实的教学反思，不断提升教学效率。"实"字能体现教师的实干精神。每位教师都要有"实实在在干事情"的精神，要积极构建"实效课堂"，认真上好每一节课，作业、练习、试卷做到有收必改，有改必讲。"早"字能体现抢占先机的能力。我们的学生要么单科"瘸腿"，要么综合能力较差，且"瘸腿"又主要集中表现在数学和英语两科上。针对这种现象，从高一开始，教师要整体规划，利用自习课时间，开展英语朗读及数学套题训练，夯实学生的英语、数学的基础，不断提高学生英语阅读能力和数学解题能力。

（三）强化高三备考策略，形成合力冲击高考

做好高三复习备考工作，是高三教学工作的重要一环，也是高考取得优异成绩的关键。如何组织好高三复习备考，是社会各界包括学校、家庭、广大考生普遍关注的事情。所以，学校要全力以赴做好高三备考工作。

1. 高三教师要重点研究高考的命题方向，各学科都要培养各学科的核心素养，通过教学，让学生树立学科核心素养，实现"立德树人"的教育目标；在试题研究上，要关注《中国高考评价体系》，关注近三年高考真题；在方法引领上，要让学生抓住学科主干，形成体系，要教给学生方法，形成学科思维品质。

2. 各学科备课组长组织本学科教师认真研究教材、历年的高考试卷，分析高考命题的特点，分析学生的实际情况，然后，科学地制订各学科复习备考的目标和计划。在复习备考阶段，要贯彻"四个结合"的原则：第一，板块训练与综合训练相结合；第二，知识技巧训练与能力培养相结合；第三，知识技能的训练和心理素质的提升相结合；第四，应考技能的训练与应考习

惯的培养相结合。

3. 整体部署，科学安排，夯实基础，整体落实。学校把复习时间分为三个阶段：①从本学期开始到下学期3月上旬为第一轮复习。这一轮复习的目标是回归教材，夯实基础，使学生对教材中的基本知识结构、基本概念和基本规律有清晰的认识。在教学上我们坚持基础性、系统性、全面性、层次性的原则，在构建学科知识体系的同时，兼顾能力渗透。教师上课要突出重点，抓住关键，突破难点，训练要注重实效，克服简单重复。在学法指导上，我们要求学生以课本为本，充分发挥课本的主导作用，弄清每个章节的知识点和要求，基本规律的来龙去脉，以及本章节内容和前章节内容的关联。学生不仅要加深对基本概念、基本规律的理解与运用，还要弄清概念、规律的形成过程。我们要通过复习引导学生对所学知识进行综合归纳、总结，形成知识体系。②下学期3月中旬到4月底为第二轮复习。这一轮复习的目标是提升学生能力，主要是通过专题讲座辨析各知识块内的基本概念及其相互关系，对主干知识进行梳理、串联，构成科学、系统的知识网络，总结小范围内综合问题的解题方法与技巧，培养学生分析问题和解决问题的能力。③下学期5月至6月高考前为第三轮复习。这一轮复习的目标是强化学生能力，也是高考前的冲刺训练。本轮复习主要分两步走：先用3周时间进行模拟训练，从知识到能力到心态全面训练，主要进行高考仿真题的模拟训练，并密切关注高考相关信息及命题的方向，教师要进一步总结解题的方法与技巧，培养学生分析和解决综合、复杂问题的能力，提升学生思维能力；再用一周左右的时间，让学生自由复习，自行梳理一年来复习的内容，查漏补缺，教师及时做好答疑解惑和考前指导，让学生满怀信心去参加高考。

六、完善教育评价机制，提高学校育人水平

学校以2020年10月中共中央、国务院印发的《深化新时代教育评价改革总体方案》为指针，坚持立德树人理念，牢记为党育人、为国育才使命，充分发挥教育评价的指挥棒作用，引导确立科学的育人目标，确保正确的教育发展方向。

（一）坚持把立德树人成效作为评价根本标准

学校加强党的全面领导，坚持正确办学方向，加强和改进学校党建工作

以及团建工作，把做好思想政治工作和意识形态工作、依法治校、维护安全稳定作为评价学校领导班子成员及教职工的重要内容，健全学校内部质量保障制度，坚决克服重智育轻德育、重分数轻素质等片面办学行为，促进学生身心健康、全面发展。

（二）坚持把师德师风作为第一标准

学校坚决克服重教书轻育人等现象，把师德表现作为教师资格定期注册、业绩考核、职称评聘、评优选先的首要条件，强化教职工思想政治素质，推动师德师风建设常态化、长效化；建立健全教师荣誉制度，发挥典型示范引领作用；全面落实新时代中小学教师职业行为准则，建立师德失范行为通报警示制度；对出现严重师德师风问题的教师，上报教育主管部门严肃处理。

（三）实施"以学论教"的教学评价机制

"以学论教"的教学评价强调以学生在课堂学习中呈现出的状态、效率为关键要素来评价课堂教学的质量，从而改变传统教学评价的弊端。为此，我们在课堂教学的评价中，应突出以下几方面的评价目标：第一，面向全体学生；第二，促进学生全面发展；第三，提高学生自主学习能力和自我发展能力；第四，关注学生的核心素养和未来发展。我们通过实施评价主体多元化、评价内容广泛化、评价标准具体化、评价方法多样化，促进学生全面发展，促进教师改进教学方式，提升教学质量。

（四）突出教育教学职责评价

学校以认真履行教育教学职责为评价教师的基本要求，要求教师上好每一节课、关爱每一个学生；将教师参与教研活动、编写教材、案例、指导学生参加社会实践活动、社团活动、竞赛展演等计入工作量；探索建立教师教育教学述评制度，每一个教职工每年对自己承担的工作进行述职，处室、教研组进行评议，将评议情况纳入教师考核内容。

（五）改革学生评价体系，促进德智体美劳全面发展

学校坚持以德为先、能力为重、全面发展，坚持"面向人人、因材施教、知行合一"的原则，坚决改变用分数给学生贴标签的做法，创新德智体美劳过程性评价办法。政教处要牵头制订学生德育评价改革方案，科学设计各年级教育德育目标要求，切实引导学生坚定理想信念，厚植爱国主义情怀，加强品德修养，增长知识见识，培养思维品质，增强综合素质。教导处牵头制订学生体育、美育评价方案，建立日常参与、体质监测和专项运动技能测试相结合的考查机制，将达到国家学生体质健康标准要求作为教育教学考核的重要内容，引导学生养成良好锻炼习惯和健康生活方式，锤炼坚强意志，培养合作精神。体育教师要客观记录学生日常体育参与情况和体质健康监测结果，定期向家长反馈。学校要把学生学习音乐、美术、书法等艺术类课程以及参与学校组织的艺术实践活动情况纳入学业要求，促进学生爱好艺术，增强艺术素养，全面提升学生感受美、表现美、鉴赏美、创造美的能力。

办人民满意的教育是党、国家、社会对每个学校的要求，也是我们教育工作者义不容辞的责任。基础教育重任在肩，本无止境；争创名校前程辉煌，任重道远。"长风破浪会有时，直挂云帆济沧海"，让我们勠力同心，砥砺前行，共同谱写恩玲中学发展的新篇章。

（2020年12月28日在学校六届五次教代会上的学校工作报告）

家校同心同发展　携手共育共成长

榆中县恩玲中学　白军志

尊敬的各位家长：

大家好！

非常感谢各位家长抽出宝贵的时间来参加今天的家长会。在此，我代表学校党支部、校委会向各位家长的到来表示最诚挚的欢迎！借此机会，真诚感谢各位家长自孩子高一入校以来对学校工作的支持、理解、帮助和配合。

今天的家长会，我把学校的基本情况、办学理念、培养目标、学校管理以及家长如何做好家庭教育，与各位家长进行汇报、交流，希望各位家长对学校能有所了解，并掌握一些家庭教育的方法，对孩子的健康成长有所帮助。

一、学校的基本情况

榆中县恩玲中学由香港善源基金会朱恩馀、谢玲玲夫妇捐资500万元人民币于1996年6月动工建设，1997年8月建成开始招生，由兰州市榆中县教育局举办，因此命名为"榆中县恩玲中学"。榆中县恩玲中学现为兰州市示范性高中，甘肃省德育示范校，甘肃省文明校园，甘肃省语言文字规范化示范校，甘肃省中小学标准化心理咨询（辅导）室示范校（A级），甘肃省卫生先进单位，甘肃省绿色学校，兰州市文明单位，兰州市校园文化示范校，兰州市中小学依法治校示范校。建校以来，学校先后获得甘肃省优秀考点，兰州市教育系统先进集体，兰州市花园式单位，兰州市公民道德建设示范校，"三五、四五、五五"普法先进单位，全国地理学会"地理科普教育基地"

201

等各项殊荣300多项。

学校占地80余亩，总建筑面积4.5万平方米，绿化面积2万平方米；现有在校学生3023名，226名教职工，其中正高级教师3人，高级教师79人，一级教师110人，硕士研究生学历50人，金城名校长1人，省园丁奖获得者3人，县级以上骨干教师49人，市级学科带头人6人，县级学科带头人17人。学校建成综合教学大楼、图书实验楼、4栋学生公寓楼、学生餐饮中心、水冲式厕所等硬件设施；现有藏书20万册，报纸杂志240多种；建成校园网联通教室、教研室、办公室；建有高标准的物理、化学、生物实验室、仪器室和准备室以及集开会、报告、演出于一体的多功能大礼堂、学术报告厅；教室全部安装最先进的多媒体教学设施；配置管道直饮水系统。

经过多年艰苦创业和不懈拼搏，学校创出了"低进高出，高进优出"（入学成绩低、高考上线率高）的办学新路子，受到社会的赞誉。学校2018至2020年连续三年荣获兰州市市级示范性高中教育教学质量优秀奖。

为了更快更好地发展，学校以"德恩"为核心理念，确立了"善以养德、学以立身、知恩感恩、成就自我"的办学理念，形成了"厚德积学、励志敦行"的校训、"明德知恩、求真至善"的校风、"恩泽培德、玲珑启智"的教风和"弘德感恩、乐学善思"的学风。学校的发展目标是办一所学生向往、教师幸福、家长放心、社会满意的优质名校。

二、家庭教育存在的主要问题

（一）家庭环境不良

家庭环境作为家庭教育的前提和基础，对学生有着潜移默化的影响。家庭环境不良往往是学生出现问题的最根本原因。

（二）留守儿童问题

随着社会的发展，越来越多的农民走向城市，在外打工。由于生活条件所限，农民子女被迫留在家中由祖父母看管，缺乏家庭教育的氛围。这使教育在学校与家庭之间出现断层，孩子缺乏家长管束，容易形成孤僻、以自我为中心的性格特点，并有可能养成不良习性。

（三）重养轻教

随着经济的发展，人们的生活节奏在加快，这使得家长工作压力大，终日忙于工作，往往只为孩子提供优越的物质环境，忽视了对孩子的教育。既不重视对孩子的智力方面的教育，又不关心孩子的情绪反应、行为问题及个性发展。家长对孩子不闻不问，孩子就会很容易受不良风气的影响，成为犯罪分子的"牺牲品"或是步入早恋的歧途。

（四）管教方式粗暴

受"棍棒之下出孝子""不打不成才"等思想的影响，父母会对孩子进行过分严厉的惩罚教育，表现为：对孩子的缺点错误，不调查研究，不分析原因，张口就骂，动手就打，由于缺乏恰当的说服教育，子女感到一种无法摆脱的压力，家庭气氛紧张；当父母以"不许""不要""不能"等对孩子的一切尝试横加干涉时，孩子很容易自信心受挫，对自己产生怀疑，甚至可能导致退缩心理。

（五）家庭成员教育态度不一致

家庭各成员的学历和职业及经历各不相同，在教育孩子问题上会产生很大的分歧：如当父亲批评教育孩子时，母亲就会心疼孩子出来打圆场，孩子一听到要挨打受训就跑向"保护者"。为了家庭和睦，教育终止了，结果是不仅适当的教育被破坏了，而且助长了学生的任性、骄横，不利于"是非观"的形成，不利于培养孩子抗挫折能力。

（六）表扬和批评运用不当

表扬和批评是教育孩子时常用的方法。恰当地运用表扬和批评有利于孩子良好行为习惯的形成，但运用不当就会打击他们的自尊心，伤害他们幼小的心灵。"好孩子是夸出来的"，但许多家长并不会恰当地运用。有些家长对孩子表扬太多，孩子视为理所应当，自满自傲；有些家长表扬太少，孩子干什么都没劲，没有积极性，缺乏信心，渴望关注；也有的家长总是在外人面前数落孩子，这种变相的批评使孩子抬不起头，伤害了孩子的自尊心。

三、当前学生的心理现状及应对策略

（一）心理孤独

学生心理孤独的原因，首先是在家没有同伴，其次是内心无追求。孤独会有哪些麻烦？其一，人一旦孤独，就会无端伤感，莫名其妙流眼泪。其二，人一旦孤独，就会思考一个问题："我存在有什么意义？"人一旦有这种问题，痛苦就伴随着他了。所以我们教育面对的问题是我们得知道自己的子女是什么样的人，才会有方向。

家长应对的策略：多与孩子沟通，与孩子交朋友，了解孩子的爱好，鼓励其发展特长，培养其各种良好习惯。

（二）负担沉重

学生负担沉重的原因是：受到的关注过多，从小学开始学习就有压力，且年级越高，压力越大。回想我们小时候，大部分人都生活在多子女家庭，父母很难投入过多的关注在某一个孩子身上。但是现在的孩子是什么样呢？一个孩子来到这个世界上，至少就有四个人围着他，把最好的付出给他。那么多人爱一个孩子，你能体会到这个孩子的感受吗？你知道这个孩子的内心世界吗？他内心里面的苦闷你知道吗？其实人都有一种本能，谁对自己好，他就要报恩。我看到一个案例，一个四岁的孩子跟奶奶说："奶奶，我长大后赚钱给你用，因为你对我太好了。"可是等到十几岁他就搞清楚了，他报不了这个恩，为什么？因为这些大人不会要他的钱，他们要的是孩子去读名牌大学。可名牌大学在中国就这么几所，凭什么你们家孩子就一定能考上呢？

比如我们学校有少部分学生，到了高三不投入学习，整天看手机、看小说、谈恋爱。你问他想不想考大学？他回答"想"，还要考好的。那为什么不投入学习呢？因为他们焦虑不堪。我只要说一句话他们就会流眼泪，我说："你可能考不到你觉得理想的大学，然后你会觉得对不起你的家长，他们对你太好了，是不是？"孩子们点头。我们能看到现在的孩子有空前的学业压力，这只是显性的，而隐性的东西是孩子们在家跟焦虑高危人群在一起，这些人是孩子的父母、老师。你想想看，如果孩子在学校、在家都要面对一群焦虑的人，人人对孩子拉橡皮筋，老师在学校里不停强调考试、学习；孩子回到家，家长也在强调考试、学习，这个孩子可能就完了。

家长应对策略：关注孩子们的身心健康，要引导孩子善于与人相处，热爱生活；要关心孩子的学习，但千万不能只关心孩子的成绩，要客观地认识学生的成绩，要帮助学生及时总结经验教训，要多方面综合评价孩子，做到不急躁、有方法、有耐心。

（三）话语权高

现在孩子的第二个特征是对话语权要求非常高。这绝对是一个很特殊的现象，在中国几千年来是没有的。我有时候在思考，独生子女政策虽然有很多弊端，但是它会推动民主进程。为什么呢？首先，人的环境不一样。我们小时候被教育成"大人说话，小孩别插嘴"，我们认为这是天经地义的。现在孩子的生活是这样的，他在家里没有兄弟姐妹，直接跟大人对话，为什么你说话我不可以说话呢？反过来看我们现在的学校教育者，还是秉承老一套。我们经常可以看到有的中学生被老师教育的时候，老师在训他，这个中学生就这个样子，"差不多了，讲好了吧？我可以进教室了吧？"他根本不会听你讲的。为什么？因为他话语权要求很高，你没有给他平等的对话。曾经有个公司的老总朋友给我说了这样一件事情，说他公司有一个名牌大学的实习生，这个实习生在开会的时候负责做记录，会上老总讲完话，实习生说："我也来讲。"老总说："怎么可能轮到你讲？"他说："我为什么不可以讲？我也了解啊！"于是这个老总就看不懂了。我跟他说，你要知道他们有很高的话语权，如果你不让他有话语权，他就到网上去说，你堵不住他的嘴。

家长应对策略：不管工作多忙多累，每个星期和您的孩子做一次交流，注意了解孩子的思想动态和心理情况，认真倾听孩子对某一件事的看法，若孩子出现错误的观点，做出正确引导。

（四）意志薄弱

我们的孩子从小到大，没去过农田劳动，他们的任务是好好学习，而我们的学校也没有提供给孩子更多的劳动和社会实践活动。孩子在家庭中过分受保护往往带来两种不良的倾向，一是执拗，二是软弱。

家长应对策略：

1.让孩子吃点苦。孩子将来面对的是充满竞争的社会。"适者生存""优胜劣汰"的法则是毫不留情的，家长再宽大的翅膀也无法护送孩子抵达理想的彼岸。如果今天孩子没有吃苦的精神准备，缺乏吃苦的能力，将来会真正体会到"苦"的滋味。家长对孩子过多地呵护，实际上就好比在无意中制造陷阱，最终会让孩子跌进去。对普通家庭来说，让孩子吃苦，并不需要家长刻意制造"苦头"给孩子吃，只要让孩子承担他们应该承担的责

任，完成应该完成的任务，就能达到锻炼意志、增强毅力的目的。日常生活起居、家务劳动、学校的各种活动、社会公益活动，孩子能够参与的就让他们参与，只有流过汗、磕破皮、出点血，孩子的意志才能坚韧起来。

2. 培养孩子的劳动观念和习惯。不会做可以学，不肯做就可怕了。如果孩子养成了懒惰、好逸恶劳的心理，就很难摆脱对家长的依赖，获得独立的能力。其实，大多数三四岁的孩子对劳动是充满兴趣的，他们会争着去倒垃圾、帮忙拣菜、扫地抹桌，但家长害怕累着他们，或嫌他们越帮越乱，总把他们打发到一边。殊不知，这样不仅剥夺了孩子能力的锻炼和在劳动过程中学习的机会，剥夺了孩子享受劳动乐趣的机会，还给孩子传达了一个错误的概念：劳动是一种负担。有的家长把劳动作为惩罚孩子的手段，"你不听话，罚你洗碗。"这样更让孩子觉得劳动是一种痛苦。所以家长自己得从根本上审视自己对劳动的看法，深刻认识到劳动的价值。实际上许多家长自己是很吃苦耐劳的，为什么不把热爱劳动的优秀品质传给孩子呢？

【案例】

2010年暑假期间，山东的三名高中生为了磨砺自己的意志，徒步前往北京。他们自带干粮行李，一路上风餐露宿，行程800多公里，历时20多天，终于在一天傍晚到达了灯火辉煌的天安门。这三名同学以自己的实际行动回答了怎样磨砺意志力的问题，那就是不能光说不做，一定要身体力行。而靠这种方式获得的意志力必将是刻骨铭心的，将对他们的一生产生深远的影响。当然，我们没有必要要求学生都去徒步远行，但是我们可以利用多种方式来磨砺学生的意志，长久坚持下来，改变他们内在的意志。

四、如何做好家庭教育，提三个问题和四条建议

（一）三个问题

如果说家长是个职务，那么这个职务是伴随着孩子出生自动拥有的，不需要别人任命。那么我问大家三个问题。

第一个问题：如果做家长是你的事业，你的这个事业现在走到哪个层次？人民日报《教育改革要从家庭教育开始》这篇文章提出家长有五个层次。

第一层次，舍得给孩子花钱；

第二层次，舍得为孩子花时间；

第三层次，家长开始思考教育的目标问题；

第四层次，家长为了教育孩子而提升和完善自己；

第五层次，父母尽自己所能支持、鼓励孩子成为最好的自己，也以身作则支持孩子成为真正的自己。

我想问各位家长，除了愿意为孩子花钱，你还会为孩子花时间吗？你还会有更高层面的思考教育、思考孩子的人生规划、思考与孩子同步学习，伴随孩子成长吗？你能够始终与孩子成长对话吗？你的思想与孩子成长与时俱进吗？我想大部分的家长可能花在物质上多一些，精神层面的要少一些。我们做家长的是否满怀热情和梦想，是否科学做家长、理性做家长，而不是以"父爱母爱的名义"，在有意无意中伤害我们的孩子，影响了孩子的成长呢？

第二个问题：现代家庭教育的"十把刀"，你无意中使用了哪几把？

第1把刀，太多的关爱，使得孩子不知珍惜；

第2把刀，太多的唠叨，使得孩子逆反对抗；

第3把刀，太多的干预，使得孩子缺乏自主；

第4把刀，太多的期望，使得孩子难以承受；

第5把刀，太多的责备，使得孩子失去动力；

第6把刀，太多的迁就，使得孩子不知约束；

第7把刀，太多的在意，使得孩子要挟家长；

第8把刀，太多的享受，使得孩子不知节俭；

第9把刀，太多的满足，使得孩子缺乏快乐；

第10把刀，太多的溺爱，使得孩子不能成长。

你以为父母无偿地付出就会有理想的回报吗？虽然我们付出不图回报，但我们要爱孩子，更要让孩子感知我们的爱，不要让爱泛滥，也不要什么都以爱为名。随着孩子们越来越大，家长们面临的挑战也会越来越多。①孩子在成长过程中，越到高年级，身心的发展对家教水平越提出更高要求；②家长不能与孩子一起成长，水平有限、权威下降；③家长和孩子相处时间很少，缺乏深度的交流；④新时代孩子的独立意识增强。但是，不管挑战有多大，对孩子的管教永远是家长的事业。因为你是孩子的家长，终身不能辞职

不能退休，孩子18岁以前你不管，18岁以后就会来找你麻烦。你后半生的幸福指数就是你的孩子发展状况。所以我们家长朋友不要只顾现在快活，不管孩子，只要孩子过不好，你一辈子就会牵肠挂肚，这就是父母！

第三个问题：开家长会你提前备会了吗？

一般来参加家长会的家长中，有爷爷奶奶参加，也有亲戚代表，妈妈家长居多，要特别对能参加家长会的爸爸点个赞，对夫妻都参加的点个赞。家长会就是教育者的大聚会，家长是我们老师对孩子教育的合伙人，合伙人不来如何合伙教育你的孩子，对自己的孩子都不上心，还能指望别人上心吗？老师可以上心，但是效果就差远了。

家长要提前备好会，至少完成四个方面的任务：

（1）安排好本职工作，按时参加，如确因特殊情况不能参会，则一定要向班主任老师请假说明情况，会后主动到学校找老师单独交流，不要错过时机。

（2）赴会前找机会认真地与孩子谈一次话，带着问题与老师做个别交谈，主动向老师反映孩子的情况，征求老师的意见和建议，把问题、忧虑全部提出来，和老师共同探讨。

（3）认真听取学校领导或老师关于学校情况的汇报，重点领会学校工作的进展和教育的发展趋势，从而明确学校和老师对孩子提出的要求。

（4）会后与孩子认真谈心，交换意见，与孩子共同研究改进措施，制订下一步努力目标。

教师教学负担重，精力有限，因此，家长要主动与学校取得联系，及时向老师反映和了解孩子表现情况，以便学校家庭共同配合，把孩子教育好。

（二）四条建议

1. 相信并配合学校教师很重要

教师、家长、学生三者之间的关系就好比一个等腰三角形，三角形下边两角是家长和教师，教师和家长的长度可以决定学生的人生的高度。学生是顶点，无论活动的方式还是内容都要围绕学生，以学生为中心，这是我们办学的追求点。家长不要当着孩子的面非议老师，非议学校的规定要求。这不利于孩子建立规则意识，会让孩子增加抵触情绪、投机心理。如果家长不尊重教师，你的孩子对老师的尊重也好不到哪里，学习效果也不会好。

家长可参与教育但不能干预学校和教师的教育。我反对家长对学校和教师随意指手画脚。我们和家长是教育的合伙人关系，合伙时间就是孩子在校期间。让懂教育的来从事教育。谁都不应该成为弱势群体，但是谁也不能凌驾为强势群体。当然，家长如果觉得有什么问题，可以与学校交流，但在孩子面前一定要维护学校的规定和教师的权威。

2. 对孩子的教育要讲究策略

你知道孩子在成长变化吗？你知道孩子现在在想什么吗？你会与孩子交流吗？许多家长在社会、在单位能言善辩，但由于不知道亲子沟通技巧，和孩子说不到一起去，坐不到一起去。孩子在成长，你要知道该管与不该管的尺度，理解与尊重的重要性。家长如何与孩子谈话？

（1）抓住把柄谈。

俗话说"牵牛要牵牛鼻子，打蛇要打七寸"。如果家长谈话抓不到点子，整天泛泛地要求他应该这样，应该那样，一见面就反复叮嘱"要好好学习"，每天将陈词滥调挂在嘴边，孩子不烦才怪！如果家长平时多观察，积极与教师沟通，多到学校走一走，了解一些真实的具体情况，那么谈话时"某月某日某时某地某事"内容确凿具体，学生一下子被点中穴位，知道你在关注他，就不会狡辩托词了。

（2）集中时间谈。

学生平时学习任务重，人累；回家家长啰唆，心累。没有喘息的时间，他怎么可能会与你心平气和地坐在一起呢？家长平时应看在眼里，记在心里，将问题集中起来，最好在一周或半月内确定一个时间，找一个不受干扰的地方，很郑重地与孩子坐在一起，集中精力一次说到位，有力度、有深度。

（3）针对问题谈。

成长中的孩子不可能没有不足，而且不足表现在多方面。家长与孩子谈话不要奢望面面俱到，全面开花，集中地针对一两个问题突破就足够。其他问题时机不成熟则不谈。谈的多，面拉得宽反而效果不好。要就事论事，孩子最忌讳提陈年旧事，与其他孩子攀比，胡乱联系，主观臆断。总之，家长要站在孩子角度理解他，以平等的身份尊重他，以理谈事说服他，既指出问题又给足面子，既找到不足又善于肯定。相信孩子，给孩子成长发展的空

间，孩子才会慢慢理解家长的苦衷，才会慢慢敞开心扉。

3. 需要懂的三种基本教育理论

我建议家长朋友可以了解以下教育理论。

（1）最近发展区理论：别老是拿自己孩子和别人孩子比较。学生的发展有两种水平。一种是学生的现有水平，指独立活动时所能达到的解决问题的水平；另一种是学生可能的发展水平，也就是通过教育所获得的潜力。两者之间的差异就是最近发展区。通俗一点说，就是我常说的"看起点，比进步。"每个孩子知识能力、情商智商有差别，他们只要做最好的自己就行了。我们让孩子自己多与自己比，今天与过去比，只要现在的自己超越过去的自己，就应该肯定自己。孩子总成绩不够理想，单科在进步也要肯定，这块知识不行另外一块知识相对过去解决了，也应该肯定，奋斗目标让孩子看得见，够得着，才有希望去努力。家长不要老是关注分数，而要多关注名次的变化，只要孩子在年级的名次在进步就行，没有进步也要冷静分析而不是武断全盘否定。孩子只要盯着下一个目标，每次小步快走就行。每个孩子的起点是不一样的，每个孩子的发展也是不一样的，不能拉得一样长，提一样的要求。

（2）压力与绩效理论：家长要给孩子适当的压力。压力太小不利于激发人的动力，压力过大又使人被压抑，所以要有适当的压力才能有一个好的工作效果。北大、清华谁不愿意上？但并非北大、清华人人都能上。孩子在努力中找到自我，找到成功的感觉，不断地增强自信，才会不断进步。适度的压力是动力，不当的压力是反动力，并非压力越大动力越大。我们许多孩子之所以成绩不稳定，要么是家长加压过度，要么是自我加压过度。

（3）教育的先天论和后天论：鸡窝是飞不出金凤凰的，丑小鸭原本就不是鸭蛋孵出的，等等。对人素质的影响有遗传因素、环境因素、人的主观能动性等。"先天论"强调先天的遗传因素在人认知发展过程中的作用，"后天论"强调环境、教育、后天主观努力对人认知发展的重要作用。我之所以提醒"先天论"不是强调绝对性，而是告诫家长：孩子走多远，家长先审视自己当年的读书状况，现在对生活的努力状况，父母亲发展都不一样，更何况孩子呢？

家长不要把过多的希望全部压在孩子身上，要学会适当加压和减压，不能没压，要科学用压，不要把三代的压力交给孩子。我们在座的家长年龄都差不多，目前发展得都不一样，为何要求自己的孩子与别人的孩子一定要一样呢，甚至必须超过别的孩子呢？

学生有个性差异，大多智商都一样，但是聪明反被聪明误的不少。小聪明一时走运，大智慧一生走运。大智慧是什么？就是后天不懈的努力。当今世界很多成功者都是过去看起来比较笨、做事比较卖力的那些人。做人如此，读书也是如此。

有时我们作为家长的，总有攀比心，让自己的孩子与别家的孩子比，结果闹得两代关系紧张，我奉劝家长，您怎么不自己也与别的家长比呢？自己做不到的事情，将希望寄托在下一代身上，指望孩子给自己翻本，有点太自私吧。所以现在，为了孩子的成长，家长要约束自己，自己也要成长，比如生活态度积极、热爱工作、喜欢学习新知识等。自己成天牢骚满腹、东溜西逛，指望孩子努力拼搏，积极进取，这种教导没有说服力。

4. 孩子是看着家长的背影长大的，和谐的家庭关系比什么都重要

家长重视家庭教育就是对学生的健康发展终生负责。孩子来自家庭，孩子成长于家庭，将来他也创建更高水平的家庭。所以我的体会是：夫妻关系很重要，父母是孩子的大树，是孩子的靠山，没有父母就没有家，更谈不上良好的成长环境。

家长要成为学习型家长，家长的学习行为会对孩子起到潜移默化的作用。有中小学生的家庭，最好不要经常在家里打牌玩麻将，也最好不要整日里高朋满座喝酒闲聊的，要给孩子一个相对安静的学习环境。

人到中年，事业要干，家庭更要经营！孩子是我们生命的延续，不管我们在外面如何轰轰烈烈，最终我们还要回归家庭。培养好自己的孩子，关注他的成长，同样可以作为一项事业！多一个成功的孩子，多一个温暖的家庭，成就和谐的社会，不也是在为社会汇集正能量吗？

五、家庭教育的一些感悟，与大家共勉

1. 你可能不够优秀，但是你可以表现得很积极。
2. 你可能生活得委屈，但是你可以表现得很热爱生活。
3. 你可能很平凡，但是你不能表现得太平庸。

4.你常常牢骚满腹、怨天尤人，你能指望孩子积极乐观、发奋自强吗？

5.你不爱学习且瞧不起老师，你能指望孩子渴望知识、尊重老师吗？

6.孩子是看着家长的背影长大的。

7.每一位成功的孩子都能在父母身上找到优秀的因子。

8.每一位有问题的孩子都能在父母身上找到潜在的根源。

9.管教孩子父母必须思想统一、立场一致。

10.教育孩子是一项永不退休的事业。

家长朋友们，期望孩子成才不是说在嘴上想在心上，而是要体现在长期行动上！孩子学习成长的过程，有风有雨还有阳光，我们要坦然面对，没有不变的社会环境，只有我们对孩子不变的心！家长朋友们，我们首先需要的是健康的、快乐的、幸福的孩子，然后才是成人的、成才的、成名的孩子。学习成绩不是唯一的评价，多元看待孩子的成长和未来。上天为每个努力的人都准备了一扇窗户，一定要选择最适合自己孩子的。

尊敬的家长朋友们，教育需要探索，教育需要耐心，教育需要坚持，教育需要付出，更需要家校的通力配合。为了你的孩子的美好前途，让我们携起手来，为孩子的美好未来而共同努力！

最后祝家长朋友们身体健康，生活愉快！

谢谢大家！

（2021年5月15日在家长培训会上的讲话）

教育情成就教育梦

榆中县恩玲中学党支部书记、校长　白军志

尊敬的各位领导、各位同人：

大家早上好！

九月丹桂飘香，九月硕果累累。在这美好的季节里，第37个教师节带着秋日的馨香如期而至。今天县委、县政府在这里隆重召开庆祝教师节表彰大会，作为教育人，我们倍感振奋、备受鼓舞。近几年来，县委、县政府高度重视教育工作，落实教育优先发展战略，不断破解教育改革和发展难题，大手笔勾画出榆中教育发展的美好蓝图，在全县形成了"党以重教为先、政以兴教为本、民以支教为荣"的良好氛围。在县委、县政府的关心重视下，榆中教育呈现出蓬勃生机，我们每一个教育工作者深深地感受到：我们迎来了又一个新的教育春天，我们有了实现教育大县向教育强县跨越的广阔平台。在此，我代表全县的教育人向关心和支持学校教育的各级领导表示崇高的敬意和衷心的感谢！

今天，我作为获奖学校的代表发言，心情非常激动，倍感荣幸自豪。我发言的题目是"教育情成就教育梦"。回看任职校长的十九年历程，辛苦忙碌而又幸福充实，这正如著名教育家亚里士多德所言，"教育的根是苦涩的，但其果实是香甜的"。担任校长以来，我不断强化自身学习，提升教育智慧，始终严于律己，坚持以身作则。2015年，我有幸被评为"金城名校长"，这是对我工作的肯定和认可，更是对我的激励和鞭策。这份沉甸甸的荣誉背后是百倍的艰辛与付出，是十余年如一日的孜孜以求和坚持不懈。虽然每位校长成功的经历迥然不同，但都有一个共同点，那就是对教育事业的

热爱，对教育理想的坚守，对教育工作的执着，对师生成长的悉心呵护……下面我将工作中的一些做法和感悟向大家做汇报，不妥之处，敬请批评指正。

一、先进理念，引领成长

2002年8月至2007年7月，我任榆中四中校长。2007年8月，我被调任为榆中九中校长，这是一所建成不久的新学校，基础设施较差，生源流失严重。上任伊始，我根据校情，制定了16字"治校方略"，即"以德立校、依法治校、科研兴校、质量强校"，提出了"做一个有责任心的人"的办学理念，以"做一个有责任心的人，让人们因我的存在而感到幸福"与全校师生共勉。在先进理念的引领下，经过全体师生的共同努力，学校各项工作取得了丰硕成果，短短三年内，这所过去生源流失的"弱校"，一跃成了全县人民满意的高质量学校之一。该校连续8年荣获榆中县教育质量优秀奖，连续6年荣获兰州市教育质量优秀奖。我担任校长以来，我校先后荣获全国"双有"主题教育活动先进集体、甘肃省德育示范校、兰州市校园文化示范校等国家省市县各项殊荣130多项。我的感悟是：先进教育理念是办学的指针，是一所学校的灵魂、特色、品牌。作为校长，要用先进的思想引领人，用人格的魅力感染人，用科学的管理调动人，用有效的教育培养人。

二、一路前行，源于感动

2016年1月，组织安排我担任恩玲中学校长。恩玲中学由香港爱国人士朱恩馀、谢玲玲夫妇爱心捐建而成，在办学过程中朱恩馀先生持续捐资累计达2300万元。学校的每一栋建筑、每一处亭台、每一棵树、每一个学子都浸润在这份大爱之中。2016年4月28日，令我终生难忘，这一天全校师生迎来了学校最尊贵的客人——朱恩馀先生。朱恩馀先生不顾千里之遥、年岁高迈，再次踏上这片土地，回访恩玲中学。已是耄耋之年的朱恩馀老先生笔挺地站在主席台上给师生做演讲，激情昂扬地鼓励师生"勤奋工作、刻苦学习、报效祖国"时，怎能不让人内心震撼、内心感动？朱恩馀先生离开学校时，亲切地与我拥抱，语重心长地叮嘱我："一定要带领全校教师把学校办好！"我慨然应允，这是我义不容辞的责任。恩玲中学自建校以来，在前两任校长精心治理下，取得了卓越的成绩，得到了全社会的广泛赞誉。朱恩馀先生这次回访的主要目的是考核新任校长，当他看到我勤勉的工作作风、了解到我有较强的敬业精神后，深感欣慰，满意而归。朱恩馀先生的善举和爱心让我感动，朱恩馀先生的期望和嘱托激励我一路前行。

三、读懂教师，优化服务

百年大计，教育为本；教育大计，教师为本。教师，是教育的第一资源，是办好学校的关键。作为校长，要读懂教师，全心全意为教师服务。读懂教师，我认为至少要做到以下几个方面：一是了解教师，了解教师的素养、教育理念、教学方式、教学水平、进取心等。二是善待教师，做教师的知心朋友，对待教师要平易近人。三是体谅教师，能够站在教师的角度考虑问题。四是尊重教师，尊重教师的人格，尊重其劳动，尊重其良好的习惯。五是帮助教师，当教师最渴望帮助的时候，伸出援助之手。六是满足教师，在事业上，满足每一位教师的工作需求；在用人上，做到知人善用，以诚相待；在评优上，做到公正公平；在管理上，做到依法办学、民主办学。七是引领教师转变教育理念，反思教学方法，提升课堂教学效率。

近几年来，我校生源质量下滑，因为每年招录的高一新生中，初三复读生将近占1/3，这些学生基础薄弱，潜力受限，如何提升教育质量是我校面临的一大难题。为此，我每学期坚持深入课堂听课50节以上，与教师们一起钻研教材，探讨教法与学法，探索高效的课堂教学模式，并根据校情、学情，制定了"双向四步七环课堂教学模式"。在这种模式的引领下，我校教育教学质量得到了快速提升，每年高考二本上线人数730人以上，学校连续三年荣获兰州市高中教育教学质量优秀奖。

四、以身示范，以爱为魂

高尔基说过："谁不爱孩子，孩子就不爱他，只有爱孩子的人，才能教育孩子。"作为学校的管理者，必须以身示范，带头营造学校"以爱育人"的氛围。

我校曾有一名女学生，行为散漫，不求上进，沉迷于谈恋爱、上网吧，厌学倾向明显，班主任多次对她进行批评教育，效果甚微。于是我决定亲自和她谈话。我提前做功课了解她的成长经历和家庭背景，她来自离异家庭，缺乏爱的呵护，仇视父母，内心孤独，总通过一些极端方式来寻求别人的关注。我意识到批评惩罚的教育方式只能使她更加抵触、继续犯错，必须以关爱的方式接纳她、感化她。之后，我叫她到办公室，跟她谈些生活琐事，在消除她的抵触心理后，转入正题，首先表扬了她的优点，再鼓励她认真学习，引导她科学规划自己的人生，她黯然神伤，沉默不语。我很和蔼地对她说，"没关系，若你不愿意，现在可以回教室去学习。等你愿意说话的时候，可以随时来办公室找我谈谈你的想法。"话音刚落，她开始哭泣，等她慢慢平静下来后，开始吐露心声。通过多次循循善诱的谈心教育，她幡然醒悟，痛改前非，刻苦读书，毕业后考入了一所一本院校。

爱是教育的灵魂，爱是教育的真谛。身为学校管理者，首先应该是爱的播撒者，要"把每一个学生当作自己的孩子"，用无限的师爱开启学生的心灵之窗。

五、立德树人，践行使命

教师的工作关乎着千万家庭的希望，更关乎着国家民族的兴衰。习近平总书记在第36个教师节向全国广大教师做出了"不忘立德树人初心，牢记为党育人、为国育才使命，积极探索新时代教育教学方法，不断提升教书育人本领"的重要指示，这让全社会对教育工作者更加充满敬意，也对新时期教师队伍建设提出了更高的要求。作为校长，我把加强教师队伍建设作为重中之重，强化师德修养，引导教师树立正确的教育观、价值观、文化观，做社会主义核心价值观的坚定信仰者、积极传播者、模范践行者，把坚定"四个自信"转化为立德树人的自信与自觉，具体体现在教书育人的每项活动中。目前全社会对学校的认知度、满意度不断提升，学校发展进入了又一个崭新的时期。学校校风正、教风严、学风浓，涌现出一大批优秀教师，如在工作中坚守理想、潜心研究教学的豆家栋、王旭升老师，工作认真负责、毫无怨言的金雁、李乐强老师，爱生如子、孜孜不倦的豆强、张科老师，也有课堂上晕倒被送到医院，输完液体后第二天又站在讲台上课的陶玲、裴淑萍老师。当然，还有很多优秀教师的事迹，不再一一赘述。我校教师追求真知、恪尽职守的敬业精神，严谨执教、埋头苦干的奉献精神，超越自我、追求卓越的进取精神，同心同德、携手共进的协作精神，已成为学校宝贵的精神财富，成为推动学校可持续发展的不竭动力。在这里，我为学校的每一位教师点赞！

办有情怀的教育，是我的教育理想；以教育情成就教育梦，是我的不懈追求。在此，我送给在座的校长五句话，作为我们广大同人的共勉语："做一名有智慧的校长，让老师幸福；做一名有爱心的校长，让学生幸福；做一名有奉献的校长，让家长幸福；做一名有担当的校长，让社会幸福；做一名有情怀的校长，让祖国幸福！"

最后祝各位领导身体健康、工作顺心！

祝各位老师节日快乐、事业有成！

祝榆中教育事业蒸蒸日上、再创辉煌！

（2021年9月8日在全县庆祝第37个教师节表彰大会上的发言）

耿耿园丁意　拳拳育人心

榆中县恩玲中学　白军志

尊敬的杜局长、金董事长、各位老师：

大家好！

九月校园丹桂飘香，九月校园书声琅琅。伴随着收获的喜悦，我们共同迎来了第37个教师节。首先，我谨代表学校领导班子，向辛勤耕耘在教书育人第一线的广大教职工表示亲切的问候并致以节日的祝贺！向过去一年来在各自岗位上做出突出贡献并受到表彰的老师们表示热烈的祝贺！向长期以来关心、支持学校教育事业发展的各级领导及社会各界人士致以崇高的敬意和衷心的感谢！

在此真诚地道一声：老师们，节日快乐！老师们，辛苦了！

置身于今天这个特殊场景，我情不自禁地想起了投资建设恩玲中学的朱恩馀老先生。朱先生说："一个民族，一个国家，只有高度重视教育才能强大。"这句饱含爱国之情的话语，令每一个"恩玲人"无比地感动。朱先生每年打电话关心了解学校发展情况并向教职工问好。朱先生慷慨解囊、捐资助学的大爱及对学校的热忱的关心已化为恩玲中学充满希望的"春天"。学校自建校以来，同样也得到了社会各界爱心人士的鼎力相助，尤其是名誉校长金华杰先生"捐资助教"达90万元。有了这些爱心人士的关心支持、鼓励鞭策，我们没有任何理由办不好学校。

回首刚刚过去的一学年，在教育局的领导和关心下，在社会各界的关爱下，我校全体教职工团结一心，扎实工作，开拓创新，使各项工作均取得了丰硕成果。高考二本上线749人，教育教学质量稳步提升；党建工作有创新、有特色，学校党支部被中共兰州市委表彰为"先进基层党组织"；学校社团活动、艺体活动丰富多彩，参加市县级各类比赛捷报频传，共获得团体奖16项；在全县教师节表彰大会上，我校被县委县政府表彰为教育系统先进集体。这些成绩都是全体教职工共同努力的结果，在此我代表学校领导班子向大家表示衷心的感谢！

刚才，我们共同见证了一年来广大教师在各方面取得的喜人成绩，一起倾听了3位优秀教师代表分享的育人、教书、治学的成长经历和真挚感言。在分享喜悦的同时，我由衷地感谢每一位老师。你们选择了教师职业，就选择了艰辛和奉献；你们选择了教师职业，也就选择了无怨和无悔。一支粉笔，书写出平平仄仄的华章；半尺讲台，坐论天下博古通今。当许多人还在甜蜜的梦乡的时候，我们的老师就已匆匆走在上班的路上；当华灯闪耀的夜晚许多人觥筹交错时，我们的老师才拖着疲惫的身躯走在回家的路上。正是"恩玲人"的奉献精神和吃苦精神，才铸造了"恩玲教育"的品牌，才赢得了全社会的广泛赞誉。

今天是教师节，不必说什么赞美之词，我只想说，作为一名恩玲中学的教师，我们都感到无比的幸运、骄傲和自豪，这也是我们开拓进取的不竭动力。成绩和荣誉只能说明过去，未来的道路还很漫长。"耿耿园丁意，拳拳育人心"。老师们，让我们携起手来，把教师节作为一个新起点，在各自的岗位上，齐心协力，奋发进取，力争使学校工作再上一个新的台阶。为了促进学校又好又快地发展，在此我真诚地希望全体教师，以"修身立德、淡泊明志"的师德风范严格要求自己，爱岗敬业，严谨笃学，育人为本，诲人不倦，努力做到以下几方面。

一、加强业务学习，提高综合素质

教育的改革和发展，对教师的素质提出了新的、更高的要求。教师作为知识的传播者和引导者，要牢记"教书者必先强己，育人者必先律己"古训，不断增强学习的主动性和自觉性，既要学好专业知识，实现知识更新，紧跟时代步伐，又要不断拓宽知识面。新高考的正式启动，对我们每一个教育工作者都带来了新的巨大挑战。新高考推动了教育观、教学观、课程观、学校管理模式、学生评价方式的重大变革，如何应对新高考改革，这是我们当前必须认真研究的新课题，我们要积极地寻求对策，借鉴外省的成功经验，调整管理思路，完善管理策略，转变教学理念，提升专业素养，展示教学个性和特色，唤醒学生的独立意识，在自主选择、自主定位、自主补差中获得成功的体验与感受，在新高考中立于不败之地。

二、坚守"立德树人"，争做"四有教师"

2021年4月19日，习近平总书记考察清华大学时指出："教师要成为大先生，做学生为学、为事、为人的示范，促进学生成长为全面发展的人。"这是对我们教育工作者的殷切希望。一个人一生中能够遇到一位好老师，这是他人生中的幸运，因为一位好老师能够改变一个人的命运；一所学校拥有好老师是学校的光荣；一个民族源源不断涌现出一批又一批好老师则是民族的希望，是国家强盛的希望。希望每一位教师坚守"立德树人"神圣使命，做一名"有理想信念、有道德情操、有扎实学识、有仁爱之心"的教师，自觉增强职业自信、职业自律，志存高远，甘于奉献，以自己的模范行为影响和带动学生，引导、帮助学生提升道德品质。

三、深化课堂改革，提高教育质量

提升教学质量是学校发展永恒的主题。高中新课程实施以来，学校的课堂教学中普遍存在着学生"学多悟少"的问题，学生缺乏对知识形成过程的体验，学生在遇到新问题时，分析问题和解决问题能力很欠缺，导致很难取得理想成绩。要想提高教学质量，进行课堂教学改革是必由之路。在课堂教学改革中，我们要学习借鉴先进学校的课改经验，结合我校实际，探索适合学生学情的课堂教学模式，通过课堂教学改革，提高教育教学质量。

四、强化责任意识，共建"平安校园"

生命不保，何谈教育？学生安全高于天。一个孩子就是一个家庭的未来，我们每一个教职工一定要牢固树立"安全第一"的意识。安全工作要天天讲，安全工作要人人抓。安全工作要落实在我们的思想上、学校的制度上、大家的行动上；安全教育要落实到每一节课、每次活动中。"安全"二字要让学生入脑入心，内化为学生的自觉意识和自觉行动。学校要强化安全工作的细节管理，严格落实"一岗双责"，加强安全教育和日常监管，实现"三个确保"：确保无师生伤亡事故发生，确保无群体伤害事故发生，确保校园无欺凌现象发生。让我们为所有的孩子撑起一片安全的蓝天，让他们远离危险，让他们健康、快乐地成长！

各位老师，"忆往昔，艰难跋涉；望前程，任重道远！"新学年，新起点，我们面临着新的机遇，也面临着新的挑战，希望全体教师以更加饱满的热情，更加务实的作风，投入学习、工作中，用我们的实干精神、拼搏进取精神去开创学校美好的明天！

最后祝各位领导身体健康、工作顺利！

祝全体教师节日快乐、事业有成！

（2021年9月10日在学校庆祝第37个教师节大会上的讲话）

精准研判高考命题趋势　集思广益全力备战高考

榆中县恩玲中学　白军志

精准研判高考命题趋势，对于高三备考意义重大，它会使备考思路更加清晰、目标更加明确、方法更加得当、举措更加细化，使高考备考工作做到事半功倍。我校非常重视历年高考试题研究，每年组织高三教师认真研讨高考命题趋势，在教研组、备课组中广泛开展研讨交流，现将我校对2022年高考命题趋势的研判及备考情况做如下汇报，不妥之处，敬请批评指正。

一、高考命题的指导思想

高考命题坚持"立德树人"理念，注重对学生德智体美劳全面发展的考查。命题优化情境设计，增强试题开放性、灵活性，充分发挥高考命题的育人功能和积极导向作用，引导考生减少死记硬背和"机械刷题"的现象。命题以《中国高考评价体系》为统领，遵循"价值引领、素养导向、能力为重、知识为基"的要求，落实教育为社会主义经济社会发展服务的原则。

二、近几年高考命题的趋势

（一）高考命题的视角

目前高考命题正处在从"小视角少情境"到"大视角多情境"的过渡时期，高考命题的视角主要体现在6个方面。

1. 时政的视角：把所学知识与时政热点问题结合起来分析思考，学会运用所学原理对时政热点问题进行分析思考，提高解决问题的能力。

2. 图片的视角：以图像直观反映事物之间的相互关系与发展变化，更巧妙、更灵活地解决一些通用方法难以解决的问题，提升学生"会看、会用、会换、会画"的能力。

3. 拟人的视角：以一定的历史地理背景为根据，以学生的知识储备为依托，去创设拟人的历史地理情境。

4. 开放情境的视角：侧重文科，鼓励学生大胆质疑，畅所欲言，特别允许不同观点的存在。

5. 生活视角：命题接近学生的生活世界，注重学生的生活体验。

6. 设计的命题视角：要求学生根据所学知识或所给材料，进行一个"项目"的设计，文理普遍涉及。

（二）高考命题的"11个关注点"

1. 关注热点素材：建党100周年、抗疫阶段性胜利、脱贫攻坚、小康社会伟大成就、量子科技研究、中华传统文化、加强"德智体美劳"教育、国际形势（百年未有大变局）、双循环与"十四五"规划等素材应该是关注的重点，如聚焦党史，学史明理，汲取思想营养。试题一般会选取革命和建设时期党的领导人结合中国革命和建设实践对马克思主义理论进行探索的具体史实，启发学生从中感悟真理力量。例如，2021年文科综合全国乙卷第29题材料摘编自毛泽东的《关心群众生活，注意工作方法》，其目的是让考生懂得群众工作不是一句口号，必须努力改进工作态度与工作方法。再如，新时期学校要加强学生的劳动教育，2020年全国乙卷高考英语作文就是写一篇去农场参加采摘活动的感受，体现了命题对时政热点的关注。

2. 关注现实生活：如"天问一号"、碳中和、新冠病毒核酸检测技术等内容都被融入了自然学科试题中。例如2021年全国甲卷物理学科第18题，以执行我国火星探测任务的"天问一号"探测器进入环绕火星轨道为情境，考查学生运用开普勒第三定律等知识解决实际问题的能力，鼓励学生拓展学科视野，关注国家科技进展，增强民族自信心与自豪感。

3. 关注命题的情境：学科知识的情境非常广泛，试题注重学科的核心素养，从学科研究、发展的问题等角度创设情境，也可以从发展学生的能力方面创设情境，也可以从学科间的联系创设情境，重点考查新情境下学生综合分析问题和解决问题的能力。比如2021年新高考数学Ⅱ卷第4题以北斗三号全球卫星导航系统为试题情境设计立体几何问题，考查考生的空间想象能力和

阅读理解、数学建模的素养。

4. 关注传统文化：传统文化中的仁爱共济、立己达人的社会关爱，正心笃志、崇德弘毅的人格修养，天下兴亡、匹夫有责的家国情怀，社会主义核心价值观以及仁爱、民本、正义、大同等观念，是民族创新和发展的基础，要继承并发扬光大。高考语文作文的命题，大都关注中华民族的优秀传统文化。

5. 关注阅读视野：新高考对阅读速度和阅读量要求较高，因此命题选取的材料范围将大大拓展，题型将偏重检索和判断，老师和学生都需要扩大阅读视野。近几年来高考语文的命题中文言文阅读题变化最大。试题内容绝大部分都是反映历史的材料，而且主要涉猎人物传记，突出传记的情景性。而对于传统命题中有关虚词、动词、句式等知识类的考查，相对地有所减少。另外，高考语文还增加了对古代文化常识的考查，未来也将会持续下去。这些命题虽然难度不大，但能拉开考生分值的差距，需要考生大量地阅读浅显的文言文，强化平时的训练，不断积累文化常识，增强知识积淀，强化文言感悟，提高断句和翻译以及文本的整体理解水平。

6. 关注核心素养：2021年高考文科综合全国乙卷第42题要求学生在唯物史观指导下，客观分析新民主主义革命时期中国共产党的发展，将唯物史观、时空观念、历史解释、家国情怀等融为一题，彰显了鲜明的素养立意。

7. 关注语言能力和思维品质：2021年高考全国乙卷英语的书面表达继续延续2020年的命题思路：当下疫情形势依然严峻，网络学习已是当下特殊环境下的必然趋势，在这种大背景下，引导学生探讨网络学习的利弊尤为重要，以学生的实际活动即英语演讲比赛为情景载体，要求学生完成一篇命题演讲稿："Be smart online learners."（做聪明的网络学习者）。就文体而言，这是一篇应用文，要求学生注意格式，体裁上这是一篇小议论文，其中心内容正是新课标要求的体现，即考查学生的语言能力和思维品质。

8. 关注背景材料和设问角度：高考试题具有"重基础、重应用、重时事、重生活"的特点。每年高考以考查基础知识为主，而且起伏不大，变化的是背景材料和设问角度。同样的考点知识，今年这情境，明年那情境，今年这样问，明年那样问，标新而不立异，交叉而不偏离，年年创新，常考常新。

9. 关注知识的"应用性"：用知识解决问题，是高考命题的目的所在。

政史地与社会、政治、经济生活的热点问题相结合，理化生紧密联系生产生活实际和科学技术发展，使试题更加具有应用性和学科性。

10. 关注开放性、探究性命题：近年来高考试题增加了探究性，扩大开放性，体现创新性，从独特的角度对学科知识进行多方位、深层次的考查，考查考生的个性品质和创新意识，鼓励有独特见解、有思想水平、有创新精神的答案，尤其是文科试题。

11. 关注高考评价体系：比如政治学科试题所提供的材料、情境都是教科书里没有的，这就是"材料在外"，但是解决这个问题的答案都在考生的知识网络中，都在教材中，这就是"答案在内"。有些问题好像是提给总经理、董事长，甚至是部长、总理的，但解答这些问题的答案就在政治常识、经济常识和哲学常识之中。再如有些生物、化学试题涉及尖端科研课题，甚至是获诺贝尔奖的内容，这类命题看似起点"很高"，但不超过高考评价体系要求，所以落点"很低"。

三、我校的备考策略

（一）实施精细管理，明确奋斗目标

学校按"全员、全面、全程"的要求抓管理，注重"过程管理"与"精细化管理"相结合，把备考计划落实到行动上。注重集体智慧，教师间"通力协作、互通信息"。针对我校学生的实际，我们把高三升学目标定位为"立足二本，冲击一本"，教学的总体思路是"抓两头，带中间，促整体"。

（二）实行包班管理，落实高考目标

学校实行年级组管理制度，校领导、教导处、教研处主任分别包班，形成年级组"七人管理小组"。在年级组的统筹协调下，管理小组主要任务是集思广益，研究制订年级组备考方案，从抓学风与教风两方面入手，进行全方位的管理，形成齐抓共管、齐抓共育、齐抓共担的良好氛围。另外，加大推门听课力度，督促教师认真备好课，帮助教师改进教学中存在的不足，提高课堂效率。

（三）加强人文关怀，激发学习热情

学校要求班主任从早上7点左右开始进班巡查，早自习科任教师进班督促学生背诵记忆类知识，课间操班主任陪学生做操，下午自习课科任教师跟班

进行辅导，夜自习后班主任进寝室检查住校生的洗漱、休息情况。教师基本上全天陪伴或督促学生学习或解决学生生活中存在的问题，有力地激发了他们的学习热情，也为提高学生的成绩起到了保驾护航的作用。

（四）注重精神鼓励，激发学习斗志

2月27日学校举行高考誓师大会，给学生鼓劲加油，给学生以信心、希望和前进的动力。2月28日，学校邀请从恩玲中学毕业考入"一流大学"的学生回母校，给高三学生做学法指导，把自己在高中求学经历、奋斗过程中获得的宝贵经验分享给同学们，使高三学生树立了自信心，同时帮助他们克服学习中遇到的困难，最大限度地帮助他们挖掘自身的潜力，去完成最后的冲刺复习。

（五）关注学生心理，提升减压能力

高考是高中生完成基础教育的最后一个考验，不仅考查考生的知识储备，更应关注考生的心理准备，只有两者相得益彰，才会让考生以饱满的状态应对高考并能正常发挥。所以，学校应关注学生的心理，对考生进行正面引导，让学生正确面对高考，提升心理抗压能力。同时学校开足开齐体育课，鼓励学生参加体育活动，确保学生有足够的体育活动时间，做到劳逸结合，让学生保持旺盛的精力。学校每年5月下旬邀请心理专家为学生做考前心理辅导，让学生掌握缓解压力的基本方法，使他们放下思想包袱，轻装上阵，笑迎高考。

（六）强化"培优补短"，突破高考瓶颈

学校选拔优秀教师，开展"培优补短"工作，重点加强数学、英语、物理、化学、地理等薄弱学科的辅导力度，对"临界生"开设自选模块课程，每周安排2个课时，注重基础知识和"瘸腿"学科的辅导，让不同层次的学生的学习成绩得到快速提升，最终"化蛹为蝶"；另外，强化文综、理综训练的密度和高效性，每周三、周五下午最后两节课，集中训练，科任老师及时批阅，高效反馈。

（七）强化备考策略，全力冲击高考

1. 深入研究高考题。教师研究高考题应注意以下六点：第一，研究每道题对应的考点是什么？它的命题意图是什么？它体现了哪些核心素养？它考查什么知识和能力？第二，研究命题的视角。第三，研究高考题如何处理

主干知识，以及知识点的覆盖面。第四，研究各套高考题如何把握试题的难度与区分度。第五，研究各套高考题如何处理基础试题与创新试题之间的关系。第六，研究解题的角度与方法，如分析推理的基本思路、确定答案的依据、作答的过程、排除非答案的理由等。

2. 深入研究教材。教材是教与学的依据，是高考命题的根本，课标与教材血肉不可分。近几年的高考都非常注重考查学生灵活运用基础知识、获取信息、分析解决问题的能力、知识迁移能力和书面表达能力。这些能力的考查最终落脚点还是在教材中，所以教师首先要以教材为主要依据，牢固掌握基础知识与基本技能，同时要引导学生回归教材，让学生学会归纳、总结知识体系，查找规律，总结方法。

3. 深入研究易错问题。教师要找出学生学习中的盲区和误区，教学、考试、练习中的"错误"是一种非常有价值的教学资源。教师要指导学生收集错例，对出现的错误进行分类整理，总结经验和教训，通过教会学生反思纠错，提高学生的解题能力。各学科要以备课组为单位，对备考中发现的易错、易混、易忽略的问题分阶段编辑成册，印发给每个学生，为学生提供反思、纠错、提升的机会。除了针对易错问题的纠正外，学校也注重学生答题的规范性，如在高三教室外的楼道墙面上设立"优秀学生规范答题样卷展区"，既有学生的优秀答卷展示，也有学科老师的答题样板指导，让学生参观学习。

4. 深入研究训练题。备课组教师发挥集体智慧，认真做好试题精选。我们提倡"教师走进题海，学生走出题海"。事实上只有教师走进题海，学生才能走出题海。教师通过大量做题，可以对各类信息试卷聚焦的问题进行筛选整合，对一些过时的练习题不再花时间训练，对历年高考中经常考的知识点进行针对性训练。训练要针对性强，要由点及面，构成体系；要将基本训练与强化训练相结合，专项训练与综合训练相结合，普通题型与新颖题型相结合。

（八）抓好课后反思，提升课堂效率

每节课后，教师要认真总结得与失，结合课标，调整复习方略，把握方向，理顺知识，提升能力。教师要认真梳理学生复习中出现的盲点、疑点、易错点、易混点，有针对性地设计复习内容，力求通过一些针对性的讲授、

练习、讲评、讨论，彻底解决学生在知识理解和应用上的一些似是而非的问题。比如文科教学，一定要注意总结、归纳，把一些具有规律性的知识总结教给学生，让他们能够自如地解答该类题型；同样理科教学也要总结规律、方法，使冲刺复习达到事半功倍的效果。

展望未来，我们对今年的高考充满期待。虽然我们面临的困难多、压力大，但我们有信心迎接各种挑战。在最后的冲刺复习中，我们要认真落实既定的备考计划，将每一个环节走实，将每一项任务落实，将每一份责任靠实，将每一件事情做实，紧盯既定目标，把握工作重心，细化工作过程，狠抓措施落实，争取优异成绩，给学生、家长、社会交一份满意答卷！

（2022年3月25日在兰州市高考备考研讨会上的发言）

慧心妙舌话情怀

——演讲篇

只争朝夕　不负韶华

榆中县恩玲中学党支部书记、校长　白军志

尊敬的各位家长、老师，亲爱的同学们：

大家上午好！

时间的指针不知不觉地把我们每个人带到了充满激情的七月，也标志着同学们即将告别高中校园生活，踏上新的人生征途。此时此刻，我校高三年级全体师生相聚在学校大操场，隆重举行2020届高三毕业典礼，这是一次青春的庆典，更是一场人生的盛会。首先我代表学校党支部、校委会向圆满完成高中学业的杨中杰等972名同学表示热烈的祝贺！向三年来陪伴同学们成长并付出关爱和智慧的所有教师表示崇高的敬意和衷心的感谢！向三年来对学校工作给予大力支持的家委会成员及家长朋友们表示诚挚的谢意！

台湾女作家席慕蓉在诗中写道，"青春是一本太仓促的书"。的确如此，三年一千多页就这样匆匆翻过，今天已翻到了最后一页。虽然我们记住了每一个学生的名字，但还没有来得及走进每一个学生的心灵，毕业的歌声已再次响起。置身于今天这个特殊的场景，我感慨万千，感叹时光如流水，也感慨同学们长得太快，同时在内心深处有这样一种感觉："相聚不觉时光短，离别方知情意浓。"三年前，你们带着稚嫩的笑脸走进了恩玲中学，你们挥洒着青春的汗水浇灌着理想之花。三年的春华秋实，承载着你们的追求和梦想；三年的风雨兼程，锻造了你们"弘德感恩、乐学善思"的崇高品格。

在校三年，我们师生一起度过了一段难忘的美好岁月，师生间建立了深厚的情感，一个个可爱的身影、一张张灿烂的笑脸、一声声"老师好"，即将离我们远去，今日话别，总有一种恋恋不舍的感觉，在此，真诚祝愿同学们以后的人生道路更加美好。我借用唐朝诗人王勃写的两句五言律诗表达我们师生的情谊——"海内存知己，天涯若比邻"。在校三年，同学们和睦相处，互相关心，共同进步，给正在学校就读的师弟、师妹们树立了良好的楷模，传承了学校良好的校风、学风。在校三年，大家都有过成功的喜悦，也有失败的泪水，但愿这些经历能成为我们以后生活的宝贵经验。在校三年，同学们学会了很多为人处事的道理，从入校前一个个懵懂青涩的少年成长为能读懂天下大事的有志青年，同时学会了很多知识，养成了良好的学习习惯，为进入高等院校打下了坚实的基础。

同学们，太多感人的故事发生在校园，由于时间的关系我不再一一述说。此时作为一校之长，内心充满着感激之情，一是感谢在座的所有老师三年来对同学们的辛勤教诲；二是感谢家长们三年来对学校工作的理解和支持；三是感谢同学们，三年来你们一直做得很好，你们用自己的智慧和汗水为学校赢得了许多荣誉，证明了自己的价值，也证明了2020届毕业生的荣光；四是感谢同学们为母校赠送的毕业礼物，它是一块文化石，上面刻着八个大字"上善若水、厚德载物"，充分表达了对母校的感激之情，也诠释了同学们做人做事的崇高品质。

同学们，三年来，美丽的校园留下了你们勤奋的身影、辛勤的汗水和激扬的青春豪情，你们的付出与努力，必将结出丰硕的成果。学校的校史馆中，永远珍藏着你们的学习、生活画卷；母校老师的心里，永远珍藏着你们的音容笑貌和励志求学的场景。今后无论我们相隔多远，离别多久，我们的母校情、师生情、同窗情，永远常在！

同学们，你们即将踏上新的征程，在前进的道路上，母校作为坚强的后盾与你们同行。在你们长大成人，走向大学之时，我想用五个词表达对你们的期望：

第一个词是"Health"（健康）。人的健康，包括身体健康、心理健康以及社会适应能力良好。健康是一个人最大的财富。当你失去健康的时候，才知道它有多么重要；当一个失去生命的时候，再多的财富也等于零。要想拥有健康，就必须有健康的生活理念。首先，我们每个人要养成良好的卫生习惯，学会科学地预防各种传染病；其次，养成良好的饮食和作息习惯；最后，多到户外参加体育锻炼。有健康的身体，才有精力去拼搏；有了健康的身体，才能创造美好的未来。

第二个词是"Nature"（自然、本性），即顺其自然，追求本真。在人生的道路上，难免会遇到困难、挫折、误解，这就需要我们拥有平常心，用微笑迎接各种挑战。我们做任何一件事情，要顺其自然，不要刻意地追求完美的结果，做自己应该做的，一步一个脚印，或许结果可能会更好。"有心栽花花不开，无心插柳柳成荫"，这是古人留给后人的一条哲理。踏入社会，我们便开始为自己的梦想而奋斗。那时的我们难免会遇到各种诱惑，在这关键时刻，我们应该坚守本心，不忘初心，让追求本真的信念熠熠生辉。

第三个词是"Dream"（梦想）。梦想是对未来的一种期望，更是一种鼓舞人心的强大精神力量。我们每个人应该把自己的人生梦想与家国的梦想结合起来，把自己的梦想建立在国家与全人类命运的支点上，这样才能成为一个有益于社会、有益于国家的人才。"天下兴亡，匹夫有责"，如果每个人将责任融入国家利益，何愁我们的民族不兴旺？何愁我们的国家不强大？梦想与责任，属于我们每一个青年人；梦想与责任，属于每一个中国人。

第四个词是"Habit"（习惯）。著名教育家叶圣陶先生说，"良好的习惯使人终身受益"。古希腊哲学家、教育家亚里士多德说，"做一件好事并不难，难的是养成一种做好事的习惯"。我认为好的人生是由好的习惯决定的，因为一个人的形象永远是自己创造的，在别人眼中你是怎样的形象，你能否成为别人信任和尊重的人，就取决于生活中的每一件小事和做事的习惯。"谋大事者，首重格局"，想大问题，做小事情，让大问题指引我们的方向，让小事情支撑我们走向成功。

第五个词是："Gratitude"（感恩）。感恩是一种处世哲学，是一种生活态度，更是一种优秀的品质。感恩是大海中的灯塔，它给我们指明了道德的方向；感恩是沙漠中的绿洲，它给了我们期待美好生活的希望。我们每个人都要学会感恩，感恩父母，感恩老师，感恩同学，感恩母校，感恩社会，感恩帮助过我们的每一个人。一个懂得感恩并知恩图报的人，才是最受人尊重的人，也是天底下最富有的人。心存感恩，我们的生活处处充满阳光。

请同学们记住以上五个关键词："Health, Nature, Dream, Habit,

Gratitude." 处处留心，启发智慧，超凡脱俗，勇于拼搏，你们一定会成为生活的最强者！

最后赠大家一句话作为我们的共勉语："只争朝夕，不负韶华。"

祝愿同学们高考成功，金榜题名，梦想成真，前程似锦！

Thanks for listening!

谢谢大家！

（在2020年7月4日高三毕业典礼上的演讲）

站在新学期的起点上

榆中县恩玲中学党支部书记、校长　白军志

尊敬的各位老师、亲爱的同学们：

大家早上好！

今天我在国旗下演讲的题目是"站在新学期的起点上"。

当高考的丰收又一次振奋师生，当炎热的夏日逐渐退去热浪，当丹桂的清香悄然洒满校园，我们迎来了新学年的新学期。今天我们全体师生在这里集会，隆重举行新学期的第一次升国旗仪式。首先，请允许我代表学校欢迎2020级高一新生加入恩玲中学这个大家庭，同时真诚地祝福辛勤耕耘的老师们，在新的学年里身体健康、工作顺心、事事如意！祝全体莘莘学子生活愉快、学习进步、健康成长！

回顾过去的一学年，我校在县委、县政府、县教育局的正确领导下，在朱恩馀老先生的持续关爱下，在先进教育理念的引领下，经过全体师生的共同努力，学校诸方面工作取得了优异成绩，高考二本上线749人，学校党支部被县教育局党组表彰为"优秀党支部"。学校工作得到了上级领导的充分肯定及全社会的广泛赞誉。学校取得的所有成绩，都是全校教职工共同努力的结果。让我们把热烈的掌声送给默默奉献的全体教师。在此，我深深地向全体教师鞠一躬，表达对你们的感激之情！

老师们、同学们，成绩斐然的过去，使我们豪情满怀，更让我们对美好的未来充满信心。作为具有"厚德积学、励志敦行、超越自我、追求卓越"精神的"恩玲人"，我们不会陶醉在往日的成绩中自我满足，我们会站在新的起点上，迈出更加踏实、更加稳健的步伐，奋勇向前。"没有最好，只有更好"。这是我们对社会的公开承诺，也是我们办好学校的信心和决心。

老师们、同学们，秋天是一个收获的季节，也是一个充满希望的季节。新学期意味着新的思路、新的起点、新的面貌、新的发展。在新的一学年里，我们必将以抓好党建工作为统领，以做好精细化的过程管理为途径，以完善学校德育模式为重点，以深化课堂教学改革为抓手，以开展丰富多彩的活动为载体，以细化学校安全工作为保障，全面实施素质教育，全面落实立德树人，全面提升教育教学质量，着力办好人民满意的教育，力争明年高考再上新台阶，给全县人民交一份满意的答卷。

下面我提六点希望与要求，与同学们共勉。

第一，做一个珍爱生命的人。

千重要，万重要，人的生命最重要。因为人的生命只有一次，是极其珍贵的，是用金钱买不来的。我们每个人都要珍爱生命，树立"安全第一"的思想，树立健康的生活理念，保持心理和生理健康，养成良好的饮食习惯，积极参加体育锻炼，学会科学预防各种传染病。珍爱生命，因为生命不只是属于你，也属于爱你的每一个人。如果一个人失去生命，其家人及所有爱他的人会终身陷入无比的痛苦之中。尽管如此，还是有无视生命的行为发生。比如，学生打群架是一种挑战别人尊严底线的行为，更是践踏他人生命的粗鲁行为。当然，近几年来，公安部、教育部等部委联合开展治理校园欺凌专项行动，校园已经极少发生打群架的严重事件。在此，我特别提醒大家，同学之间要和睦相处，坦诚相待，发生矛盾时要主动化解，理智解决，首先从自身找原因，不能一味强调自己的理由，指责别人，更不能拔拳相向，动手打人，更不能参与打群架。人与人相处，矛盾在所难免。面对矛盾，我们应该以宽容的态度相互理解，设身处地地为他人着想，学会换位思考，"忍一忍风平浪静，退一步海阔天空"。

珍爱生命、敬畏生命是我们快乐的源泉，也是我们健康成长的保障，更是我们每个人全力要做好的事。只有这样，我们的生命之花才能开得无比鲜艳、无比灿烂。

第二，做一个有梦想的人。

人活着，一定要有精神。这种"精神"来源于我们的理想和追求。这种

精神必将昭示我们拥有进取的态度、宽容的胸怀和执着的追求。它是一个人的灵魂，是一个人的支柱，没有了这种"精神"，人必将一生庸庸碌碌而无为；有了这种精神，人必将勤奋向上，奋发有为。每一个高中生都应该树立远大的理想，做一个有梦想的人，并为自己的梦想奋斗终生。有了梦想，不去努力实现，梦想就会变成空想。实现梦想，不是以后的事情，而是应该从现在做起，从小事做起，从每一节课开始。

第三，做一个有责任感的人。

一个优秀的人才必须具备四种品质：对国家、社会、家庭有责任感，对学习和工作有进取精神，对他人有竞争意识更有团队合作意识，对自我有否定和超越态度。这四种品质的核心就是责任感。对我们学生来说，学会做人、勤奋学习是对自己的责任；遵守校纪校规、遵守社会公德是对学校、对社会的责任；孝敬父母、尊敬长辈，是对家庭的责任；爱护公物、讲究卫生、关心班集体就是对班级和学校的责任。如果大家没有责任感，就不会有团结向上的班集体，就不会有优美整洁的学习环境，就不会有良好的人际关系，更不会有稳定的社会秩序。所以，希望同学们要有对国家、对社会、对班级、对家庭、对自己人生的责任感，严格要求自己，对自己的行为负责，让人们因我的存在感到幸福。在校内，每一名同学都代表自己的班级，要积极为自己的班级争光；走出校门，每一名同学都代表着学校，要为学校增光添彩，让我们都为自己是一个"恩玲人"而感到骄傲和自豪。

第四，做一个勤奋的人。

高中阶段是一个人学习的黄金时期，也是一个人成长的关键时期。时间不可倒流，唯有珍惜今天，才不会为以后留下遗憾。勤奋是一个人的立身之本。没有勤奋，我们的一切目标、理想将成为空谈；没有勤奋，我们将一无所成。纵观古今中外，凡是有成就的人都是靠勤奋取得的。因为勤奋，爱迪生才有了一千多种伟大的科学发明；因为勤奋，爱因斯坦才得以创立了震惊世界的相对论。中国古代优秀人才给我们留下了悬梁刺股、囊萤映雪、凿壁偷光的千古美谈。作为学生，学习是我们的主业，我们要勤奋学习，尽量做到在规定的时间内完成规定的学习任务，做到今日事今日毕。同时，我还要养成勤于反思的习惯，反思自己的学习过程，改进学习方法，提高学习效率。

第五，做一个爱学习的人。

美国杂志《幸福》曾在封面上写着"要么学习，要么死亡"，这句话引发了人们广泛而深刻的思考，也被全世界各大媒体所关注。因为它揭示了这样的道理：在知识经济时代，学习就是"生存"与"发展"的重要条件，学习就是一个人乃至一个国家开启繁荣富强、文明幸福之门的金钥匙。当今社会，"活到老、学到老"已成为人们生存的准则。著名教育家苏霍姆林斯基说："真正的教育是自我教育，真正的学习是自觉学习。"俗话说"不能摁着牛头去吃草"，这句话也说明，我们做事，如果自己不认可、不愿意，肯定是做不好的。从哲学角度来说，外因是通过内因起作用的，也就是说任何事物发生变化起决定作用的是内因，外因只是起推动作用。而学习这件事也是如此，你不学，再好的老师对你也没有意义，所以主动学习应该是大家应有的学习状态。只有主动学习，你才能有所收获，才能取得成功。在此，希望同学们发扬"只争朝夕，奋力拼搏"的精神，爱学习、会学习，全身心地投入学习中，通过高中三年的努力，以优异的成绩考入理想的大学，成为国家的栋梁之材，实现自己的人生价值。

第六，做一个文明的人。

当今社会是一个文明程度很高的社会，而文明社会则由文明人来支撑。我们要做一个高素质的文明人。文明不仅仅是外在言行的表现，更是一个人内涵的体现。做一个文明人，要从你我开始：见面主动打招呼，给对方一个善意的微笑；不乱扔垃圾，随手弯腰捡起地上的纸屑；不给同学起绰号，不挖苦别人，不嘲笑别人的缺点；不随意打断别人的讲话，认真倾听别人的发言；在公共场合不大声喧哗，不在教室或者楼道内追逐打闹，不干扰别人正常的学习生活；不打架斗殴，不抽烟酗酒；不进电子游戏厅，不迷恋网络游戏；遵守交通规则，乘坐公交车遇到老人、老师以及小孩等主动让座；等等。今年是兰州市创建全国文明城市的验收之年，我们要借此契机，把创建全国文明城市工作与未成年人思想道德建设结合起来，认真开展社会主义核心价值观教育，使社会主义核心价值观24字入脑、入心、入行动。同学们，让我们携起手来，共创文明校园，使我们美丽的校园处处开满文明之花！

老师们、同学们，新的希望、新的挑战在迎接着我们，未来的宏伟蓝图

　　等待着我们用勤奋和智慧去描绘，我衷心地希望每一位老师、每一名同学以饱满的热情、高度的责任感、昂扬的斗志，投入新学期的学习工作中，用我们的实干精神、拼搏进取精神去开创学校辉煌的明天。

　　最后，让我们共同祝愿美丽的恩玲中学蒸蒸日上，欣欣向荣！

　　谢谢大家！

　　　　　　　（在2020年8月31日秋季新学期开学第一次国旗下的演讲）

青春正好　放飞梦想

榆中县恩玲中学党支部书记、校长　白军志

尊敬的高三年级家委会成员、各位老师，亲爱的同学们：

大家早上好！

六月的校园生机盎然，六月的校园激情飞扬。今天是一个特殊的日子，也是一个令人难忘的日子。此时此刻，我校高三年级全体师生又一次相聚在学校大操场，隆重举行2021届高三毕业典礼。这既是一次青春的盛会，又是一场理想教育、感恩教育会，也是同学们参加高考前的鼓劲加油会。首先，我代表学校向经过三年努力学习，圆满完成高中学业的刘伟等677名同学表示热烈的祝贺！向辛勤培育同学们健康成长并付出爱心与智慧的全体教师致以崇高的敬意和衷心的感谢！向三年来对学校工作给予大力支持的家委会成员及家长朋友们表示诚挚的谢意！向即将参加高考的同学们致以良好的祝愿！

光阴似箭，日月如梭。高中三年紧张而有意义的学习生活即将结束。在风景如画的校园里，在良好校风的熏陶下，在老师们的精心教导下，同学们从少年走向青年，从幼稚走向成熟。在高中生活的一千多个日日夜夜里，同学们有青春的烦恼，有学习的艰辛，也有成长的欢乐。你们在课堂上汲取知识、夯实基础，你们在社团活动中丰富人生体验、发展特长，你们在文化艺术节、运动会上尽情绽放、追逐梦想。三年的风雨兼程，三年的不断求索，三年的励志磨炼，三年的奋力拼搏，锻造了你们"弘德、感恩、乐学、善思"的崇高品格。高中三年是我们人生中最值得怀念的一段时光，当这一切成为往事的时候，在我们的记忆深处留下的是成长的印记，这一番历练也是一笔丰厚的人生财富。同学们，让我们用热烈的掌声为自己精彩而充实的三年高中生活喝彩吧！

同学们，三年来，优美和谐的校园留下了你们勤奋的身影、辛劳的汗水和激扬的青春豪情，你们的付出与努力，必将结出丰硕的成果。学校的校史馆里，永远珍藏着你们学习、生活的画卷；母校老师的心里，永远珍藏着你们亮丽的青春笑容和励志求学的场景。以后我们无论相隔多远、离别多久，我们的母校情、师生情、同窗情，永远常在！

同学们，毕业是一个里程碑，它不是终点，而是一个新的起点。你们即将告别母校，踏上新的征程，在追梦的路上，母校将与你们同行。在你们即将步入大学之时，我想用四个关键词表达对你们的期望。

The first key word you should pay attention to is "Character."

第一个关键词是"品德"。修炼品德，提升素质。翻开历史的画卷，古往今来，道德品行修养一直被看作立身之本、治国之基。从大的方面而言，全社会公民的道德品行修养关系到一个社会是否文明进步，关乎一个国家能否长治久安。于公民个体而言，道德品行修养就是一个人的第二身份证，相对外表而言，个人的道德品行修养才是他真正的形象。习近平总书记提出的"勤学、修德、明辨、笃实"，已成为当代青年修身立德的八字箴言。希望同学们无论何时何地，都要自觉践行社会主义核心价值观，不断自我修炼、自我反省，树立正确的人生观和价值观，在实践中不断地创造人生的价值！

The second key word you should remember is "Gratitude."

第二个关键词是"感恩"。学会感恩，宽以待人。我们时常心存感激，不管间隔多久，我们最不能忘记母校的培育之恩，不能忘记老师的培育之情，不能忘记同学的帮助之心。我们要感激世上一切真、善、美的事物对我们的滋养。我真心地希望同学们在今后的学习、工作、生活中，时常拥有一颗感恩与宽容之心。学会感恩，我们才会懂得关心他人，回报父母，回报学校，回报社会。学会宽容，我们才会理解他人，尊重他人，接纳他人，与人共事。心存感恩与宽容，我们的生活将会处处充满欢乐与幸福！

The third key word you should remember is "Transcendence."

第三个关键词是"超越"。不断进取，超越自我。人生在世，最大的敌人莫过于自己。我们难以把握机会，因为有犹豫、拖延的毛病；我们容易满足现状，因为没有更高的要求；我们不敢面对未来，因为缺乏信心；我们无法发挥潜能，因为不能超越自我。其实，每个人都有超越的经验，在幼儿时期，没有人逼着我们学走路，我们却试着自己站立，不断跌倒，不断站起，不断试步，终于从"爬"的阶段进入"走"的阶段，然后我们对"走"也不满足，又学会了"跑"。因此，我们可以从每一个人的经历中，得出一条人生哲理，那就是"只有不断超越自我，才能创造美好的生活"。在此，我希望同学们时常保持进取与超越之心，做最好的自己！

The fourth key word you should remember is "Dream."

第四个关键词是"梦想"。"中国有梦，青春无悔"。希望同学们把自己的梦想与实现中华民族伟大复兴梦联系在一起，与时代同步伐，与祖国共命运，这样才能更好地实现自己的人生价值。愿你们青春正好，不负韶华，都能成就梦想！

同学们，今天的仪式既有毕业庆典的欢欣，更有壮士出征的豪迈。再有三天的时间，你们将踏上神圣而庄严的考场，接受祖国的选拔。在此，送同学们三句话：第一句话是树立自信。要相信自己的能力，要有决胜高考的信心。第二句话是摆正心态。良好的心态能够消除恐惧心理，有利于同学们发挥正常水平。第三句话是认真审题，规范作答。考完一科目切忌相互核对答案，要静下心来专心准备下一科目考试。不论考试结果如何，做到尽力而为，问心无愧！

最后赠大家一句话，作为我们广大师生的共勉语："用最多的梦想面对未来！"

预祝同学们高考顺利、金榜题名、梦想成真、前程似锦！

谢谢！

（在2021年6月4日2021届高三毕业典礼上的演讲）

希望与你同行

榆中县恩玲中学党支部书记、校长　白军志

尊敬的各位教师、亲爱的同学们:

大家早上好! 今天我在国旗下演讲的题目是"希望与你同行"。

岁月不居, 时光如流; 春回大地, 万物复苏。在这充满希望与生机的美好季节里, 我们迎来了虎年的新学期。首先预祝大家虎年大吉、虎虎生威! 祝愿各位老师身体安康、事业有成! 祝愿同学们健康成长、学习进步!

刚刚过去的这个寒假, 我们收获了太多的感动和自豪, 因为我们共同见证了第二十四届北京冬奥会的盛大开幕和圆满闭幕。在全球疫情背景下举办冬奥运是一个很大的挑战, 中国做到了, 而且举办得很成功。在北京冬奥会上, 高科技的全方位呈现和赛场内外默默奉献的18000多名志愿者队伍, 让全世界见识了一个东方文明、富强国家的形象。英国的一位学者写了一篇关于北京冬奥会的评论, 他说: "北京冬奥会把爱国主义与国际主义做到了完美的结合。"国际奥委会主席巴赫评价本届冬奥会是一届无与伦比的奥运盛会, 全球收视率超过了任何一届, 为世界奉献了一届简约、安全、精彩的奥运盛会, 他代表国际奥委会向北京组委会和中国人民表示感谢, 并向支持北京冬奥会的14亿中国人民颁发奥林匹克奖杯。同时, 我们观看了中国冰雪运动健儿在赛场上顽强拼搏、为国争光的动人场面。在颁奖仪式上, 当我们听到国歌一次次奏响, 看到国旗一次次升起的时候, 我们每一个中国人都感到无比的骄傲和自豪。在本届奥运会上, 中国最终获得了9枚金牌、4枚银牌、2枚铜牌, 名列金牌榜第三名, 这也是中国自1980年参加冬奥会以来获得的最佳成绩。中国体育代表团用不懈的努力和顽强拼搏的精神书写了中国冰雪运动的新篇章，开创了新局面。在前不久结束的女足亚洲杯的决赛中，中国女足在上半场0：2落后韩国队的情况下，靠着顽强拼搏的精神最终实现大逆转，以3：2战胜韩国队，夺回了阔别16年之久的亚洲冠军，给中国足球赢得了尊严。

过去的一年也同样记载了"恩玲人"的辛勤付出和顽强拼搏的精神，正是我们有了这种可贵的精神，才使得学校各项工作取得了骄人的成绩，连续四年荣获兰州市高中教育质量优秀奖，这也是"恩玲人"给全社会交出的一份满意答卷。由此可见，顽强拼搏的精神，是人们实现自身价值的前提，也是胜利和成功的保证。

今天，当雄壮的国歌在校园奏响的时候，当鲜艳的五星红旗冉冉升起的时候，新学期的新目标、新任务又摆在我们每个人的面前。

著名作家契诃夫说："人，不管是什么人，应当从事劳动，汗流满面地工作。他生活的意义和目的、他的幸福、他的快乐就在于此。"因此，我衷心地希望每一位师生都能认认真真、脚踏实地地做好自己分内的事，收获自己想要的幸福。

值此新学期开学之际，我给同学们提出五点希望，与大家共勉。

一是希望同学们做一个遵纪守法的人。

俗话说："没有规矩，不成方圆。"说到法律，往往给人以敬畏、威严和崇高的感觉。其实，法律和纪律一样，与我们的生活息息相关，让我们的社会和谐有序。作为高中生，我们应该知法、懂法，应该知荣辱、树新风，自觉遵守国家的法律法规及学校的各项规章制度，学会以法律己、以规律己，自觉抵制各种诱惑。一旦违反纪律，触犯法律，就会后悔莫及，家长、老师伤心，社会担心，这就是所谓的"一失足成千古恨"。因为你们的违纪违法行为，都要如实地记录在你们的综合素质评价档案中，这将会影响你的一生。同学们，让我们时时处处严以律己，做一个遵纪守法的好公民。

二是希望同学们做一个有良好行为习惯的人。

俗话说："播种行为，收获习惯；播种习惯，收获性格；播种性格，收获人生。"高中生活很短暂，转瞬即逝，这要求我们来不得半点松懈和马虎，我们要对自己的将来负责，就必须对自己的现在负责。如何对自己的现在负责呢？那就是要从小事做起，从点滴做起，把每一个要求变成习惯，把习惯升华为素质，才能为将来的成功打下坚实的基础。

三是希望同学们做一个爱读书的人。

同学们，什么是学校？学校是用来读书学习的地方。什么是学生？学生就是在学校读书学习的人。因此，古往今来，学生要好好读书是天经地义的事。读书不但能使我们了解很多知识，提升素质，而且是助推我们在事业上取得成功的奠基石。同学们都知道黄河是中华民族的母亲河，可谁知道这个名称的来历呢？我们可能认为是近代以来，由于环境被破坏，黄河水变黄，其实这是不对的。在战国末期，黄河就是一条浑浊的河，在西汉时期正式被人们称为黄河。孔子是什么样的人呢？在大家的头脑中可能会马上浮现出一幅儒家大师的模样，这个模样并没有错，但是不完整。著名学者易中天通读了《论语》后，发现孔子除了是一个儒学大师之外，还是官场上失意的官员，是模范教师，是性情中人，是众矢之的，所有这些，书本都能告诉我们。培根说，"读史使人明智，读诗使人灵秀"，他又说，"读书使人充实"，他讲的都是至理名言。哈佛大学图书馆的馆训是："学习的痛苦是暂时的，未学到的痛苦是终身的。"所以，同学们要好好读书。请记住：知识是无限的财富，读书是永恒的时尚。

四是希望同学们做一个会学习的人。

"学海无涯，学无止境。""得法者事半功倍，不得法者事倍功半。"当前，普通高中已全面进入"三新"（新课程、新教材、新高考）教育改革时期，从"教"走向"学"，让核心素养落地已成为普通高中的时代命题。所以，学会学习是一个人的基本素质，每一个学生不仅要跟着老师学，更重要的是主动学习、主动发展，在自主、合作、探究中激发学习潜力，提升学习能力。我们提倡刻苦钻研、努力拼搏的精神，我们更要倡导主动的学习态度和独立思考、勇于创新的能力。

五是希望同学们做一个有责任心的人。

每个人都有一份自己的责任，需要自己去担当、去完成。只有我们担当起自己的责任，才能把事情做好。就像我们学生的责任是抓好学习，教师的责任是教书育人，警察的责任是维护社会治安，医生的责任是治病救人。责任重于泰山，只有勇于承担责任的人，才会受到人们的尊重与爱戴，才会使自己走向成功。而一个没有责任心的人，在人们的眼中比一粒沙子还要渺小，必将受到人们的谴责，也注定会使自己走向失败。

责任有时候很小，小到"黄香温席、孔融让梨"；责任有时候又很大，大到"天下兴亡，匹夫有责"，大到"先天下之忧而忧，后天下之乐而乐"。同学们，我们现在已经是高中生了，我们肩负着学习的使命，父母的期望，老师的期盼以及建设祖国的重任。这一切的一切，都让我们深深地感受到肩上的责任以及责任的内涵。做一个有责任心的人，让人们因我们的存在而感到幸福！

老师们、同学们，一切往昔，皆为序章。对历史最好的致敬，就是书写新的历史。站在新的起跑线上，凝心聚力的"恩玲人"再出发。新的学期已经开始，新的任务等待我们去完成，新的目标等待我们去实现。让我们带着担当和拼搏，扬帆起航，乘风破浪，勇往直前，一起面向未来，用自己的勤奋和智慧，书写人生的新篇章，铸就2022年的新辉煌！

谢谢！

（在2022年春季新学期开学第一次国旗下的演讲）

十年磨一剑　百日铸辉煌

榆中县恩玲中学党支部书记、校长　白军志

尊敬的各位老师、家长，亲爱的同学们：

大家好！

春潮传喜讯，万物显生机。今天，距离我们叩击梦想之门的日子还有整整一百天。此时此刻，我们在这里隆重集会，举行恩玲中学2022年高三年级"百日誓师"大会。首先，我谨代表学校向辛勤工作的高三老师们表示衷心的感谢！向努力拼搏的高三同学们致以良好的祝愿！

在此，真心地道一声：老师们、同学们，你们辛苦了！

今天是一个特殊的日子，它注定会让我们在座的每一个人刻骨铭心。再过一百天，我们将整装上阵，踏上神圣而庄严的高考考场，接受祖国的选拔。如果把高三生活比作一次万米长跑，那么现在我们已经跑过了最后一个弯道，距离终点仅有百米之遥。此时，我们可以看到前面那一道道关切的目光，可以听到周围那一声声助威的呐喊。我们已经没有丝毫的紧张、胆怯和懈怠的余地，只能像猛虎下山一样，义无反顾地向终点那一道白色的生命线冲刺。

同学们，高考是人生征途中激动人心的驿站之一，它对翻开我们生命中崭新的一页有着不可估量的作用，它可能会让你的人生如诗如歌，可能会让你的梦想绚丽多彩，可能会让你拥有更大的施展雄心壮志的舞台，可能会让你登上一座座风光无限的山峰。而这一切可能，都需要从今天的百日冲刺以后做起；这可能的一切，都需要你坚持不懈地努力才能获得。

同学们，一百天，对普通人来说，实在太短，因为我们还有很多事情没有做好。可是一百天，对于有心人来说，却很长，因为只要我们精打细算，科学安排，就完全来得及弥补过去的漏洞和不足。一百天可以改变一个人的命运，一百天可以创造人间奇迹。

同学们要充分利用好最后的一百天，刻苦学习，努力拼搏，实现自己的大学梦想。在此，我对同学们提四点希望和要求：

一是要有必胜的信心。

唐朝诗人杜甫在《望岳》中写了两句经典的诗句："会当凌绝顶，一览众山小。"拿破仑曾经说过，"在我的人生词典里没有'不可能'三个字"，这是自信的最好诠释，也是强者的风范。你们的自信来源于学校良好的学习氛围，来源于高三老师们兢兢业业的奉献，来源于家长无微不至的关心，更来源于你们奋斗的九百多个日日夜夜。我坚信，只要老师有信心，同学们有信心，家长有信心，就能众志成城，形成强大的合力，我们完全有能力决胜高考，实现我们的梦想。请问同学们有没有信心呢？

二是要有拼搏的毅力。

奋斗的道路不会一帆风顺，往往荆棘丛生、充满坎坷。强者，总是从挫折中不断奋起、永不气馁。河北衡水中学的教学质量之所以在全国名列前茅，每年都有一大批考生考入清华、北大等名校，这些学生就是凭着顽强的毅力和不懈努力才实现了他们的大学梦想。与他们相比，我们缺的不是智商，而是努力。想一想即将到来的高考，看看我们还有多少时间可以利用，还有多少知识没有完全学懂。我希望大家从现在开始，加倍努力，不是尽力而为，而是全力以赴，要充分利用每一天的时间，多记几个单词，多温习一遍知识点，多做几套题，用自己的努力把遗憾变成欣慰，把空虚变成充实，把时间变成力量。

三是要有科学的方法。

科学的方法无疑是高考取胜的秘诀。苦干加巧干，高考将战无不胜。对我们师生来说，苦教苦学是基础，巧教巧学是灵魂。我建议同学们在复习阶段要坚持"同步性原则"，所谓"同步性原则"，就是同学们与老师的复习计划同步进行，千万不要另起炉灶，因为老师毕竟有多年的教学和备考经验，所以上课一定要注意听讲，跟着老师的节奏去复习。同时，自己制订一个课后的复习计划，这个计划是在老师复习计划下的细化和补充，如针对上

课中不懂的问题以及考试中容易丢分的知识点，在课后进行专门的训练，查漏补缺，精准地掌握每一个知识点。同学们只有与老师密切配合，通力协作，才能收到事半功倍的效果。

四是要有健康的心态。

高考是一次知识、能力、心理素质等多方面的测试。在"百日拼搏"的过程中，往往走到最后会异常地艰苦，所以我们要不断地调试自己的心理，保持健康、乐观、阳光的心态，建立良好的师生关系、同学关系，彻底抛弃一切杂乱的思绪，多到户外参加体育锻炼，合理地安排自己的休息时间，以旺盛的精力全神贯注地投入最后的备考中，做到心静如水，拼搏到底，每天都做最好的自己。

老师们、同学们，高考百日冲刺的钟声已经敲响，让我们怀抱"自信人生二百年，会当击水三千里"的豪情，秉持"天生我材必有用，千金散尽还复来"的信念，一起决胜高考。

同学们，加油吧！

让学校的一砖一瓦为我们做证，我们曾经无悔！

同学们，加油吧！

让学校的一草一木为我们做证，我们是好样的！

最后，我赠同学们三句话：

奋战一百天，给父母一个惊喜！

拼搏一百天，给学校一个奇迹！

苦战一百天，给自己一生光明！

预祝同学们高考成功！

（在2022年2月27日高三年级"百日誓师"大会上的演讲）